复合治理：
产权分置与社会秩序的建构
——基于洞庭湖区湖村的深度调查

Compound Governance:
The Division of Property Rights and the Construction of Social Order
Based on the Depth Survey of Hu Village in Dongting Lake Area

史亚峰　著

中国社会科学出版社

图书在版编目（CIP）数据

复合治理：产权分置与社会秩序的建构：基于洞庭湖区湖村的深度调查／史亚峰著.—北京：中国社会科学出版社，2020.7
ISBN 978-7-5203-6012-8

Ⅰ.①复… Ⅱ.①史… Ⅲ.①洞庭湖—湖区—农村—土地产权—研究 Ⅳ.①F321.1

中国版本图书馆 CIP 数据核字（2020）第 028339 号

出 版 人	赵剑英
责任编辑	孔继萍
责任校对	冯英爽
责任印制	郝美娜

出　　版	中国社会科学出版社
社　　址	北京鼓楼西大街甲 158 号
邮　　编	100720
网　　址	http://www.csspw.cn
发 行 部	010-84083685
门 市 部	010-84029450
经　　销	新华书店及其他书店
印　　刷	北京君升印刷有限公司
装　　订	廊坊市广阳区广增装订厂
版　　次	2020 年 7 月第 1 版
印　　次	2020 年 7 月第 1 次印刷
开　　本	710×1000　1/16
印　　张	19
字　　数	265 千字
定　　价	118.00 元

凡购买中国社会科学出版社图书，如有质量问题请与本社营销中心联系调换
电话：010-84083683
版权所有　侵权必究

出 版 说 明

为进一步加大对哲学社会科学领域青年人才扶持力度，促进优秀青年学者更快更好成长，国家社科基金设立博士论文出版项目，重点资助学术基础扎实、具有创新意识和发展潜力的青年学者。2019年经组织申报、专家评审、社会公示，评选出首批博士论文项目。按照"统一标识、统一封面、统一版式、统一标准"的总体要求，现予出版，以飨读者。

全国哲学社会科学工作办公室
2020年7月

摘 要

国家治理是在一定经济基础之上进行的，而产权则构成了经济基础的核心。作为权利组合形式的产权权利结构，决定了权威结构，构成了国家治理的产权根基。本书采用实证研究方法，以一个长江小农村落为研究对象，在国家治理的视域下，深入阐述产权与治理之间的内在关联，探索基于产权关系形成的传统小农村落如何实现自我治理和运转，分析其内在逻辑和实现条件，进而有效透视国家无为情况下乡村社会自我治理的内在机理。

本书的研究沿着产权分置与权威结构及其治理形态这一主线展开。由于田土创设、维护中的合作，地主和佃户得以分享田土产权，使得产权权利分置。产权的占有、使用和收益分配权利分置，形成了不同的权利领域。在因产权而形成的传统村落中，产权"权利配置范围"与村落范围相重合，由不同权利领域生成的权力演变为村落公共权力，形成了"绅士父老"、"扛抬人"、保甲长等多元权威。权威在各自的权利领域中产生，并作为治理主体在相应的"权力领域"中发挥作用。由于对土地的主导性占有，绅士父老得以在村落中获得地位和权力，处理与产权占有相关的事务；围绕土地使用而发生的事务，由"扛抬人"进行治理；保甲长则代表国家在产权收益分配领域行使权力，实现对村落的控制。多元权威在长期互动和相互统一中形成，村落秩序也在这种互动中生成。同时，以国家构造的集体产权的权利集中与分置及治理实践为对象，考察传统的产权分置底色对国家建构的影响。

本书的研究结论是：第一，在弱国家治理能力之下，产权分置基础上的村落治理，既不是地主士绅单一权威主导的治理，也不是宗族权威主导的治理，而是多权威复合治理。这一治理是指由于产权权利分置形成了多元权威，多元权威相互独立且自主运行，有着互不统属的清晰逻辑，没有单一的主导力量，也不能独立完成治理事务，通过权威的复合，共同促进有效治理。也就是说，产权占有的集中并没有带来权威的集中和单一权威治理。第二，作为一种"产权治理"类型的多权威复合治理，不是悬空存在的，其形成和存续取决于产权和国家两方面因素，产权是决定因素，国家是影响因素。具体而言，依赖于三个条件，一是产权权利分置，二是产权依赖于合作，三是国家介入程度不深。第三，多权威复合治理本质上是一种产权治理，是产权分置基础上社会的自我调节。其重要价值在于，基层的权威结构及其治理方式由产权权利结构生成，需要与之相一致，两者共同演进。

本书对于产权与治理的研究启示我们思考当下的基层治理，在产权权利进一步细化和国家整合的新时代，需要重视产权治理的价值。产权主体的多元化、分置化要求治理结构作出相应的变革，而产权治理是改善基层治理的一把钥匙。在现代国家之下，依托有效的产权制度和明晰的产权权利结构，厘清国家与基层社会的权力边界，在国家支持下提升产权关系内生权威和秩序的能力，将产权治理转换为国家对基层社会整合和再组织的一种民主化治理方式，使基层治理在与国家治理的有机衔接中提升能力，从而实现"治理有效"。

关键词： 产权分置；秩序；多权威；复合；国家治理

Abstract

The national governance is carried out based on the certain economy, and the property rights constitute the core of the economic base. As the form of the right combination, the structure of property rights determines the structure of the authority and constitutes the foundation of the property rights of the national governance. In the view of the national governance, this book takes a peasant village of the Yangtze River as the research object using an empirical research method to elaborate the internal relationship between the property rights and the governance, explore how the traditional peasant village which is formed based on the relationship of the property rights achieve the self governance and operation, analyses its internal logic and implementation conditions, and then effectively grasps the essence of the inner mechanism of the self governance in the rural society under the state's inaction.

The research of this book is based on the main line of the property rights division and the authority structure and the governance form. The landlords and tenants can share the land property rights to make the division of the property rights because of the cooperation in the land creation and maintenance. The possession and use of the property rights and the division of rights of the income distribution formed the different rights areas. "The range of the right allocation" coincides with the village scope in the traditional village which is formed based on the property rights. The power that generated by different rights fields evolves the public power of the village, forming the pluralistic authority of the "Shenshifulao", the "Gangtairen" and the "heads of bao-jia system". As the subject of the governance, the authority which is generated in the respective rights fields plays a role in the corresponding "power field". Owing to the dominant possession of the land, "Shenshifulao" is able to obtain status and power in the village and deal with the affairs related to the property rights; the affairs occurring around the land use are governed by the "Gangtairen"; the "heads of bao-jia system" that represent the nation exercises power in the field of the distribution of the property rights to control village. The multiple authority is formed in the long-term interaction and mutual unification, and the village order is also generated in the interaction. At the same time, taking the concentration, division and the practice of governance of the collective property rights of state structure as the object, we investigate the influence that the grounding of the traditional property rights effect on the construction of the state.

The research conclusions of this book are as follows: firstly, under the weak national governance, the village governance which is on the basis of the division of the property rights is neither the governance dominated by the single authority through the landlord, nor the governance dominated by the patriarchal authority, it is the compound governance of multiple authority. The compound governance of multiple authority means that the division of the property rights has formed the multiple authority, the multiple authority remains mutual independence and independent operation, there is a clear logic that the multiple authority does not govern each other. There is no single leading force, nor can they complete the management affairs independently, and promote effective governance through the combination of the authority. That is, the centralization of the property rights does not bring the centralization of the authority or the single authority governance. Secondly, as a kind of governance type of the property rights, the multiple authority compound governance is not in the air. Its formation and survival depend on the two factors of the nation and the property rights. The property rights are the determiner, and the nation is the influence one. Specifically, it relies on three conditions, the first one is the division of the property rights, the second one is that the property rights rely on the cooperation, the third one is the superficial degree of the national intervention. Thirdly, the multiple Authority compound governance is essentially a kind of "property right governance", which is the social self-regulation based on the division of the property rights. Its significant value is that the authority structure and the way of the governance at the grass-roots are generated by the structure of the property rights, and they need to be consistent and co-evolved.

  The research of this book on the property and the governance enlightens us to think about the current grass-roots governance. In the new era of the further refinement of property rights and the integration of the nation, we need to pay attention to the value of the property right governance. The diversification and division of the property owners require the corresponding reform in governance structure, and the property rights governance is a key to improve the grass-roots governance. Under the modern nation, it is based on the effective property right system and the clear property right structure, clarifies the power boundary between the nation and the grass-roots society, enhances the ability of the endogenous authority and the order in the property rights relationship under the support of the nation, and converts the property right governance into a democratic governance mode that the nation integrates and re-organizes the grass-roots society, then makes the grass-roots governance to enhance the ability in the organic connection with the nation governance thereby achieves the "effective governance".

Key words: the division of the property rights; the order; the multiple authority; the national governance

目 录

第一章 导论 …………………………………………………… (1)
  第一节 研究缘起与问题意识 ………………………………… (2)
  第二节 研究现状与研究述评 ………………………………… (4)
    一 产权与国家治理 ……………………………………… (4)
    二 产权与乡村治理 ……………………………………… (13)
  第三节 核心概念界定 ………………………………………… (28)
    一 产权与产权分置 ……………………………………… (28)
    二 治理 …………………………………………………… (34)
    三 权威 …………………………………………………… (37)
    四 秩序 …………………………………………………… (39)
  第四节 研究思路与结构 ……………………………………… (40)
  第五节 研究方法与研究单位 ………………………………… (43)
    一 研究方法 ……………………………………………… (43)
    二 研究单位 ……………………………………………… (45)
  第六节 个案概况 ……………………………………………… (48)
    一 村庄建制沿革 ………………………………………… (48)
    二 村庄自然环境 ………………………………………… (53)

第二章 产权创设与村落社会底色 ………………………………… (58)
  第一节 筑堤围垸与村落由来 ………………………………… (58)
    一 滨湖平原与洪水为患：湖区的环境 ………………… (59)

二　"插草为标，筑堤围垸"与初始产权的获得 ……… (63)
　　三　产权与聚落之名 ………………………………… (66)
第二节　合作垦荒：产权物的创设 …………………………… (70)
　　一　佃户迁入与垦荒辟田 …………………………… (70)
　　二　国家认定下的地主产权 ………………………… (73)
　　三　乡村场域的合作性产权认定 …………………… (76)
第三节　以产权关系为基础的村落社会 ……………………… (80)
　　一　向"田"而生与人口繁衍 ……………………… (80)
　　二　依"田"而居与聚落形态 ……………………… (85)
　　三　因"田"而分与村落空间 ……………………… (89)
第四节　小结 …………………………………………………… (94)

第三章　基于产权占有的"绅士父老"权威及其治理 ……… (96)
第一节　产权占有的分化与村落秩序 ………………………… (97)
　　一　土地的集中占有与财富分化 …………………… (97)
　　二　差别化地位 …………………………………… (101)
　　三　"绅士父老"为首的等级性权力 ……………… (105)
第二节　村落关系约束下的占有变动及治理 ………………… (109)
　　一　先买权中的均衡与强制 ……………………… (109)
　　二　作为情境性权威的"散中"与"顶中" ……… (114)
　　三　契田的管田，契水的管水 …………………… (119)
第三节　私产的联合与占有纠纷 ……………………………… (122)
　　一　"公本田土"：公共治理的产权支撑 ………… (122)
　　二　"争界"与绅士父老"讲公道" ……………… (126)
第四节　小结 ………………………………………………… (131)

第四章　基于产权使用的"扛抬人"权威及其治理 ………… (134)
第一节　产权使用领域的形成与权力运作 …………………… (135)
　　一　规则、次序与佃户选择 ……………………… (135)

二　联结与调节："扛抬人"的中间角色 …………………… (139)
　　三　地主的有限经济权力 ………………………………… (143)
　第二节　使用权扩张下的经营秩序维系 …………………… (146)
　　一　对等与自由：不受干扰的经营权 …………………… (147)
　　二　"看租"中的权力博弈与策略行为 ………………… (150)
　　三　生存危机下的抗争 …………………………………… (154)
　第三节　附着在田土上的水权使用 ………………………… (157)
　　一　"水份"与协作秩序 ………………………………… (157)
　　二　衍生权益的分享与边界 ……………………………… (161)
　第四节　互惠与强制：产权维护中的合作治理 …………… (165)
　　一　"保垸"中的联合 …………………………………… (165)
　　二　田土使用中的规制与合作 …………………………… (170)
　　三　求神保田与一致性行动 ……………………………… (173)
　第五节　小结 ………………………………………………… (176)

第五章　基于产权收益分配的保甲权威及其治理 ………… (179)
　第一节　保甲制：嵌入村落社会的政权体系 ……………… (180)
　　一　保甲设置与村落产权边界 …………………………… (181)
　　二　"蛮狠"的保长与"雇来"的甲长 ………………… (185)
　　三　产权关系制约下的保甲权力 ………………………… (188)
　第二节　赋税征收中的权力关系结构 ……………………… (192)
　　一　赋税承担与权利失序 ………………………………… (192)
　　二　保甲与催税收粮 ……………………………………… (196)
　　三　国家介入与分配关系平衡 …………………………… (200)
　第三节　额外的收益汲取与村落控制 ……………………… (203)
　　一　保甲开支 ……………………………………………… (204)
　　二　杂费摊派 ……………………………………………… (208)
　第四节　小结 ………………………………………………… (215)

第六章　产权变迁中的村落治理 …………………… (217)
第一节　高度集中的集体产权与村落治理 …………… (217)
　　一　国家权力主导下的集体产权 ………………… (218)
　　二　一元化的权威控制及治理 …………………… (222)
第二节　分置的集体产权与村落治理 ………………… (225)
　　一　国家赋权与分田到户 ………………………… (225)
　　二　家庭经营与治理转型 ………………………… (229)
第三节　小结 …………………………………………… (232)

第七章　结论与讨论 …………………………………… (235)
第一节　产权分置与村落治理的逻辑 ………………… (235)
　　一　由产权关系生成的"权利秩序" …………… (236)
　　二　多权威复合治理：对"产权治理"的一种
　　　　总结性思考 ……………………………………… (239)
第二节　多权威复合治理形成的条件 ………………… (242)
　　一　产权权利分置决定了多主体的权威结构 …… (242)
　　二　产权依赖于合作使得复合治理得以强化 …… (246)
　　三　国家介入程度不深影响治理的形成与演进 … (248)
第三节　关系、产权权利与治理秩序 ………………… (251)
第四节　产权与治理：对当下基层治理的启示与思考 …… (254)
第五节　研究的局限和不足 …………………………… (259)

参考文献 ………………………………………………… (260)

索　引 …………………………………………………… (275)

后　记 …………………………………………………… (280)

Contents

Chapter 1　Introduction ································· (1)

　Section 1　Origins of Research and Awareness of Problems ······ (2)

　Section 2　Research Status and Review ···························· (4)

　　1. Property rights and State governance ····················· (4)

　　2. Property rights and Rural governance ···················· (13)

　Section 3　Core concept definition ································ (28)

　　1. Property rights and Separation of property rights ············ (28)

　　2. Governance ·· (34)

　　3. Authority ··· (37)

　　4. Order ·· (39)

　Section 4　Research Ideas and Structures ······················· (40)

　Section 5　Research methods and Research unit ················ (43)

　　1. Research methods ·· (43)

　　2. Research unit ·· (45)

　Section 6　Case profile ··· (48)

　　1. The evolution of village organization system ················ (48)

　　2. Village natural environment ································· (53)

Chapter 2　Property Rights Creation and Village Social Background ···································· (58)

　Section 1　Embankment embankment and Village origin ········ (58)

1. Lakeside plain and flood: The Environment of the Lake District ……………………………………………… (59)
2. "Planting grass as the standard, building embankment" and The acquisition of initial property rights ………… (63)
3. Property rights and The name of the settlement ………… (66)

Section 2　Cooperative reclamation: Creation of property rights ………………………………………………………… (70)
1. Tenant migration and Land reclamation ………………… (70)
2. Landowner's property rights under state recognition ……… (73)
3. Recognition of cooperative property rights in rural field ………………………………………………………… (76)

Section 3　Village society based on property rights relationship ……………………………………………… (80)
1. To the "field" and Population reproduction …………… (80)
2. Living in the "field" and Settlement patterns ………… (85)
3. Separated by the "field" and Village space …………… (89)

Section 4　Summary ……………………………………………… (94)

Chapter 3　The Authority of "Shenshifulao" Based on Property Rights Possession and Its Governance …………… (96)

Section 1　Differentiation of property possession and Village order ……………………………………………………… (97)
1. Centralized possession of land and Wealth differentiation ……………………………………………………………… (97)
2. Differential status …………………………………… (101)
3. Hierarchical power headed by "Shenshifulao" ………… (105)

Section 2　Possession Change and Governance under the Restraint of Village Relations ……………………… (109)
1. Balance and force in first buy right …………………… (109)

  2. "Sanzhong" and "Dingzhong" as situational

    authority ·· (114)

  3. Land ownership, land management; Water ownership,

    water management ······································· (119)

 Section 3 Combined private property and Possession

       disputes ·· (122)

  1. "gongben land": Property rights support for public

    governance ·· (122)

  2. "Disputed boundary" and Shenshifulao "jiang gongdao"

    ··· (126)

 Section 4 Summary ·· (131)

Chapter 4 The Authority of "Gangtairen" Based on the Use of Property Rights and Its Governance ······ (134)

 Section 1 Formation of the field of use of property rights and

       Functioning of power ···························· (135)

  1. Rules/oeder and tenant choice ························· (135)

  2. Connection and regulation: The intermediate role of

    "gangtairen" ··· (139)

  3. Limited economic power of landlords ··················· (143)

 Section 2 Maintenance of business order under the

       expansion of the right to use ······················ (146)

  1. Equality and freedom: The right to operate without

    interference ··· (147)

  2. Power game and strategic behavior in "rent watching"

    ··· (150)

  3. Struggle in survival crisis ······························ (154)

 Section 3 Water rights attached to land ······················ (157)

  1. "Water rights" and Cooperation order ················ (157)

2. Sharing and boundaries of derivative equity ……… (161)
Section 4　Reciprocity and coercion: Cooperative governance in property rights maintenance ……………… (165)
1. The joint of "protecte polders" ……………………… (165)
2. Regulation and cooperation in land use ……………… (170)
3. Pray for god to save the land and Coherence action …… (173)
Section 5　Summary ……………………………………………… (176)

Chapter 5　The Authority of "Baojia" Based on Property Rights Income Distribution and Its Governance
……………………………………………………………… (179)

Section 1　Baojia system: The regime system embedded in the village society ……………………………………… (180)
1. Baojia Settings and Village property boundary …………… (181)
2. "relentless" baozhang and "Hired" jiazhang ………… (185)
3. Baojia's power under the restriction of property right relation …………………………………………………… (188)
Section 2　Power relationship structure in tax collection …… (192)
1. Tax shouldered and right out of order …………………… (192)
2. Baojia and Tax collection of grain ………………………… (196)
3. State involvement and The balance of distribution ……… (200)
Section 3　Additional revenue draw and village control ……… (203)
1. Baojia expenditure ………………………………………… (204)
2. Apportionment of fees …………………………………… (208)
Section 4　Summary ……………………………………………… (215)

Chapter 6　Village Governance in theChange of Property Rights ……………………………………………………… (217)

Section 1　Highly concentrated collective property rights and

village governance .... (217)
1. Collective property rights under state power .... (218)
2. Unification of authority control and governance .... (222)
Section 2 Separate collective property rightsand Village
governance .... (225)
1. National empowerment and Land – to – household .... (225)
2. Family management and Governance transformation ...... (229)
Section 3 Summary .... (232)

Chapter 7 Conclusions and Discussions .... (235)
Section 1 Property rights division and The logic of village
governance .... (235)
1. The "relationship – right" order produced by property
rights .... (236)
2. Compound governance of multiple authority: A kind of
summative thinking on "property right governance"
.... (239)
Section 2 Conditions forcompound governance of multiple
authority .... (242)
1. The division of property rights determines the authority
structure of multiple subjects .... (242)
2. Property rights depend on cooperation to strengthen
compound governance .... (246)
3. The degree of state intervention does not deeply
influence the formation and evolution of governance ...... (248)

Section 3 Relationship/property rights and governance
order .... (251)

Section 4　Property rights and governance: Revelation and reflection on current grass-roots governance ……(254)
Section 5　Limitations and shortcomings of research …………(259)

References ……………………………………………………(260)

Index ……………………………………………………………(275)

Postscript ………………………………………………………(280)

第一章
导　论

自从人类进入政治社会，国家治理便应运而生。根据马克思和恩格斯的经典论述，随着私有产权的产生，出现了利益分化和社会冲突，为了把冲突保持在"秩序"的范围以内，产生了作为"特殊公共权力"的国家①。也就是说，国家起源于产权。国家治理是在一定经济基础之上进行的，而产权则构成了经济基础的核心。产权与国家治理有着紧密的联系，特别是产权的性质、结构及其变迁对于国家治理有着基础性的决定作用。作为产权权利及其组合形式的产权权利结构，决定了权威（权力）结构，进而构成了国家治理的产权根基。就存在方式而言，产权权利结构包括权利合一和权利分置两种形式，不同的权利结构与权威（权力）结构之间有着不同的互动关系，进而带来不同的治理方式。

基层社会是国家治理的基础，也是国家治理的主要内容。人类最初的社会生活、政治生活就是在村落这个空间中产生和发展起来的。从国家治理来看，村落作为一种自然的组织和秩序空间，则是国家重要的治理单位，其与国家之间的衔接与互动直接关系到国家

---

① 《马克思恩格斯选集》第四卷，人民出版社 2012 年版，第 186—187 页。

治理秩序和治理能力的基础与效度。① 在中国，产权权利分置作为一种产权实践形态，在传统时期普遍存在，决定着村落治理的方式，并对国家治理产生深刻而持久的影响。分田到户后土地所有权与承包权的分离，以及当下的农村土地"三权分置"改革，同样属于产权权利分置，都带来了基层治理的深刻转型。因此研究产权分置与治理之间的关系，不仅具有理论意义，还具有当代价值。

第一节 研究缘起与问题意识

传统农业社会是以土地为中心的社会，土地资源及其产权制度决定着传统社会的基本格局。② 换句话说，在治理能力有限的弱国家之下，土地产权发挥着核心的治理功能。产权是乡村社会基本权力关系的基础和集中体现，透过产权这一窗口能够全面透析中国乡村社会乃至整个中国社会的历史变迁。故而有学者指出："地权是乡村社会历史变迁的全息元，即地权蕴涵了乡村社会历史的全部信息含量。"③

关于传统时期的乡村治理，学术界有两种代表性的观点。一种观点认为，"财富孕育着统治权"④，土地在哪里，权力就在哪里；土地所有权归谁，权力就归谁；拥有的土地产权越多，权力就越大；土地所有权的集聚必定形成集中的权威。传统时期，地主士绅占有大量土地，因此乡村社会是地主士绅单一权威主导下的治理。还有

---

① 林尚立：《国家的责任：现代化过程中的乡村建设》，《中共浙江省委党校学报》2009年第6期。
② 徐勇：《历史制度底色下世界土地改革进程与成效比较》，《社会科学研究》2016年第4期。
③ 张佩国：《近代江南乡村地权的历史人类学研究》，上海人民出版社2002年版，第1页。
④ [美]理查德·派普斯：《财产论》，蒋琳琦译，经济科学出版社2003年版，第39—40页。

一种观点认为，传统中国是家族式治理，是以血缘关系为基础形成的权威治理，这种治理以家户私有产权和家族公有产权为支撑①。基于这两种观点，通常认为在国家不直接控制乡村社会的情况下，地主士绅或宗族主导乡村社会的治理。这两种观点有着很强的解释力，它们虽然注意到了治理的基础性决定因素——产权，但是主要是以地缘关系或血缘关系为起点研究乡村治理，并将产权简单地视作一个整体，没有考察产权权利结构带来的治理差异，因而存在着明显不足。

笔者通过实证调查发现，洞庭湖畔湖村的传统治理与上述两种治理方式都不同。作为移民垦荒型村落，湖村繁衍的历史不长，只有个体家户没有家族，因此不是家族治理；土地所有权虽集中于地主，但没有形成地主的单一权威，故而也不是地主治理。究其原因，主要在于产权子权利分置，导致了权威的分散：由于田土围垦中的合作，使得地主与合作者分享地权；土地的主导性占用成就了绅士父老；土地的租赁使用导致佃权得以扩张；产权所承担的税赋职能使得国家依托保甲向乡村渗透。产权权利分置带来的不是集中的、专制式的单一权威治理，而是多权威主体的共同治理。湖村的状况不是孤立的，在整个洞庭湖区，以及传统乡村社会的许多地区，普遍存在产权权利分置的情况，其治理同样无法用上述两种观点进行概括。由此就引起了笔者的思考：在土地产权占有高度集中的村落社会，产权集中为什么没有带来权威的集中，进而形成单一权威主导的治理？产权权利结构与权威结构之间有着怎样的关联？基于产权权利分置的多权威复合治理及村落秩序是如何形成的，其内在逻辑和实现条件是什么？本书从上述思考出发，在实证调查基础上，以一个微观个案深入阐述产权与治理之间的内在联系，探索基于产权关系形成的传统小农村落如何实现自我治理和运转，进而有效透

---

① ［德］马克斯·韦伯：《儒教与道教》，洪天富译，江苏人民出版社1993年版，第136页。

视国家无为情况下乡村社会自我治理的内在机理。

第二节 研究现状与研究述评

产权和治理是人类社会两种古老的社会现象，伴随着人类社会的发展延续了数千年。产权本质上是经济关系，而治理是对包括经济关系在内的社会关系的调节，产权与治理自然成为政治学关注的核心问题之一。古往今来的学者们围绕产权与治理进行了大量研究，形成了丰富的思想体系，极大拓展和深化了人们的认识，同时也构成了进一步研究的起点。本书将从产权与国家治理、产权与乡村治理两个层面对相关文献进行梳理和回顾，并提出笔者进一步的思考。

一 产权与国家治理

产权是政治的基础。产权是社会中基本权力关系的表征，与国家治理之间有着密切的关联。"离开了产权便不能提出一种有用的国家分析。"[1] 学者们围绕产权与国家治理，从不同角度进行了深入研究。总体上，已有研究主要从产权与国家起源、产权结构与国家治理形式、产权演进与国家治理类型三个方面展开。

（一）产权与国家起源研究

产权与国家起源研究主要从产权角度探讨国家的产生和发展，揭示了国家产生的产权基础。这一研究认为，产权与国家起源密切相关，国家起源于产权，产权是国家产生的主要原因，有学者提出"所有权与国家几乎是同时产生的"[2]。学者们从不同角度对产权与

---

[1] ［美］道格拉斯·诺斯：《经济史上的结构和变革》，厉以平译，商务印书馆1992年版，第26页。

[2] ［日］加藤雅信：《"所有权"的诞生》，郑芙蓉译，法律出版社2012年版，第2页。

国家起源进行了大量研究。邓大才通过扎实梳理，将产权与国家起源的相关研究归结为三种研究进路[①]，具有重要启发意义。本书也尝试从三个方面对已有研究进行梳理回顾。

一是马克思主义的产权与国家起源研究。在马克思看来，原始社会不存在私有制，财产是公有的，"只有公共财产，只有私人占有"[②]。"人把他的生产的自然条件看作是属于他的，看作是自己的，看作是与他自身的存在一起产生的前提，把它们看作是他本身的自然前提，这种前提可以说仅仅是他身体的延伸。"[③] 但是，随着社会分工的发展，"分工慢慢地侵入了这种生产过程。它破坏生产和占有的共同性，它使个人占有成为占优势的原则，从而产生了个人之间的交换"[④]，"分工和私有制是相等的表达方式"[⑤]，共同体对于产权的占有变成了私人占有。由于私人财产之间的对立，"使得社会陷入了不可解决的自我矛盾，分裂为不可调和的对立面而又无力摆脱这些对立面"，于是就产生了国家，国家随私有制的发展而产生，"为了使这些对立面，这些经济利益互相冲突的阶级，不致在无谓的斗争中把自己和社会消灭，就需要有一种表面上凌驾于社会之上的力量，这种力量应当缓和冲突，把冲突保持在'秩序'的范围以内"[⑥]。可见，在马克思、恩格斯看来，私有产权的出现造成氏族社会的解体，导致了利益之间的对立以及阶级的冲突，产生了同社会相脱离的、作为"特殊公共权力"的国家。马克思、恩格斯的观点对后续研究产生了很大影响，如迈克尔·曼也认为，"私有的、家庭

[①] 邓大才：《产权的政治逻辑：产权怎样、如何影响政治——从产权政治的功能视角考察》，《学习与探索》2014年第9期。
[②] 《马克思恩格斯选集》第二卷，人民出版社2012年版，第731页。
[③] 《马克思恩格斯全集》第46卷（上），人民出版社1975年版，第491页。
[④] 《马克思恩格斯选集》第四卷，人民出版社2012年版，第191页。
[⑤] 《马克思恩格斯选集》第一卷，人民出版社2012年版，第163页。
[⑥] 《马克思恩格斯选集》第四卷，人民出版社2012年版，第187页。

的财产和国家是共同出现的,是同一过程所促进的"①。

二是西方政治学视野下的产权与国家起源研究。关于国家的社会契约观点,是近代以来西方具有重要影响的政治学说。这一研究进路认为,在国家产生之前人们处于自然状态之中,并拥有财产等与生俱来的自然权利,为了保护自己的财产,人们互相订立社会契约,交出自己的部分权利,由此组成了国家,人们成立国家的目的是为了保护财产。霍布斯、洛克、卢梭等人是这一研究的代表人物。洛克试图以自然法学说说明国家的起源和本质问题,"人们联合成为国家和置身于政府之下的重大的和主要的目的,是保护他们的财产;在这方面,自然状态有着许多缺陷"②。同时,洛克认为,人们成立国家的时候,只是让渡了自己的部分权利,因此政府不能侵犯财产权利。"在社会中享有财产权的人们,对于那些根据社会的法律是属于他们的财产,就享有这样一种权力,即未经他们本人的同意,任何人无权从他们那里夺取他们的财产或其中的任何一部分,否则他们就并不享有财产权了。"③ 卢梭将人类社会分为自然状态和社会状态,认为两者的区分是私有财产权与国家,"所有权的产生和国家的萌芽的出现是同时的"④。因此,卢梭使用一句形象的话语指出:"谁第一个把一块土地圈起来,硬说'这块土地是我的'并找到一些头脑十分简单的人相信他所说的话,这个人就是文明社会的真正缔造者。"⑤

三是新制度经济学视野下的产权与国家起源研究。经济学家们

---

① [英]迈克尔·曼:《社会权力的来源》第一卷,刘北成、李少军译,上海人民出版社2015年版,第110页。

② [英]洛克:《政府论》,叶启芳、瞿菊农译,商务印书馆1964年版,第77页。

③ 同上书,第87页。

④ [日]加藤雅信:《"所有权"的诞生》,郑芙蓉译,法律出版社2012年版,第2页。

⑤ [法]卢梭:《论人与人之间不平等的起因和基础》,李平沤译,商务印书馆2015年版,第86页。

从交易成本出发，对产权与国家起源进行了探讨，科斯、诺斯、巴泽尔等的相关研究较多。科斯的交易费用理论构成了研究的起点，这一研究从提高资源配置效率的角度切入，认为交易费用存在的情况下，需要对产权进行界定，以降低交易成本，而最低成本和最为有效的产权界定方式就是国家。因此，诺思提出一个重要观点，由产权理解国家的产生与存在，产权与国家之间存在紧密的因果关联。正如菲吕博腾和平乔维奇指出的，"如果没有一个关于国家的理论，也不能真正完成关于产权的理论"[1]。诺斯认为，从产权的起源来看，产权不是一种纯粹的私人之间的合约，它是由国家强制界定和实施的，产权强度依赖于国家保护的有效性，"虽然我们可以设想自愿的组织可以在有限范围内保护所有权，但是很难想象没有政府权威而可以推广这种所有权的实施"。因此，诺斯进一步指出："我们可以把政府简单看成是一种提供保护和公正而收取税金作为回报的组织。即我们雇政府建立和实施所有权。"[2] 同时，诺斯也指出国家与产权互相演进，国家规定着产权结构并最终对产权结构的效率负责[3]。巴泽尔通过产权与制度生成的研究，进一步分析了国家起源的产权基础。他指出，"国家的建立及其功能的发挥是与个体（后来是团体）的保护需求紧密相连的"[4]。个体必须建立一种机制，也就是国家，这种机制不仅能够保护财产，而且能够约束、限制暴力者提供"好制度"。

---

[1] [美] 罗纳德·科斯等：《财产权利与制度变迁——产权学派与新制度学派译文集》，刘守英等译，格致出版社、上海人民出版社2014年版，第150页。

[2] [美] 道格拉斯·诺斯、罗伯特·托马斯：《西方世界的兴起》，厉以平、蔡磊译，华夏出版社2009年版，第11页。

[3] [美] 道格拉斯·诺斯：《经济史上的结构和变革》，厉以平译，商务印书馆1992年版，第21页。

[4] [美] 约拉姆·巴泽尔：《国家理论：经济权利、法律权利与国家》，钱勇、曾咏梅译，上海财经大学出版社2006年版，第12页。

（二）产权结构与国家治理形式研究

马克思指出，"无论如何，财产也是一种权力"①。理查德·派普斯认为，"财富孕育着统治权"，财富在谁的手里，主权迟早会到谁的手里。② 格尔哈特·伦斯基认为，财富支配着权力，财产权和统治权在各处也都出现了相互重合的状态③。从总体上来说，有什么样的产权结构，就有什么样的政治结构。

在西方，最早论述产权结构与国家治理形式的首推柏拉图。在《理想国》中，柏拉图阐述了理想城邦的产权结构。他认为，在一个理想的国家中，应该通过分工来维系。因此，土地为生产者阶级，即农民私人拥有；农民则为护卫者等级和统治者等级提供农产品，并由他们共同消费。"我们的护卫者不应该有私人的房屋、土地以及其他私人财产。他们从别的公民那里，得到每日的工资，作为它们服务的报酬，大家一起消费。"④ 生产者等级可以有自己的私有财产，但在统治者等级和护卫者等级内部要废除私有财产，因为私有财产会造成财富分化，危及城邦的治理。与柏拉图不同，亚里士多德从人的本性出发，认为即使实行"公产制度"也无法阻止人类的罪恶本性，并且在公有制度下，利益边界不清势必引起更多的纠纷，因为"凡是属于最多数人的公共事物常常是最少受人照顾的事物"⑤。因此，亚里士多德主张产权私有，同时保障它用于公共的目的，"财产可以在某一方面［在应用时］归公，一般而论应属私有。划清了各人所有利益的范围，人们相互间争吵的根源就会消除；各

---

① 《马克思恩格斯全集》第4卷，人民出版社1958年版，第330页。
② ［美］理查德·派普斯：《财产论》，蒋琳琦译，经济科学出版社2003年版，第40页。
③ ［美］格尔哈斯·伦斯基：《权力与特权：社会分层的理论》，关信平、陈宗显、谢晋宇译，浙江人民出版社1988年版，第252页。
④ ［古希腊］柏拉图：《理想国》，郭斌和、张竹明译，商务印书馆1986年版，第200页。
⑤ ［古希腊］亚里士多德：《政治学》，吴寿彭译，商务印书馆1965年版，第48页。

人注意自己范围以内的事业，各家的境况也就可以改进了"①。同时，他还认为，要巩固或稳定城邦，关键在于财产和人数的比例，拥有财产的中等阶层的人较多，避免财富分化，政府才能够稳定。因此，正是当时的土地产权结构，造成了古希腊的政权形式。正如理查德·派普斯指出的，"财产，尤其是以作为生产性资产为主要来源的土地财产的广泛分布，使得人类历史上第一个民主政体在雅典产生成为可能"②。

在亚里士多德之后，阿奎那、洛克、康德、黑格尔、休谟、哈耶克等一大批西方学者将私有财产权作为政治社会的首要问题，尤其近代以来，"个人财产权问题……是一个支撑整个政治社会这个文明大厦的支柱问题。如果没有财产权，没有对财产的稳定性的占有，近代的政治社会是不可能建立起来的"③。私人财产的不断增长，促使政治社会不断变革，有什么样的产权占有形式，就会有什么样性质的国家治理。从霍布斯开始，强调政府的产权保护职能，国家治理在私人产权结构基础上展开。霍布斯认为，"人们相互达成协议，自愿地服从一个人或一个集体，相信他可以保护自己来抵抗所有其他的人，后者可以称为政治的国家"④。不过，在霍布斯那里，国家可以以共同利益的名义干预产权，调整产权结构。他的观点得到了卢梭的支持，卢梭认为"政府的最重要的任务之一，就是要防止财富分配的极端不平等"⑤。从洛克开始，明确提出私有产权不可侵犯，并且认为私人产权结构规定了国家权力的边界，决定了分权的政府形式，"政治权力是当人们享有归他们自己处理的财产时才会存

---

① [古希腊]亚里士多德：《政治学》，吴寿彭译，商务印书馆1965年版，第54页。

② [美]理查德·派普斯：《财产论》，蒋琳琦译，经济科学出版社2003年版，第123页。

③ 高全喜：《休谟的正义规则论》，《世界哲学》2003年第6期。

④ [英]霍布斯：《利维坦》，黎思复、黎廷弼译，商务印书馆1985年版，第132页。

⑤ [法]卢梭：《论政治经济学》，王运成译，商务印书馆1962年版，第20页。

在；而专制权力是支配那些完全没有财产的人的权力"①。"一种政体在一个国家长期存续下去的可能性取决于财产的分配，尤其取决于地产的分配。"② 正如唐贤兴总结的，"在西方社会，民主制起源于既有的政治权力对增长着的经济权力的妥协，在某种程度上是财产结构变化的政治性后果，同时又是政治制度自身在某种程度上作出调整的产物"③。

哈灵顿将财产看作政权的基础，认为政权是由财产产生的，产权结构，也就是"产权的均势"，对国家治理形式有决定性影响。在他看来，"本土国家是建筑在所有权上的，所有权就是动产或不动产的所有权，也就是对土地、金钱或商品的产权。产权的均势或地产的比例是怎样的，国家的性质也就是怎样的"④。他将产权结构与国家治理关联起来，提出国家的性质、政府的形式是由财产，即土地的分配情况决定的。在公民或臣民享有土地所有权的政府中，占有土地最多的人就是拥有最大权力的人，财产的不平等产生权力的不平等。"如果一个国家的大部分土地被一个人所占有，必然形成君主制；为少数人所占有，必然形成贵族制；为全体人民所分有，就可以建立共和国。"⑤ 哈灵顿将国家视为财产基础上的自然产物，主张每一种土地占有状况之上，有相应的政体形式，二者要相吻合才可以，"如果用武力加以干涉，那么就不是用政府来迁就基础，就必然是用基础来迁就政府。如果不按均势的原则来维系政府，便不是自然的做法，而是暴力的做法"⑥。

此外，邓大才梳理了产权结构与国家治理形式的相关研究，评

---

① ［英］洛克：《政府论》，叶启芳、瞿菊农译，商务印书馆1964年版，第111页。

② ［美］乔治·萨拜因：《政治学说史》下卷，邓正来译，世纪出版集团2008年版，第181页。

③ 唐贤兴：《产权、国家与民主》，复旦大学出版社2002年版，第102—103页。

④ ［英］詹姆士·哈灵顿：《大洋国》，何新译，商务印书馆1963年版，第11—12页。

⑤ 同上书，第3—4页。

⑥ 同上书，第12页。

述了各种研究进路的优势与不足。在他看来,已有研究无法厘清产权与政治之间的真正关系,没有找到产权与政治相互影响的机制,也无法对产权与政治变革作出合理的解释。他主张建立一个专门针对产权与政治关系的分析框架,研究产权结构与权力结构之间的互动关系。他将产权结构分为两种类型,一是横向的产权结构,即同一财产分割成不同产权的结构;二是纵向的产权结构,即同一财产在不同时期产权的变化导致的权利结构。前者影响权利在不同人群之间的配置,后者影响权利在不同时期的配置。横向和纵向权利结构的变化都会对权力结构产生影响。[1]

(三) 产权演进与国家治理类型研究

产权和国家都是一种历史范畴,不是一成不变的。"产权与国家共同演进"[2],产权的演进对国家的性质及其治理结构产生深刻的影响。

马克思主义经典作家主要是从所有制的角度来论述产权与国家之间的关系,因此,"在一定意义上,产权与民主的演进关系或许可以还原为所有制与政治制度之间的关系,或是经济基础和上层建筑之间的关系"[3]。在马克思主义看来,人类社会早期经历过原始氏族公社阶段,在这一阶段,实行的是氏族小共同体所有制或大共同体所有制,没有国家,由氏族的公共权力机关行使"自然形成的共同体的权力"。此时的公共权力是一种与全体成员直接结合的权力,因此被称为"氏族民主制"。但是随着分工的发展,"除公社所有制以外,动产私有制以及后来的不动产私有制已经发展起来"[4],这就使得建筑在氏族公社所有制基础上的整个社会结构,以及与此相联系的人民权力,随着私有制的发展逐渐趋向衰落。随着私有制的产生,

---

[1] 邓大才:《产权与政治研究:进路与整合——建构产权政治学的新尝试》,《学术月刊》2011年第12期。
[2] 唐贤兴:《产权、国家与民主》,复旦大学出版社2002年版,第36页。
[3] 同上书,第187页。
[4] 《马克思恩格斯选集》第一卷,人民出版社2012年版,第148页。

以及随之而来的利益冲突，国家应运而生，人类社会由此进入了以阶级对立为主要特征的社会，国家被作为阶级统治的工具。"在相对说来为时较短的文明社会中，财产因素已大大地控制了社会，给人类带来了独裁制、帝制、君主制、特权阶级，最后带来了代议制的民治政治。"① 随着社会主义公有制的建立，利益对抗将会消失，国家治理的性质发生根本改变。到共产主义社会，私有产权不复存在，社会成为完全意义上的自治社会即自由人的"联合体"，作为"特殊公共权力"的国家也将自行消亡。

西方学者对产权演进与国家治理类型进行了一些研究。与马克思主义不同，西方学者普遍将公有产权到私有产权的演进以及私有产权的强化，作为国家治理类型变迁的动力，并认为私有产权带来了西方式的民主政治。"对有产者私有财产的保护与确认产生了一个民主的政治结构，也即说，西方社会的民主政治结构是个人私有权长期演进的结果。"② 诺斯从经济史的角度，梳理了产权演进与国家治理变迁之间的关系，提出产权变迁才是国家治理演进的源泉，他的研究也比较有代表性。诺斯认为，最初，专一的公有产权由最早的农业共同体建立；在有些地区，公有产权已让位于专一的国有产权，而在另一些地区，则让位于个人私有产权。③ 农业共同体规模很小，因此每个成员都会处理自己在共同体中的利害关系。随着共同体的扩大，一种新的治理形式——国家产生了。希腊城邦和罗马共和国的发展演进，基本上是由军事安全需要与内部争夺土地产权分配（财富的基本来源）之间的紧张关系制约的。④ 罗马帝国解体后，庄园土地所有制带来了封建统治形式。中世纪后期，市场的扩大导

---

① [美]路易斯·亨利·摩尔根：《古代社会》，杨东莼、马雍、马巨译，江苏教育出版社2005年版，第273页。

② 唐贤兴：《产权、国家与民主》，复旦大学出版社2002年版，第19页。

③ [美]道格拉斯·诺斯：《经济史上的结构和变革》，厉以平译，商务印书馆1992年版，第105页。

④ 同上书，第130页。

致了民族国家的建立,以及对财政收入的巨大需求。"17 世纪欧洲各民族国家之间出现不同的治理能力,就取决于不同的国家建立的产权的性质。"① 法国和西班牙为了应付财政危机、强化王权而夺得了征税权,弱化了财产权,从而导致王权失去了制约,形成君主专制,并建立一个庞大的行政官僚组织。荷兰、英国则相反,加强了国会的力量,"代议制的国会一直把持着重要的征税权",对王权进行限制和约束,且"不存在将王权对产权和征税的权威加以集中的理由,更不存在维持一个庞大的中央政府的理由"②,从而走向了议会民主政治。

产权类型的演进同样会对国家治理产生影响,邓大才对此进行了深入分析。他主要从时间维度考察产权对国家治理影响的变化。在他看来,随着人类社会的发展,产权类型逐渐丰富。在财产类型比较少,尤其是以土地作为财产的时期,产权对政治的影响比较直接、比较大。在传统农业社会,土地是权力的直接来源,土地的占有状况直接决定了权力结构,进而决定了地主统治下的国家治理类型。随着商品经济的发展,财产形式多元化,产权从地权向资本产权、金融产权扩展,这就导致产权对政治的影响也是多元化、多层化、隐性化的,政府开始对产权进行一定的限制,产权对政治的影响也受到了一定的限制③。

二 产权与乡村治理

产权与乡村治理有着紧密的联系。特别是产权的性质、结构及其变迁对于政治和乡村治理有着基础性的意义。学界对于产权与

---

① 唐贤兴:《西方社会私人财产权的起源、发展及其政治后果》,《政治学研究》2000 年第 2 期。

② [美]道格拉斯·诺斯:《经济史上的结构和变革》,厉以平译,商务印书馆 1992 年版,第 177—178 页。

③ 邓大才:《产权的政治逻辑:产权怎样、如何影响政治——从产权政治的功能视角考察》,《学习与探索》2014 年第 9 期。

乡村治理进行了大量研究，为本书提供了丰富的参考与借鉴，但是已有研究的关注点比较分散，总体来看，主要围绕以下几个方面展开。

（一）产权性质与乡村治理方式研究

产权性质与乡村治理方式的研究，主要是围绕传统的小农产权是否属于私有产权展开的。在马克思、魏特夫等人看来，包括中国在内的亚洲国家在传统时期不存在纯粹的私有制，土地不是硬化了的私有财产，因而只有专制国家对全社会的统治。马克思指出："如果不是私有土地所有者，而是像在亚洲那样，国家既作为土地所有者，同时又作为主权者而同直接生产者相对立，那么，地租和赋税就会合为一体，或者不如说，不会再有什么同这个地租形式不同的赋税。……在这里，国家就是最高的地主。在这里，主权就是在全国范围内集中的土地所有权。但因此那时也就没有私有土地的所有权，虽然存在着对土地的私人的和共同的占有权和使用权。"[①] 马克思进一步指出，小块土地所有制是传统社会的经济基础，小块土地所有制的经济发展根本改变了农民与社会其他阶级的关系，小块土地所有制成为全能的和无数官僚立足的基地。"权力也统治着财产"[②]，农民作为生产者不完全拥有土地，君主拥有最终的所有权，可以随时没收个人的财产，造成了行政权力支配的社会，因此是不存在乡村的自我治理的。

魏特夫在研究东方专制主义起源时重点阐述了财产所有制复杂类型和治水强度之间的相互关系。他认为，"软弱的财产"是与专制国家相伴随的，在专制国家中只能是"软弱的财产"。"治水社会"中的私有财产，不论它是大是小，无论它的所有者是否为政治机构本身中的人物，都不能使财产持有人通过以财产为基础的组织和行动来控制国家的权力，治水社会的从属组织是没有真正自主的，"东

---

① 《马克思恩科斯全集》第 25 卷，人民出版社 1998 年版，第 891 页。
② 《马克思恩格斯全集》第 4 卷，人民出版社 1958 年版，第 330 页。

方财产在政治上是软弱无能的"。"治水国家在农村十分有效地维持其财政能力","治水政权因为是一种武装的和无所不在的组织力量,故它在动产的战略地点和不动产的主要地区农村占着上风"。① 中国帝国时代的农村没有自治可言,主要官员由政府任命或批准,他们不可避免地束缚在一个为政府的利益,而不是为村民利益服务的工作系统上。

美国社会学家格尔哈特·伦斯基认为,所有农业社会的统治者对他们统治范围内的土地都拥有实质上的所有权。在他看来,财产主要是由权利构成,而不是由实物构成,尤其是对那些供给不足的东西的权利。基于此,农业社会的统治者不仅是他们皇家财产的所有者和他们租借、分配或授予作为采邑的土地的所有者,而且是他们有权对之征收税赋的土地的所有者,尤其是当他们可以任意地把这些税赋用于个人目的时更是如此。同理,他们也是他们征税的所有产业的所有者。国家是统治者可以用来为自己谋利的一份财产。通过税收,进贡货币、税金和服务所行使的所有权无疑是大多数农业国家统治者的主要来源。②

秦晖在对封建社会特点的研究中持相同的观点。他认为,自然经济的宗法农村是不存在严格意义上的私有者的,传统的土地不是纯粹的私有财产。"我国封建地产无论前期与后期,无论哪一种模式……都是宗法共同体中等级权力的物化,都是'特权即例外权的类存在',而不是纯粹的私有财产。"③ 由于没有独立的私有产权,地主的地位并不是"土地所有权的经济体现",而是统治——服从关系的体现。因而也就不存在所谓的乡村自治,在地方上拥有土地产

---

① [美]卡尔·魏特夫:《东方专制主义》,徐式谷、奚瑞森、邹如山等译,中国社会科学出版社1989年版,第60—81页。
② [美]格尔哈特·伦斯基:《权力与特权:社会分层的理论》,关信平、陈宗显、谢晋宇译,浙江人民出版社1988年版,第239—241页。
③ 秦晖、金雁:《田园诗与狂想曲:关中模式与前近代社会的再认识》,语文出版社2010年版,第166页。

权的地主士绅，只是皇权的代表。正如瞿同祖指出的，士绅与官吏隶属于同一个集团，尽管有正式权力和非正式权力的差别，实际上是同一个权力集团在控制社会，这个权力集团在公共领域表现为官吏，在私人领域表现为士绅。[1] 因此，土地产权的性质决定了，在专制皇权统治之下，中国乡村社会几乎没有任何独立性、自主性和自治性可言，国家直接控制乡村社会，或者通过代理人控制乡村社会，乡村社会被整合进国家政权体系，乡村治理与国家治理是一体的。

（二）产权占有与乡村治理主体研究

关于产权与乡村治理的研究主要是围绕产权占有与乡村治理主体的关系展开。学术界一般把产权占有状况作为研究乡村治理的重要切入口，将产权占有，尤其是土地占有，作为乡村进行社会分层的最基本标准。有关产权占有与乡村治理主体的研究认为，传统时期，尽管产权占有情况有所不同，但是除少数情况外，地主士绅始终是乡村治理的主体，他们是乡村社会单一的主导力量。正如蒋永甫提出的，财富具有家庭或私人财产的性质，它构成了地方权威活动的经济基础，财富在地方权威的构成中处于基础和核心地位。[2] 在传统社会的乡村治理中，以土地财产权为核心的地主士绅的私权力一直发挥着核心的治理功能。

在地主占有土地占优势的地方，地主往往掌握乡村的权力，建立由他们主导的权威型治理模式。徐勇指出，在古代中国，土地是最主要和最稳定的财产。地主占有大量土地，佃户耕种其土地，形成了地主支配下的租佃关系。"根据对土地的占有状况，中国古代的乡村社会可分为占有较多土地的地主和占有较少或不占有土地的农

---

[1] 瞿同祖：《清代地方政府》，范忠信、何鹏、晏锋译，法律出版社2011年版，第267页。
[2] 蒋永甫：《乡村治理视阈中的农民土地财产权——一种私权力取向的研究路径》，《华中师范大学学报》（人文社会科学版）2009年第2期。

民两大阶级,地主阶级掌握乡村的经济和政治权力。"①"因此,土地与占有者、使用者的关系是整个农业文明社会关系着农业社会成员生死存亡的关系。"② 米格代尔将土地看作是地主的权力基础,地主通过控制包括土地在内的关键性稀缺资源来对农民施加限制,并决定了地主与农民关系的模式。由于土地是生活中最重要的资源,它决定着地主制裁力量的强度,地主掌握的制裁力量的强度构成其权利的核心。③

黄宗智对华北小农社会的分析认为,正式的官僚机构力所能及的范围以下,地主是国家政权借以控制自然村的不可少的居间人。他认为,一个以自耕农为主的村落社会,村庄中若有大地主或者经营式农场主,这些自耕农是支持后者的主要阶层。通过对冷水沟、沙井、侯家营三个村庄的数据对比,他证明了凡是村庄的首事都是有土地的农户,没有土地的农民几乎没有当首事的。在闭塞性和内向集聚性的村庄,形成了士绅、地主主导的治理格局。传统时期,地主和士绅往往是一体化的。④ 正如萧公权指出的,在法律上或观念上,绅士的地位并非依靠或意指土地所有权,但在事实上,社会特权和经济财富通常落到同一些人身上。因此,凭借在产权占有方面处于的优势地位,他们成为乡村治理的主体。⑤

在产权占有相对均势、以自耕农为主的乡村地域,除个别情况下能形成合作治理外,大部分情况下依然是地主士绅主导的治理。吴晓燕就认为,土地的权属关系是农业社会时代最重要的产权制度,是乡村社会治理的基础。传统小块土地所有制下一家一户的小农经

---

① 徐勇:《非均衡的中国政治——城市与乡村比较》,中国广播电视出版社1992年版,第57页。
② 同上书,第112页。
③ [美]米格代尔:《农民、政治与革命——第三世界政治与社会变革的压力》,李玉琪、袁宁译,中央编译出版社1996年版,第31页。
④ [美]黄宗智:《华北的小农经济与社会变迁》,法律出版社2013年版,第189—213页。
⑤ 萧公权:《中国乡村——论19世纪的帝国控制》,张皓、张升译,台北:联经出版事业股份公司2014年版,第371—378页。

济，不仅导致了上层的大一统的中央集权政府，也开辟了乡村社会自治的空间。① 李怀印对河北省获鹿县（今鹿泉市）的研究提出，县级以下地方治理中合作盛行的关键在于自耕农占优势，财产关系的状况促进了村民在村社事务中的相互合作。但是李怀印也承认，大部分的自耕农村落，依然是士绅单一权威主导的治理。② 黄宗智专门分析了小块土地与村庄权力之间的关系，他认为，华北地区自耕农比重大，村庄与外部的交往少，国家政权通过赋税影响村庄，而村庄阶级没有分化，没有显赫人物和组织抵抗国家政权，国家对农民的影响很大，但是由于国家财力不足，要通过士绅和头人征收赋税，从而使士绅与头人成为村庄权力的核心。③

此外，在华南地区，由血缘关系所形成的宗族组织，由于掌握相当数量的公田等公共产权，并对族人的私人产权拥有支配力，因而成为乡村治理的主要力量。共有产权为宗族成员共同所有，成为宗族共同体成立和维系的重要基础。巴林顿·摩尔在分析中国传统社会时认为，用于仪式的土地，其所有权是集体的，为宗族提供了基本的经济基础。④ 在看到宗族共有产权经济意义的同时，也有不少学者认识到了其政治意义。杜赞奇就指出："南方宗族的共同财产及超村级联系成为乡村政治及冲突的根源，它不仅沟通向上浮动的渠道，而且保护同族弱者，并具有北方宗族所缺乏的共同意识。"⑤ 宗族的产权形式影响到了宗族村落的治理。在韦伯看来，建立在公有

---

① 吴晓燕：《农村土地产权制度变革与基层社会治理转型》，《华中师范大学学报》（人文社会科学版）2013年第5期。

② [美] 李怀印：《华北村治——晚清和民国时期的国家与乡村》，岁有生、王士皓译，中华书局2008年版，第14页。

③ [美] 黄宗智：《华北的小农经济与社会变迁》，法律出版社2013年版，第199页。

④ [美] 巴林顿·摩尔：《专制与民主的社会起源——现代世界形成过程中的地主和农民》，王茁、顾洁译，上海译文出版社2012年版，第212页。

⑤ [美] 杜赞奇：《文化、权力与国家：1900—1942年的华北农村》，王福明译，江苏人民出版社2010年版，第64页。

产权基础上的家族共同体，是虔敬和权威的最原始的基础，其内部实行典型的权威治理。① 弗里德曼得出结论，宗族的政治力量是由一批年长和有影响力的男人组成，而这些有影响力的房内长老往往是地方士绅。因此，在宗族内部形成了"长老统治"与"士绅治理"，宗族治理本质上仍然是拥有经济地位的地主士绅主导的治理。② 除此之外，张利明对一个宗族村庄传统产权形态与治理形态的关系进行了考察，使人们获得了对宗族之下公私产权结构的新认识。他发现，在传统的宗族社会，公有产权与私有产权并不是二元对立的，产权私有为家庭和宗族的发展带来了动力与活力，而公有产权的制度安排在很大程度上弥补了传统国家治理的缺陷，起到了替代、补充国家治理的功能。在国家治理能力有限的情况下，宗族通过自身的治理实现了"公"与"私"的均衡发展。③

（三）产权属性与中国乡村治理独特性研究

产权的核心之处在于"由人们对物的使用所引起的相互认可的行为关系"④，从产权嵌入其中的社会关系出发，才能更准确地理解和把握现实中的产权事实。在社会学、人类学等研究看来，只有深刻研究社会场域中不同产权主体之间、产权主体与社会规范（社会环境）之间的相互关系，才能深入产权的本质，真正理解产权之社会性建构的真正意义。

李培林对广州一个城中村——羊城村的产权状况进行了实地调查和研究。他的研究起源于这样的问题意识，按照经济学的一般理论，产权越清晰，财产的使用越有效率，但在现实当中，中国的村

---

① ［德］马克斯·韦伯：《经济与社会》上卷，林荣远译，商务印书馆1997年版，第400页。

② ［美］莫里斯·弗里德曼：《中国东南的宗族组织》，刘晓春译，上海人民出版社2000年版，第146页。

③ 张利明：《公与私：产权分化过程中的调和型治理——以粤北司前村吴氏宗族为个案》，华中师范大学，博士学位论文，2017年，第2页。

④ ［美］罗纳德·科斯等：《财产权利与制度变迁——产权学派与新制度学派译文集》，刘守英等译，格致出版社、上海人民出版社2014年版，第148页。

落土地产权很少有非常清晰的，或者说大部分村落土地产权是残缺的，是嵌入一些具体社会关系网络的。通过研究他发现，产权的实施是有条件的，当产权主体嵌入一个生活共同体，为了相安无事地共同生活，产权的残缺，或者说放弃和让渡一部分产权，有时就是各种选择中最好的或最不坏的选择。所以，产权的明晰化，必须与它所嵌入的社会关系网络的转型相契合，才能建立起更有效率的经济运行体制。产权残缺基础上的村落治理亦是如此。[1] 折晓叶、陈婴婴认为产权是一种社会权利关系的制度表达。社区集体产权主要不是一种市场合约性产权，而是一种社会合约性产权。从产权界定的角度，她们认为，在市场制度不完善的条件下，产权存在被社会关系网络非正式界定的可能性。当下依靠行政力量推动产权改制时，如果仅仅以制度设计取代非正式的社会规则，将严重影响社区治理。[2]

同时，在论断式地论述产权与乡村治理关系的同时，学者们也不再把传统产权简单视作一般意义上的私有产权，而是深入分析产权属性及对治理的影响。传统时期的产权是在乡土社会中形塑的，受到乡村社会的深刻影响。乡村社会中人与人的关系、人与家族的关系、人与社区的关系，构成了分析传统产权的社会基础。总体来看，学界主要从三个方面对传统产权的属性进行研究。

第一种观点强调产权的家族性。这种观点将产权置于血缘关系基础之上，认为传统时期的产权体现着人与家族的关系，具有强烈的家族属性，产权排他性和可转移性受到血缘关系制约，在治理形态上呈现出家族治理的特征。梁漱溟认为，在"伦理本位"的传统时期，"财产殆属伦理所共有"，财产伦理化使得治理迥异于西方社

---

[1] 李培林：《村落的终结——羊城村的故事》，商务印书馆2004年版，第75—79页。

[2] 折晓叶、陈婴婴：《产权怎样界定——一份集体产权私化的社会文本》，《社会学研究》2005年第4期。

会。① 滋贺秀三用"同居共财"来形容传统时期中国的家族共产制，这种结构决定了乡村的治理结构。② 徐勇提出了"祖赋权利"的概念，认为在宗族社会，人们的自然权利来源于自己的先祖，人一出生就可以公平地分享宗族公田等产权权利，基于"祖赋权利"的宗族社会治理也不同于一般的乡村治理。③ 科大卫持类似的观点，将家族祖先比喻为"控产的法人"④。桂华、林辉煌从农民的祖业观念出发，认为中国农民形成了一种不同于西方私有产权的"家业产权"观念。中国的产权是一种非排他性的、非可转移性的，建立在血缘基础上，通过代际更替和兄弟分家实现对财物的占有和使用，并以维护财产永恒存在的产权形式。基于家业产权建构了与西方市民社会不同的乡土社会。⑤ 徐嘉鸿⑥、刘锐⑦等分别基于对宗族村落的田野考察，从不同角度论述了农民"祖业权"的产权认知及其对乡村治理的影响。方钦认为传统社会的产权制度是一种"宗法财产权"，即财产权利的界定以身份世系为基础。在宗法财产权的制度下，并非个人的财产决定其在社会秩序中的身份，而是其身份决定了个人对于财物的可控制能力。⑧

此外，欧中坦基于中西比较的视野，分析了中国传统社会的产

---

① 梁漱溟：《梁漱溟选集》，吉林人民出版社2005年版，第185—187页。
② ［日］滋贺秀三：《中国家族法原理》，张建国、李力译，商务印书馆2013年版，第12页。
③ 徐勇、张茜：《公平与效率：中国农村组织变迁的内在机理》，《探索与争鸣》2016年第6期。
④ ［英］科大卫：《国家与礼仪：宋至清中叶珠江三角洲地方社会的国家认同》，《中山大学学报》（社会科学版）1999年第5期。
⑤ 桂华、林辉煌：《农民祖业观与乡土社会的产权基础》，香港：《二十一世纪》2012年第4期。
⑥ 徐嘉鸿：《祖业亦或私产：论农民的土地产权认知——对赣北Z村征地纠纷的个案解读》，《广东社会科学》2014年第3期。
⑦ 刘锐：《地权界定中的宗族与国家》，《思想战线》2018年第1期。
⑧ 方钦：《传统中国社会财产权利的性质——以清代闽北土地买卖文书为例》，《南方经济》2016年第12期。

权属性及其治理影响。在他看来，在欧洲中世纪甚至近代，个人家庭及其与财产的关系在整个社会政治学说中占据着核心地位，但是在中华帝国后期及近代家族关系作为基础世界观，就像"隐喻"一般自始至终地在政治学说中扮演着极为独特的，乃至是排他性的角色，产权关系反而被掩盖起来。财产权在中国从未变成一种基础世界观，亦从未成为借以分析政治权力的本质或者构建国家与个人关系的路径。其原因在于，实际上一直到20世纪，中国的"家族"始终被作为基础世界观，从而排除其他财产权观念的产生。因此，家族是国家不会闯入的社会空间，是家族长秉承"父爱主义"之光管制其成员的共同体，成为构建社会秩序的基石。①

第二种观点强调产权的社区性。传统乡村社会是建立在血缘与地缘关系上的，在强调产权家族性的同时，一些学者进一步分析了产权的社区性，认为农民有关地权的观念、惯行、礼俗、制度，都离不开村落社区特定生活场景中所结成的人际关系网络。费孝通很早就注意到了土地在社区成员资格认定上的重要性，社区边界构成了土地权属的限制性力量。② 刘守英强调社区非正式规则在产权安排和保护上的决定性作用，认为在历史上，皇权不下乡，村庄权利规则既尊重每个村民的私权，又遵守村规民约对公共部分的制约。③ 张佩国基于历史人类学的分析，认为传统时期，在封闭内向的村庄之中，村落共同体意识使得地权受到村籍（即村民资格）的制约。在农民的村籍观念中，村落和宗族是合二为一的，其逻辑是封闭的族群关系网络背后隐含着村民对本村土地资源的独占观念。④ 臧得顺同

---

① ［美］欧中坦：《遗落的隐喻——西方法律学术视野中的中国近代早期契约与产权问题研究》，杨力译，《交大法学》2013年第2期。
② 费孝通：《江村经济》，世纪出版集团2007年版，第28—29页。
③ 刘守英、路乾：《产权安排与保护：现代秩序的基础》，《学术月刊》2017年第5期。
④ 张佩国：《近代江南的村籍与地权》，《文史哲》2002年第3期。

样从社区视角提出"关系地权"的概念,认为地权是深深地嵌入在社区社会关系中的,农地产权在真实世界中的界定过程往往与产权主体的社会资本、乡规民约、"小传统"等地方性知识有很大关联。"人—地"关系背后的"人—人"关系,才是地权问题的本质和核心。①

第三种观点强调产权的多重性。产权的多重性研究主要关注产权经济属性之外的其他属性。这一研究认为,产权不仅具有经济属性,还具有多样的其他属性,产权是多重属性的复合体,产权的多重属性构成了传统时期中国产权的独特性。张小军从实质论的产权和资本体系的视角,论证了产权的复合存在,包括经济产权、文化产权、社会产权、政治产权和象征产权。他认为,复合产权作为人类普遍的权属形态,才是产权原生、基本和本底的状态,并推断中国社会将长期处于复合产权的状态之中。复合产权之上的治理也是多重的。② 邓大才以"深度中国调查"采集的中国事实和案例为主要依据,从国家治理的视角出发,考察了产权的多重属性及其与国家治理的相关性。他认为,产权有多种属性且与国家治理相关联。在中国,产权除了经济属性和政治属性外,还有很强的社会属性。传统时期,乡村社会通过各类产权安排,赋予一定数量的产权以社会属性,从而提供公共物品,维系农业社会的自我运转。产权的社会属性是乡村社会实现自我治理的制度基础。③ 熊万胜、毕菲荣从地权角度分析了产权的多重属性,认为地权包括了治权、身份权和产权三重属性。中国历史上的地权模式存在三种"权"依次凸显的历

---

① 臧得顺:《臧村"关系地权"的实践逻辑——一个地权研究分析框架的构建》,《社会学研究》2012年第1期。
② 张小军:《复合产权:一个实质论和资本体系的视角——山西介休洪山泉的历史水权个案研究》,《社会学研究》2007年第4期。
③ 邓大才:《中国农村产权变迁与经验——来自国家治理视角下的启示》,《中国社会科学》2017年第1期。

史演进，当前正在发生的是地权的产权化过程。①

（四）产权变迁与乡村治理转型研究

产权是协调各方利益关系的边界，产权制度决定着乡村治理的变化。正如徐勇、项继权指出的，土地产权是国家与农民关系的核心，不同时期不同的产权制度安排会影响国家的行为、农民的行为以及农民与国家的关系。②目前，学界对于产权变迁与乡村治理转型的研究比较多。徐勇、赵永茂指出，农村土地产权制度变革的影响面，不止于经济，也同时延伸到政治面与社会层面的治理过程与绩效。③项继权和刘金海较早分析了产权变迁对乡村治理的影响，尤其是集体产权背景下的村庄治理。项继权通过对3个个案村庄的研究，研究集体产权及其形式变化对村庄治理结构的影响。他认为，随着工业化的发展，土地所有制对社区产权结构及治理结构的影响也随之降低。在中国乡村集体经济的发展过程中，乡村的集体化和再集体化在一定条件下促进了乡村民主的发展。④刘金海则从一个村庄的集体产权变迁中寻找国家、集体与农民的相互关系。在他看来，集体产权是特殊的财产权利安排，是国家政权建设过程中构造出来的财产权利，国家在集体产权形成、变迁中具有第一位的作用。他以团结村为个案，阐述了集体产权的形成、演进及演化过程，剖析了在此过程中国家、集体与农民的互动关系，并着重分析了"再集体化"过程对乡村社会资源分配、权力与权威格局、村民权利实现等

---

① 熊万胜、毕菲荣：《论地权的基本内涵与地权模式的时空差异》，《南京农业大学学报》（社会科学版）2018年第1期。

② 徐勇、项继权：《土地产权——国家与农民关系的核心》，《华中师范大学学报》（人文社会科学版）2005年第6期。

③ 徐勇、赵永茂主编：《土地流转与乡村治理——两岸的研究》，社会科学文献出版社2010年版，第5页。

④ 项继权：《集体经济背景下的乡村治理——南街、向高和方家泉村村治实证研究》，华中师范大学出版社2002年版，第367—382页。

的影响。①

此后，蒋永甫和吴晓燕分别从历史的角度，梳理了土地产权制度与乡村治理的变迁。蒋永甫认为，产权制度是乡村治理的经济基础，不同的土地产权制度安排产生相应的乡村治理模式。与传统家户产权制度相适应的是地主、士绅主导的乡村治理模式，与土地农民集体产权制度相适应的是高度集权的人民公社的公共权力治理模式，而农村改革以来的双层土地产权制度安排形成了"乡政村治"的分权式治理模式。当前，赋予农民更加清晰完整的土地财产权，将为乡村治理提供私权力的新维度，以弥补单纯依靠公权力治理的不足。② 吴晓燕通过对不同土地产权制度下乡村治理模式的考察，认为乡村社会的治理格局经历了从乡村自治、纵向官治到乡政村治的变化。随着农村新一轮产权制度变革，农村社会正在发生深刻的变化，乡村治理开始迈向多元治理的道路。她重点分析了土地承包经营权的流转对村庄治理内容、方向、目标乃至模式的冲击。③

除了个案研究和历史研究，也有学者注重多个案对比。邓大才以粤、湘、鄂、鲁四个村为考察对象，探索产权发展对村庄和农户权力分配，即对村庄权力结构的影响。他通过对比研究发现，村庄的权力结构是由产权的集中性、稳定性决定的，其中产权的集中性是最根本性的影响因素。产权集中性、稳定性或两者的组合与村庄权力结构有一定的相关性，产权的集中性决定权力，产权的稳定性决定权利。产权集中性和稳定性的不同组合形成不同的村庄权力结构和治理模式。在产权所属子权利分离的趋势下，产权权利向农民

---

① 刘金海：《产权与政治——国家、集体与农民关系视角下的村庄经验》，中国社会科学出版社2006年版，第281—293页。

② 蒋永甫：《乡村治理视阈中的农民土地财产权——一种私权力取向的研究路径》，《华中师范大学学报》（人文社会科学版）2009年第2期。

③ 吴晓燕：《农村土地产权制度变革与基层社会治理转型》，《华中师范大学学报》（人文社会科学版）2013年第5期。

集中，村庄的权力会弱化。①

近年来的研究注重对产权改革与治理创新的实践分析。郭金云以成都市农村土地产权制度改革为个案，探讨农村土地产权发展与乡村治理之间的内在逻辑。他认为，完整的农村土地产权制度，构建了农村多元治理主体的行动逻辑，也为乡村治理转型奠定了坚实的微观基础。各个时期乡村治理体制的改革、乡村治理主体的有效性程度都与特定的土地产权制度变革休戚相关。土地产权发展对乡村治理的影响也是全方位的。当前，农地"三权分离"改革将推动乡村治理的改善，成为破解农村地区发展"瓶颈"的有效手段和农村社会经济发展的必然要求。②蒋红军、肖滨提出"产权改革的治理创新论"，剖析广东农村产权改革的内部机制，从地方治理创新视角解释农村产权改革的运行逻辑。产权改革主要从结构、能力和监督三个方面为乡村治理创新创造新的有利条件，重构了乡村治理创新的经济基础。③

（五）产权单位与乡村治理单位对称性研究

将产权单元与乡村治理单元关联起来进行研究，是近年来学术界较为关注的研究点。这一研究从产权与治理的关联性出发，探讨了产权单元与治理单元的关联性，突破了"产权决定乡村治理论"的简单叙述，从而拓展了产权与乡村治理研究的范围和内容。

邓大才认为，产权的效率与治理的效率不仅取决于产权制度、治理制度本身的安排，还取决于产权与治理的契合性，更取决于产权单位与治理单位的对称性。在他看来，产权单位与乡村治理单位的对称性强，产权、治理的绩效相对较好；产权单位与乡村治理单

---

① 邓大才：《产权发展与乡村治理：决定因素与模式——以粤、湘、鄂、鲁四村为考察对象》，《中州学刊》2014年第1期。

② 郭金云：《乡村治理转型的微观基础与制度创新——以成都市农村土地产权制度改革为个案的研究》，《中国行政管理》2015年第5期。

③ 蒋红军、肖滨：《重构乡村治理创新的经济基础——广东农村产权改革的一个理论解释》，《四川大学学报》（哲学社会科学版）2017年第4期。

位的对称性弱，产权、治理的绩效相对较差。结构的均衡性、层级的对等性、规模的适宜性、边界的完整性、职能—权利的对应性和单位形成的内生性，六大因素单独或组合作用，影响并决定了单位的对称性。① 受邓大才研究的启发，张淼淼、林翠等分别以个案调查为基础，对产权单位与治理单位的关联性进行了研究。张淼淼通过皖南巧峰村的调查发现，在不同的历史时期，个案村庄产权单元与治理单元间的对应关系总体上呈现出"聚合团结—分化脱嵌—错位冲突"的变化过程，村庄治理水平也随之波动。他认为产权单元与治理单元的错位冲突导致了现阶段一些地方乡村治理困境。② 林翠梳理了粤西钱新村的产权单元变迁过程，分析了产权单元变化对村庄治理形态的影响，并探讨了产权单元与治理单元之间的关联与张力。③

上述这些研究成果具有重要的启发意义，为本书研究奠定了坚实基础。但是，这些研究也存在明显的不足，有一些领域和内容需要进一步拓展和深化：

其一，以整体判断遮蔽多样事实。目前学界从产权占有状况出发，认为传统乡村社会是地主士绅或宗族单一权威主导的治理，这是对传统时期产权关系基础上乡村治理的总体判断。这种看法是基于对传统社会一般性认识获得的，是一种整体性判断。中国社会有着巨大的差异性，由笼统概括所形成的结论容易导致"既有理论遮蔽丰富的事实"④。已有的研究忽视了基层丰富的产权关系事实，尤其没有对产权关系进行具体微观分析，没有将微观产权关系与村庄

---

① 邓大才：《产权单位与治理单位的关联性研究——基于中国农村治理的逻辑》，《中国社会科学》2015 年第 7 期。
② 张淼淼：《乡村治理困境：基于产权单元与治理单元的对应关系研究——以皖南巧峰村为个案》，华中师范大学，硕士学位论文，2015 年。
③ 林翠：《产权单元与治理单元的关联与张力——基于粤西钱新村的个案研究》，华中师范大学，硕士学位论文，2015 年。
④ 徐勇：《"关系权"：关系与权力的双重视角——源于实证调查的政治社会学分析》，《探索与争鸣》2017 年第 7 期。

治理之间的关联梳理出来,因而也没有提出更有解释力的理论分析。

其二,把产权作为一个实体变量,宽泛地分析其对乡村治理的影响。已有研究"往往从产权本身出发研究权利的配置",没有使"分析的单位从整体权利或权利束"[①] 精准聚焦至具体的产权子权利,没有关注微观产权与治理的关系。产权是一束权利,由众多的子权利构成,这些子权利可以组合存在,也可以单独存在,子权利的配置方式同样影响权威结构及其治理方式。历史具有延续性,已有传统会成为某种底色,制约社会的发展演变。由于对传统时期产权权利多元配置关系及其治理缺乏深入研究,这在一定程度上限制了人们对当下产权与治理关系的准确认识。

其三,缺少深入的个案分析,只有一般化的论述。产权与治理作为政治学研究的焦点问题之一,其研究主要是通过理论演绎和抽象建构展开的,属于典型的规范研究,实证研究方法的运用十分缺少。就微观的关联性研究而言,实证研究无疑具有明显的优势。实证研究的缺乏使得产权与治理研究停留在宏观论证层面,无法获得对两者关联性的具体认知。就乡村治理而言,目前的研究主要依据文献资料以及理论演绎,抽象地、论断式地分析产权与乡村治理的关系,缺乏深入扎实的田野调查,无法认识到传统中国产权关系的丰富性,无法挖掘出产权与治理关系的内在机制,因而难以将产权与治理的相关性研究推向深入。

第三节　核心概念界定

一　产权与产权分置

产权是一个内容比较宽泛的概念,不同的学科、领域对其认识

[①] 李中秋:《巴泽尔产权界定的逻辑思路》,《河北经贸大学学报》2015年第5期。

和理解的差异很大，使用比较多样。总体来看，目前学界对于产权的定义，主要是从经济和社会两个视角进行。

产权的经济视角是从经济学的角度对产权进行定义，包括马克思主义政治经济学的产权定义和西方经济学的产权定义。马克思从财产关系角度论述产权，认为产权亦即财产权，是生产关系的法律表现，这是马克思对产权本质特征的高度概括。在马克思看来，产权是与财产有关的各种法定权利，产权不是指单一的所有权，而是包括所有权、占有权、使用权、收益权、支配权、经营权、索取权、继承权等一系列具体权利。产权是一组权利的组合体，在这一系列权利当中，所有权是处于核心地位的，"在权利统一而不相互分离的情况下，拥有所有权，就意味着拥有与财产有关的全部权利，也就是拥有完全产权"①。

根据西方经济学的产权定义，"产权是一个社会所强制实施的选择一种经济品的使用的权利"②。西方经济学主要从财产权利角度定义产权。科斯认为，"产权是指一种权利，人们所享有的权利，……这意味着应明确人们所享有的权利"③。德姆塞茨从主体行为的角度定义产权，认为"产权包括一个人或其他人受益或受损的权利"④。诺斯则干脆指出"产权本质上是一种排他性权利"⑤。因此，在西方经济学理论中，产权被认为本质上是"一束权利"，包括所有权、占有权、使用权、收益权、处分权等。如果权利所有者对他所拥有的

---

① 吴易风：《产权理论：马克思和科斯的比较》，《中国社会科学》2007年第2期。

② [美]罗纳德·科斯等：《财产权利与制度变迁——产权学派与新制度学派译文集》，刘守英等译，格致出版社、上海人民出版社2014年版，第121页。

③ 经济学消息报社编：《追踪诺贝尔——诺贝尔经济学奖得主专访录》，中国计划出版社1998年版，第191—192页。

④ 转引自[美]罗纳德·科斯等《财产权利与制度变迁——产权学派与新制度学派译文集》，刘守英等译，格致出版社、上海人民出版社2014年版，第71页。

⑤ [美]道格拉斯·诺斯：《经济史中的结构与变迁》，陈郁、罗华平译，上海三联书店1991年版，第21页。

权利有排他的使用权、收入的独享权和自由的转让权,那么他所拥有的产权就是完整的,否则就是残缺的。西方产权观念建立在市场经济基础之上,注重产权的经济属性,认为只要产权是明晰的,就能实现资源配置的效率。

产权的社会视角则将产权视为作为财产相关方的人与人之间的关系,主张从社会关系出发认识产权,将产权视为一种社会关系,这种关系是复合的,并且嵌入社会关系之中,受社会关系及其结构的影响。从关系角度定义产权的主要是社会学家,但是他们的思想最早也是受到了经济学家的启发和影响。比如新制度主义经济学家菲吕博腾和平乔维奇就认为,产权的核心之处在于,"产权不是指人与物之间的关系,而是指由物的存在及关于它们的使用所引起的人们之间相互认可的行为关系",并把产权制度描述为"一系列用来确定每个人相对于稀缺资源使用时的地位的经济和社会关系"①。财产法学者门泽尔也指出:"产权不是土地持有者与土地之间的关系,而是土地持有者对土地的权利关系,以及土地权利持有者与所有其他人之间的关系。"②

国内学者从社会关系角度对产权进行了大量研究,主要是基于中国的产权事实,尤其注重对产权界定过程的考察,提出具有本土特征的产权概念。申静、王汉生同样将产权视为行为者基于界定某物的占有、使用、支配而形成的相互认可的行为关系。③ 折晓叶、陈婴婴认为产权是一种社会权利关系的制度表达。④ 周雪光则直接提出

---

① [美]罗纳德·科斯等:《财产权利与制度变迁——产权学派与新制度学派译文集》,刘守英等译,格致出版社、上海人民出版社2014年版,第148页。
② Munzer, Stephen R. A Theory of Property. *American Political Science Review*, No. 2, 1990, pp. 648—649. 转引自刘守英、路乾《产权安排与保护:现代秩序的基础》,《学术月刊》2017年第5期。
③ 申静、王汉生:《集体产权在中国乡村生活中的实践逻辑——社会学视角下的产权建构过程》,《社会学研究》2005年第1期。
④ 折晓叶、陈婴婴:《产权怎样界定——一份集体产权私化的社会文本》,《社会学研究》2005年第4期。

"关系产权"的概念,强调"产权是一束关系"。他认为,一个组织的产权结构和形式是该组织与其他组织建立长期稳定关系、适应其所处环境的结果。[1] 受周雪光启发,臧得顺提出"关系地权"的分析性概念,认为地权是深深嵌入社会关系中的,农地产权在真实世界中的界定过程与产权主体的社会资本和社会关系网络有很大关联。张小军基于历史水权个案研究,提出"复合产权"的概念,强调产权的广泛系统性和嵌入性,认为产权不仅具有经济权属,还具有社会、文化、政治和象征权属。[2] 此外,梁漱溟[3]、滋贺秀三[4]、徐勇[5]、张佩国[6]等提出"宗法财产权""祖业权""家业产权"等概念,深化了对传统中国产权的认识,具有很大的启发意义。

通过对学界已有研究的简单梳理,可以发现产权概念的多样性,已有各类研究的关注点不同,对产权本质内涵的把握程度有差异,但无疑都反映了产权某方面的属性和特征,具有积极的启发意义。结合已有研究,以及笔者实地调查村庄对产权的认知和理解,本书使用的"产权"概念,融合了产权研究的经济和社会两种视角,强调产权是在一定的社会经济关系基础之上,作为财产主体的人对作为客体的财产而形成的经济权利关系,这种权利关系受财产主体和客体两个方面的制约,体现为人与财产、人与人之间的双重关系。本书将通过对传统小农村落土地产权特性的把握,深入研究产权权利分置与乡村治理之间的关系。

---

[1] 周雪光:《"关系产权":产权制度的一个社会学解释》,《社会学研究》2005年第2期。

[2] 张小军:《复合产权:一个实质论和资本体系的视角——山西介休洪山泉的历史水权个案研究》,《社会学研究》2007年第4期。

[3] 梁漱溟:《梁漱溟选集》,吉林人民出版社2005年版,第185—187页。

[4] [日]滋贺秀三:《中国家族法原理》,张建国、李力译,商务印书馆2013年版,第12页。

[5] 徐勇、张茜:《公平与效率:中国农村组织变迁的内在机理》,《探索与争鸣》2016年第6期。

[6] 张佩国:《近代江南的村籍与地权》,《文史哲》2002年第3期。

作为权利的组合体,产权由一系列的子权利构成。就具体的产权实践形态而言,产权的各项子权利并不总是高度集聚的,权利可能分属不同的主体,这种特性称为产权的"可分置性"。"产权具有可分解性,同一财产客体的各项权利不是集所有权利于某一主体一身,而是分别被多个主体不同程度地拥有"①,"这些权利可以组合使用,也可以单独存在"②。

马克思深入地论述过产权权利的统一与分置情形。他指出:"产权关系中各事权之间的统一与分离,取决于一定的社会生产力和生产关系的性质及其发展程度,也取决于与此相适应的经济体制的发展程度。"③ 马克思考察了产权权利统一与分置在不同历史条件下表现出的不同形式和特征。随着社会经济关系的日益复杂,实践中存在大量产权分置的情形,尤其是土地产权的分置。"在财产仅仅作为公社财产而存在的地方,单个成员本身只是一块特定土地的占有者……这种单个的人只是占有者。只有公共财产,只有私人占有。"④ 在由公社小共同体构成的大共同体内部,大共同体拥有土地的所有权,其内部的公社小共同体拥有占有权。在土地国有的情况下,也存在所有权与占有权的分置。同样情况,在地主土地所有制下,土地的所有权与使用权是分置的,所有权归地主,承租者有使用权。

在西方经济学的研究中,可分置性也被视为产权的重要属性之一。正是由于产权的可分置性,使得产权可以交易或转让。德姆塞茨指出,权利束具有可分置性,交易可以是某一权利的交换,权利束常常附着在一种有形的物品或服务上,权利的价值决定了所交换

---

① 刘小红:《产权结构、产权关系与制度创新对农村集体内农地产权关系的考察》,南京农业大学,博士学位论文,2011年,第11页。
② 邓大才:《产权发展与乡村治理:决定因素与模式——以粤、湘、鄂、鲁四村为考察对象》,《中州学刊》2014年第1期。
③ 严枝:《马克思的产权理论及其现实意义》,《真理的追求》1997年第2期。
④ 《马克思恩格斯选集》第二卷,人民出版社2012年版,第731页。

的物品的价值①。刘小红将产权权利的统一与分置状况界定为产权的权能结构，认为"权能是农地产权的微观构成。由于权能具有可分解性，对于特定的财产的各项权能可以不同程度地分属不同的权利主体所有"②。权利分属不同的主体，就要归不同的主体支配，享有某方面权利的主体就可以支配其所属的权利，当然这种支配力是与权利范围相一致的。"任何产权权能的作用空间都有一定界区，产权主体只能在这样的界区和限度内行使权利并获得收益，这就是产权的约束功能。"③

历史学、人类学对传统时期的产权分置也进行了相应的研究。杨国桢通过对大量明清契约文书资料的分析发现，中国传统社会实现了土地所有权、使用权的权能分离，土地产权的"权利束"特征越来越明显，土地在田主和耕作者之间做二次配置的形式也日益普及。④ 王景新等对江南村落土地的产权分化与制度安排进行了研究，认为"土地产权可以分化为一束权利；权利束中的不同权利可分别属于不同主体"⑤。胡荣明的研究认为，"同一块土地的投资、经营管理、收益分配与风险分担，可以由不同的主体支配或使用，土地收益可相应地在不同主体之间分配，土地权利的每一个层面都有程度不一的控制权与收益权以及与之对应的各种交易形式"⑥。此外，白凯、曾小萍、森正夫、欧中坦等都对传统时期"一田二主"等产

---

① [美]罗纳德·科斯等：《财产权利与制度变迁——产权学派与新制度学派译文集》，刘守英等译，格致出版社、上海人民出版社2014年版，第70页。
② 刘小红：《产权结构、产权关系与制度创新对农村集体内农地产权关系的考察》，南京农业大学，博士学位论文，2011年，第43页。
③ 叶祥松：《论马克思的产权理论》，《社会科学家》2000年第4期。
④ 参见杨国桢《明清土地契约文书研究》，人民出版社1988年版。
⑤ 王景新、麻勇爱、詹静：《江南村落土地的产权分化与制度安排——基于诸葛古村落土地契约文书的研究》，载张曙光《中国制度变迁的案例研究·土地卷》第八集，中国财政经济出版社2010年版，第423—456页。
⑥ 胡荣明：《地权与税制：抗日根据地农业税的结构性分析》，《中国经济史研究》2017年第1期。

权分置情况及其治理实践进行过研究，具有重要的启发意义。

产权权利分置是与产权权利集中相对应的概念。产权权利分置是产权权利的一种结构状况，这种状况下产权子权利分散，由不同主体掌握，权利的分置和主体的分立会带来分散的治理结构。湖村的土地产权就是分置的，土地产权的占有、使用和收益分配权利分别由不同的主体参与。具体来说，产权占有是指产权的占有、控制和支配，产权占有者即是产权的所有者；产权使用是指使用者依据一定的规则对产权加以利用的行为，产权使用是创造收益的过程；产权收益分配是指产权主体依据自己享有的相应权能而获得一定收益的权利，就土地而言，参与收益分配的除了占有者和使用者之外，还有作为赋税汲取者的国家。

作为本书研究对象的产权分置同样是指产权权利分属不同主体的情形。笔者通过对传统时期长江小农村落地主土地产权分置实践的调查，认为可以从土地的占有、使用和收益分配三个层面理解产权权利分置问题，考察这种产权权利分置结构基础上的乡村治理结构，以及产权权利高度集聚带来的治理变迁，"将产权分析的单位从一项资产的权利缩小到了某一属性的权利"，[1] 从而揭示产权权利结构与治理之间的关联性。

二 治理

治理是政治学核心概念之一，使用极为广泛，定义也比较多样。虽然中国很早就出现过治理的词汇，但作为政治学概念的治理，却是 20 世纪 90 年代中期从国外引入的。1989 年世界银行在形容当时非洲的情形时，首次使用了"治理危机"，此后"治理"一词便广泛地流行于政治学的研究当中。1995 年全球治理委员会对治理的界定是：各种公共的或私人的机构管理其共同事务的诸多方式的总和。

---

[1] 李中秋：《巴泽尔产权界定的逻辑思路》，《河北经贸大学学报》2015 年第 5 期。

从这一定义看，治理的含义比较宽泛，凡是通过人类的活动解决面临的问题，达到一定的目标，都可以称之为治理。徐勇是国内较早对治理进行阐释的学者之一，他主张 Governance 译为"治理"较好，认为这一词语的中文意思主要是统治、管理或统治方式、管理方法，即统治者或管理者通过公共权力的配置和运作，管理公共事务，以支配、影响和调控社会。① 俞可平及其学术团队对治理进行了大量的研究，他对治理的定义比较有代表性，他提出治理可以被界定为"在一个既定的范围运用权威维持秩序，满足公众的需要。治理的目的是在各种不同的制度关系中运用权力去引导、控制和规范公民的各种活动，以最大限度地增进公共利益"②。综上所述，治理是一个内涵丰富、包容性强的概念，不同学者对其进行的具体界定虽然有差异，但大体上都将治理看作是公共权威运用公共权力维持公共秩序、实现公共利益的过程。

从内容上讲，治理包括国家（政府主导）治理和社会自我治理。当然，就基层公共事物而言，还存在所谓政府、市场和社会协同共治的"多中心治理"，但是这种治理模式依然属于广义的国家治理范畴之内，强调对单一政府或市场治理模式的摆脱。正如徐勇指出的，"无论从西方，还是中国来看，都应该将治理放在'国家'及国家与社会关系的角度来分析"③。从狭义上讲，国家治理是指政府行政系统作为治理主体，对社会公共事务的治理。传统时期，政府的治理十分有限，也即"皇权不下县"。费孝通先生认为，传统农业帝国是虚弱的，皇权并不能滋长健壮，能支配强大的横暴权力的基础不足，因此皇权实行无为而治，专制国家在人民实际生活上看，是松弛和微弱的，是挂名的，是无为的。④ 韦伯指出："中国政府在行政

---

① 徐勇：《Governance：治理的阐释》，《政治学研究》1997 年第 1 期。
② 俞可平：《治理与善治》，社会科学文献出版社 2000 年版，第 5 页。
③ 徐勇、吕楠：《热话题与冷思考——关于国家治理体系和治理能力现代化的对话》，《当代世界与社会主义》2014 年第 1 期。
④ 费孝通：《乡土中国 生育制度》，北京大学出版社 1998 年版，第 62—63 页。

管理的历史中，始终试图将自己的管辖范围扩展到城市以外的乡村。……政府的财政状况决定了国家的行政管理只能是粗放型，反之，这种行政管理的模式又对财政状况起到了决定性的作用。所以，导致了城市的市区和周边辖区才是皇家行使行政管理的真正范围。"① 因此，在马克思看来，包括中国在内的亚洲国家，"从远古的时候起一般说来就只有三个政府部门：财政部门，或者说，对内进行掠夺的部门；战争部门，或者说，对外进行掠夺的部门；最后是公共工程部门"②。除了赋税与地方治安之外，国家尽可能不介入乡村社会。

　　在传统农业社会，由于国家治理能力比较弱，基层治理主要靠社会的自我调节，也就是乡村社会的自我治理。"面对散漫的、平铺的自然村落社会，皇权并不想无所不至地对其进行绝对控制。而这只是其一，更为重要的则是乡村社会拥有一套自我管理与民间秩序自我维护的机制。"③ 正如费孝通先生所指出的，中国传统的政治包含着"自上而下的中央集权专制体制"一轨和"由下而上的地方自治民主体制"一轨。在"由下而上的地方自治民主体制"一轨中，所遵循的是乡村自治、自我管理。④ 因此，关于传统时期的乡村治理，主要有两种认识。一种认为传统时期的中国乡村是家族式治理，是以血缘关系为基础形成的家族权威治理。韦伯认为，乡村是没有官员的自治地区，"一旦到了乡村，皇权要与强悍的宗族势力，以及有组织的自治势力对抗，自然会遭到很大的削弱，起不到什么作用了"⑤。W. 古德也认为，"在帝国统治之下，行政机构的管理还没有

---

　　① ［德］马克斯·韦伯：《儒教与道教》，富强译，安徽人民出版社2012年版，第170页。
　　② 《马克思恩格斯选集》第一卷，人民出版社2012年版，第850页。
　　③ 杨国安：《控制与自治之间：国家与社会互动视野下的明清乡村秩序》，《光明日报》2012年12月29日第11版。
　　④ 费孝通：《费孝通选集》，天津人民出版社1988年版，第125页。
　　⑤ ［德］马克斯·韦伯：《儒教与道教》，富强译，安徽人民出版社2012年版，第170页。

渗透到乡村一级，而宗族特有的势力却维持着乡村的安定和秩序"①。另一种认为传统时期的中国乡村是士绅主导的治理。费正清认为，士绅主宰了中国人的生活，在每个乡里履行许多重要的社会职责，并成为平民大众与官方之间的缓冲阶层。"士绅家族在当地的领导地位和管理职能，可以说明为什么官方努力没有深入到中国的下层社会。""帝制政府仍然是个上层结构，并不直接进入村庄，因它是以士绅为基础的。"

对此，本书认为，乡村治理是人们通过公共权力的配置和运作，对乡村社会进行管理和调节，以维持乡村秩序。从治理主体来看，强调主体的多元化，既有国家权力，也有乡村权威，权力与权威不是单一的。从治理方式来看，既有以行政权力为依托的强制性方式，也有自我调节的柔性方式。从治理的目标看，强调维持乡村秩序、增进公共利益。本书研究的重点是，产权子权利分属不同群体的村落，是如何通过多元权威复合实现有效治理的。

三 权威

权威是社会科学研究的基本概念之一。在各类研究中，人们对权威的使用极为频繁，对权威的认识也是五花八门。总体来看，对权威的定义可以归结为两种，一种是使他人信从的威望和力量，接近于权力的含义；另一种是拥有某种地位能够获得他人信从的人。就前一种而言，恩格斯的定义比较有代表性，他认为，"这里所说的权威，是指把别人的意志强加于我们；另外，权威又是以服从为前提的"②。就后一种而言，典型代表是《布莱克威尔政治学百科全书》一书，该书将权威界定为在某种场合下人们必须服从的人③。

---

① [美] W. 古德：《家庭》，魏章玲译，社会科学文献出版社1986年版，第166页。
② 《马克思恩格斯选集》第三卷，人民出版社2012年版，第274页。
③ [英] 戴维·米勒、韦农·波格丹诺编：《布莱克威尔政治学百科全书》，邓正来等译，中国政法大学出版社1992年版，第44页。

迪韦尔热总结说:"权威(用复数)就是掌握权力的人,单数的权威则是权力本身的同义词。"①

　　就来源而言,财富、地位、知识、身份以及个人能力等都是形成权威的基础。从一般意义上讲,权威不同于权力,但是权威与权力又密不可分,权威总是与权力联系在一起,往往是权力生成了权威,权威即是建立在合法性基础之上的权力②。人类社会本质上是各类社会关系的总和,关系内生权力,对权力的自愿服从和支持就是认同权威,这样的权威是可持续和拥有力量的。"如果说存在着不与权力相关联的权威,也往往是与个人联系在一起的,而不是属于社会治理体系的权威。……只有那些与权力联系在一起的、由权力凝结而成的或以权力为后盾的权威,才会在社会秩序的供给中发挥作用。"③

　　韦伯对权威进行了类型学上的深入分析。他依据运行所依赖的正当性将权威分为三种纯粹类型:传统型权威、超凡魅力型权威和法理型权威。在韦伯看来,不同的权威类型有着不同的合法性基础和相应的制度安排。但是不论何种类型的权威,"服从权威的理由根植于权威得以确立的基础之中"④。权威的一个关键性的因素是合法性,亦即在一个集体中一般都有一些符合一定章法的角色系统,它使处于这种地位的人有权让处于其他地位的人服从自己,从而后者也认为这样做是合法的。权威由特定主体行使,从这个意义上讲,权威是人格化的;但是权威是制度性的,必须符合公认的社会规范,因此又不完全是人格化的,"权威和权力一样,但它更涉及一套机构

---

　　① [法]莫里斯·迪韦尔热:《政治社会学——政治学要素》,杨祖功、王大东译,东方出版社2007年版,第107页。
　　② 周雪光:《中国国家治理的制度逻辑:一个组织学研究》,生活·读书·新知三联书店2017年版,第57页。
　　③ 张康之:《论合作治理中行动者的独立性》,《学术月刊》2017年第7期。
　　④ [美]安东尼·奥罗姆:《政治社会学导论(第4版)》,张华青、何俊志、孙嘉明等译,上海人民出版社2014年版,第48页。

以及制度化的安排，并在这种安排中运作"①。

权威是一个表示关系的概念，"若要对权威的概念进行全面理解，就必须对权威所涉及的人的相互关系进行分析"②。故而在研究中，笔者将"权威"界定为特定产权关系生成的权力主体，这些主体掌握产权关系生成的权力，是调节社会关系的主体，其本身也是社会关系调节的对象。由于权力来源不同，权威的性质亦不同，既有产权关系内生的权威，也有国家强加的权威；外加的权威依靠外部强力，但是必须依托内生的权威才能有效运行。

四 秩序

秩序是人类的一种社会状态。从一般意义上而言，稳定的、具有可延续性的状态，都可称之为秩序。秩序作为涉及某种社会关系的特定社会行动的结果，"只有当行为——接近于或总的来说——以明确的'准则'为取向时，一种社会关系的内容方可称为'秩序'；只有当出现了着眼于这些准则的取向时，一种秩序方可称为'有效'"③。人们往往用秩序与混乱、失序、动荡的状况相对应。建立一个合法的公共秩序，是人们普遍的期望，塞缪尔·亨廷顿甚至认为"人当然可以有秩序而无自由，但不能有自由而无秩序"④。

秩序不是从来就有的。秩序生成分为两种，一种是自然生成的，另一种是人为构建的。在国家产生之前，秩序由习俗进行调节，"历来的习俗把一切都调整好了"⑤。自从国家产生以来，国家在其空间

---

① ［美］安东尼·奥罗姆：《政治社会学导论（第4版）》，张华青、何俊志、孙嘉明等译，上海人民出版社2014年版，第2页。

② ［英］戴维·米勒、韦农·波格丹诺编：《布莱克威尔政治学百科全书》，邓正来等译，中国政法大学出版社1992年版，第45页。

③ ［德］马克斯·韦伯：《经济与社会》第一卷，阎克文译，上海人民出版社2010年版，第122页。

④ ［美］塞缪尔·亨廷顿：《变化社会中的政治秩序》，王冠华、刘为等译，上海人民出版社2008年版，第6页。

⑤ 《马克思恩格斯选集》第四卷，人民出版社2012年版，第109页。

范围内建构秩序,运用公共权力将社会冲突保持在一定范围之内。但是在政治社会中,国家并非是唯一的秩序建构者,社会能够内生秩序,支撑这种秩序的公共权力不是来自外部,而是内生于社会之中。亦即韦伯所说自主的秩序与他主的秩序。就传统中国而言,由于国家治理能力有限,基层秩序主要依靠社会自我调节。比如费孝通将传统中国乡村社会界定为"礼治秩序",认为传统乡村社会的"无政府"状态是一种"秩序",一种不需规律的、自动的秩序。[①]

基于此,有学者认为"乡村秩序是指农村社会结构要素之间平稳有序地互动,乡村处在相对稳定和均衡状态"[②]。本书是在既有研究基础上探讨社会秩序的生成问题,因此需要立足于前人分析的基础之上。为此,笔者选取"秩序"概念的一般含义,认为秩序是一种稳定的、可持续的社会状态。这种状态无法自动获得,需要特定公共权力的调节,调节的主体既可以是社会内生的权威,也可以是国家建构的权威,既有"同意"的成分,也有"强加"的因素,在权威的共同作用下,调节社会关系,化解社会矛盾,维持基本的平衡。

第四节 研究思路与结构

本书考察传统时期湖南省汉寿县乌珠湖村土地产权权利分置及其治理影响。通过这一考察,本书分析在国家治理能力比较弱的情况下,一个产权子权利分属不同群体的村落社会,是如何形成多元权威,进而如何实现有效治理的(见图1—1)。

全书主线。本书始终贯穿一条主线,即产权权利分置与治理的

[①] 费孝通:《乡土中国 生育制度》,北京大学出版社1998年版,第49页。
[②] 黄增付:《土地经营权流转与乡村秩序整合》,《南京农业大学学报》(社会科学版)2018年第1期。

关系。根据湖村产权权利分置的实践，重点论证传统时期产权分置—多权威治理之间的关系，分析其内在机理和运行逻辑。运用"结构—功能主义"的分析工具，每个产权子权利形成相应的权威，分析权威在其作用领域内行使权力、发挥功能，进而在复合中实现村落有效治理。通过分析，挖掘产权权利分置与村落治理的内在逻辑，分析其运行机制、条件及相互之间的关系。

结构安排。本书从产权创设开始，阐述产权的由来，展示由产权关系形成村落社会；之后重点分析产权权利分置及相应的治理；接着分析产权权利合一情况下的治理形态；最后分析产权权利分置与弱国家治理能力下村落治理的内在逻辑及其形成条件。总体上，本书包括导论、正文、结论三个部分。具体的章节安排和内容如下（见图1—1）：

第一章，"导论"。提出本书的研究主题——产权分置与村落治理，主要阐述本书的研究缘起与问题意识、对已有研究的评述、核心概念的界定以及研究方法与个案概况。

第二章，"产权创设与村落社会底色"。产权关系和社会关系对于村落治理有着基础性的影响，需要对个案村庄的社会形态进行深刻了解。传统时期，作为移民垦荒型村落，湖村的田土是通过"围垸垦荒"获得的，其产权的形成、保护都需要租佃双方合作才能实现，因而塑造了一种相对不同的产权关系。以产权关系为基础的村落，形成了松散的、个体化的社会关系。正是在这种村落背景下，形成了以产权权利分置为基础的治理形态。

第三章，"基于产权占有的'绅士父老'权威及其治理"。传统时期，土地构成了社会权力的主要来源。土地的主导性占用成就了绅士父老的权威地位，其得以治理与占有相关的村落事务。本章将阐述村落的土地占有状况，重点分析绅士父老主导下的村落秩序。

第四章，"基于产权使用的'扛抬人'权威及其治理"。产权使用给使用者带来相应的权力。使用者中的强硬人物"扛抬人"，在使用领域发挥权威角色，维系经营秩序。

```
┌─────────────────────────────────────────────────────────────┐
│   研究问题            章节内容           理论对话              │
│                                                             │
│  土地产权占有的集中为何      导论        地主士绅单一权威主导治 │
│  没有带来权威的集中                     理与宗族权威主导治理  │
│                                                             │
│  以产权关系为基础的村落    产权创设与村落社会                  │
│  社会是如何形成的         底色                               │
│                                                             │
│  主导土地占有的绅士父老   基于产权占有的"绅士                 │
│  如何整合占有关系         父老"权威及其治理      对           │
│                                                             │
│  使用权扩张下的经营秩序   基于产权使用的"扛抬    话           │
│  如何维系与调节           人"权威及其治理                    │
│                                                   多权威复合治理│
│  国家如何在收益分配中依   基于产权收益分配的保    (产权型治理) │
│  托保甲嵌入村落社会       甲权威及其治理                     │
│                                                   产权权利分置│
│  产权权利结构的变化如何   产权变迁中的村落治理   产权依赖于合作│
│  影响村落治理                                    国家介入程度不深│
│                                                              │
│  基于产权分置的治理及村   结论与讨论            产权分置与村落治理│
│  落秩序是如何形成的                              的逻辑       │
│                                                              │
│                    产权关系生成的权威和秩                    │
│                    序如何与国家治理衔接                      │
└─────────────────────────────────────────────────────────────┘
```

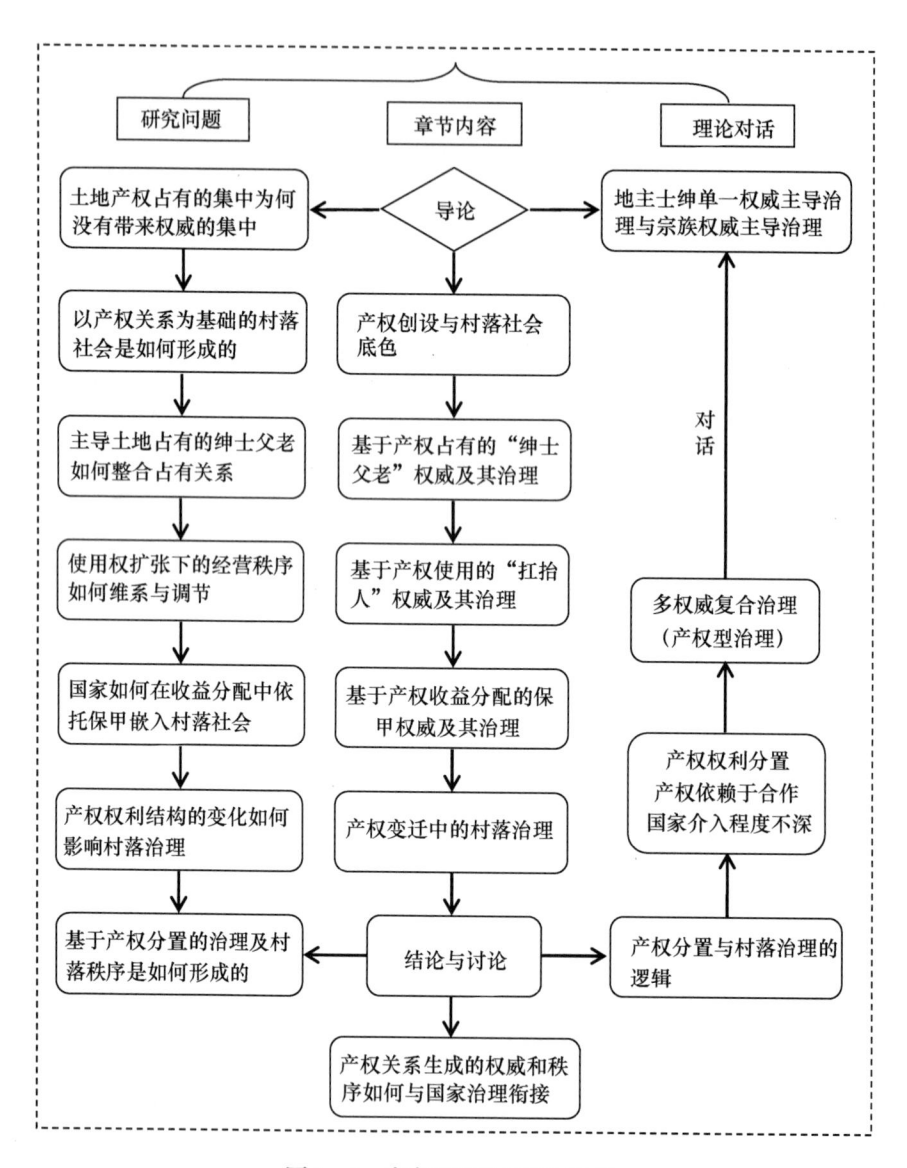

图1—1 本书的研究思路与结构

第五章,"基于产权收益分配的保甲权威及其治理"。乡村治理并不是无国家的自治。国家通过税赋征收体制,参与产权收益的分配,进而实现对乡村社会的控制。产权承担的税赋职能使得国家依托保甲向乡村渗透，保甲长因而成为乡村治理的权威之一。本章重点分析保甲建制如何以产权为对象嵌入村落社会，并在产权收益分配过程中发挥治理功能。

第六章，"产权变迁中的村落治理"。1949年之后，随着国家权力深入乡村社会，原来的产权与治理关系被彻底改变。随着国家规划的社会变迁，建立了全新的集体产权，集体获得了土地的占有、使用、收益分配等一系列权利。由于产权权利的高度合一，导致了权威的高度集中，乡村权力掌握在干部手中，建立起一种集权式的治理模式。本章重点介绍高度集中统一的集体产权的运行，并分析其在产权家户使用底色上的困顿以及治理变革。

第七章，"结论与讨论"。从理论上进行思考归纳，重点分析产权分置与弱国家治理能力下村落治理的逻辑，即产权子权利分属不同群体的村落社会是如何通过多权威复合实现自我治理的，这种治理方式的形成条件是什么，并探讨这种产权治理对当下的启示。

第五节　研究方法与研究单位

一　研究方法

"研究方法，是人们在科学研究中认识和把握研究对象的原则、步骤、程序、角度和格式，是人们主观达之于客观的基本方式和法则。"[①] 简单来说，研究方法就是研究所采用的技术手段和分析工具。为了达到研究目的，本书主要采用了"田野调查法"、"个案研究法"、"产权政治学分析法"和"结构功能分析法"等四种研究方法。

1. 田野调查法。田野调查是认识客观事物、进行科学研究的重要方法。本书以村落为研究单位，为了获取第一手研究资料，2016年7—9月，笔者深入农村第一现场，长期吃住在农村，住在农户家

---

① 王浦劬等：《政治学基础（第二版）》，北京大学出版社2006年版，第33页。

中，参加农民的生产、生活以及交往活动，进行田野调查。作为北方平原麦作区域生长起来的人，笔者对湖区稻作区域的社会事实充满了好奇，这种"异文化"的优势激励笔者更加全面、深入地了解调查对象。在调查中，笔者不仅仅满足于事实的描述，关注"是什么"，还注重"为什么"，探究事实背后的关联。由于本书具有政治人类学研究的性质，主要研究1949年之前的村落治理，为了获取研究资料，笔者采用"口述访谈"的方式，对村庄中80岁以上的老人进行访谈，获得大量的相关信息，对土地的垦殖、村落的由来及变迁等有了深入的了解。同时，在田野调查中，笔者也注重搜集族谱、档案等相关的文本资料，作为本书的材料支撑。笔者试图通过田野经验推进产权与治理理论。

2. 个案研究法。本书选取一个村落作为调查对象，采用个案研究方法进行分析。个案研究方法虽然面临着代表性、解释力等的问题，但无疑是进行深度研究的不二选择。个案研究至少具有两个方面的重要价值。其一，个案研究深入、细致。个案研究的最大特点在于其深入性，能够集中展现某一社会现象，"对于个案而言，只要能够集中体现某一类别，则不论这个类别覆盖范围的大小怎样，就具有了研究意义"[1]。其二，个案研究能够使研究者挖掘和掌握研究对象的所有信息，尤其是展示特定研究对象背后复杂的社会结构及其内在机理，其生动性、鲜活性是问卷调查、数据分析等研究方法无法相比的，"相对于统计分析的强有力工具，口述史和个案'深描'的永恒魅力，也许就在于它的'去蔽'能力"[2]。本书以湖村为个案，全方位展示传统时期土地产权权利分置与治理形态，通过对个案的分析，把握产权权利结构与治理结构的内在逻辑。

3. 产权政治学分析法。产权政治学分析方法是笔者所在研究团队

---

[1] 狄金华：《被困的治理：河镇的复合治理与农户策略》，生活·读书·新知三联书店2015年版，第41页。

[2] 李培林：《村落的终结——羊城村的故事》，商务印书馆2004年版，第7页。

近年来探索出的一种新的研究方法和分析框架。概括地说，产权政治学分析法是"专门针对产权与政治关系特别是从政治学视角研究产权的新的解释模式和分析框架"[①]。产权政治学分析方法关注产权结构与权力（权威）结构之间的互动关系，这里的产权结构，既包括产权的横向权利结构，也包括产权的纵向权利结构，全面考察产权与权力（权威）的关系，具有较强的解释力。本书关注的是产权的横向权利结构，即产权子权利的分置结构，这种产权权利结构影响权利在不同群体之间配置，进而影响村庄的权威结构和治理方式。沿着"产权结构—权威结构"的分析脉络，本书将分析产权权利分置、权威结构及治理形态之间的内在联系和机理，同时通过分析把握产权权利结构与治理之间关系的一般规律。

4. 结构功能分析法。结构功能分析法是以结构和功能作为分析对象，通过考察事物或现象的结构和功能，认识和分析事物或现象的研究方法。一般而言，构成事物或现象的各部分或因素之间的关系就是结构；事物或现象内部相关联的各部分或因素之间的相互影响，以及这种事物或现象对其他事物或现象的影响就是功能。结构功能分析法在研究两种事物或现象之间关系方面具有很强的分析力，是一种重要的社会科学研究方法。就本研究而言，结构是指产权权利的组合模式，功能是产权权利结构产生的特定影响，即治理状况和结果。虽然学界关于产权权利结构的研究比较多，但是对产权权利结构的治理影响，尚没有进行过专门研究和深入分析。本书尝试运用结构功能分析法，分析传统时期分置的产权权利结构及其治理形态，进而考察这种产权底色对国家建构的影响。

二 研究单位

任何一项研究，都存在研究单位的选择问题。关于中国乡村研

[①] 邓大才：《产权与政治研究：进路与整合——建构产权政治学的新尝试》，《学术月刊》2011 年第 12 期。

究的基本单位,存在很多争论。"对研究单位可以有多种选择,而选择不同的研究单位对所得出的结论会有很大的影响。"① 争论的起因在于对传统中国乡村社会认识上的差异。

就乡村研究而言,最早的研究单位是村落。美国学者葛学溥对广东凤凰村的调查,可以说是最早的村落研究。村落研究单位的主要代表人物是费孝通先生。在费老看来,传统乡村社会的基本单位是村落。村落是村民生于斯、死于斯的地方,是血缘关系与地缘关系交互重叠而成的一个相对封闭的生活圈子。因此,"无论出于什么原因,中国乡土社区的单位是村落,从三家村起可以到几千户的大村"②。透过个案村落,可以呈现村民最基本的社会关系及最基本的生活和交往世界。以村落作为乡村研究基本单位,是20世纪中国乡村研究起步阶段不自觉中的选择,具有预示性和代表性。除费孝通先生的《江村经济》外,林耀华、杨懋春等也以村落为研究单位,完成了《金翼》《一个中国村庄:山东台头》等著作,产生了广泛影响。虽然以村落为单位的乡村研究面临着个案代表性的质疑,但不可否认的是,村落研究单位对此后的乡村研究产生了深刻影响,一定程度上成为乡村研究的主流。

随着研究的深入,一些学者提出传统中国乡村社会的基本单位不是村落,而是集镇或者说基层市场共同体,中国乡村研究的基本单位应该是集镇。施坚雅是这种研究单位的主要倡导者,他认为以往研究对农村经济社会关系网络的关注不够,他通过四川盆地的实证研究发现,农民实际的社会区域并不是村落,而是他所处的基层市场区域。"单纯的村落无论从结构上还是功能上都是不完全的,构成中国乡村社会基本结构单元的应该是以基层集镇为中心、包括大约18个村庄在内的、具有正六边形结构的基层市场

---

① 孙立平:《"过程—事件分析"与当代中国国家—农民关系的实践形态》,载清华大学社会学系主编《清华社会学评论特辑》,鹭江出版社2000年版,第18页。

② 费孝通:《乡土中国 生育制度》,北京大学出版社1998年版,第9页。

共同体。"① 因此，以集市为中心的农村经济社会网络才是打开理解中国农村社会结构之门的钥匙，才是乡土中国的基本研究单位。② 在村落单位之上，还有一种比较流行的研究单位是区域研究。区域研究的代表人物和作品包括许烺光的《祖荫下》、福武直的《中国农村社会的构造》、萧凤霞的《华南的代理人与受害者：乡村革命的胁从》等。

村落是中国传统社会的基本单元。摩尔根指出，"基本单元的性质决定了由它所组成的上层体系的性质，只有通过基本单元的性质，才能阐明整个的社会体系"，"基本单元是怎样的，其复合体也是怎样的"③。传统中国乡村社会是由一个个村落构成的，村落之间相互独立。马克思也指出，只有这些封闭而自足的村落才是理解东方社会的秘密之所在。本书研究的目标是，在国家无为情况下，传统乡村社会如何实现自我治理。本书的研究起点是，传统乡村社会是通过各种社会关系进行调节的，尤其是以产权为核心的经济关系发挥着核心的治理功能。农业社会关系及其区域性特质都将通过一个个村落空间体现出来。因此，村庄是农村社会一个完备的基本组织单位，亦成为农村研究的基本单位。④

就土地产权与治理的关系而言，村落社会无疑是最为合适的研究单位。"实际上，乡村地权分配的基本单元是家，同时这种资源分配又是在村落社区的社会生态空间中展开的；就研究单位而言，也须将家、族与村落有机地整合起来。"⑤ 本书选取的调查对象湖村就

---

① [美]施坚雅：《中国农村的市场与社会结构》，史建云、徐秀丽译，中国社会科学出版社1998年版，第9页。
② 李培林：《村落的终结——羊城村的故事》，商务印书馆2004年版，第36页。
③ [美]摩尔根：《古代社会》，杨东莼、马雍、马巨译，江苏教育出版社2005年版，第191、222页。
④ 徐勇：《"分"与"合"：质性研究视角下农村区域性村庄分类》，《山东社会科学》2016年第7期。
⑤ 张佩国：《近代江南乡村地权的历史人类学研究》，上海人民出版社2002年版，第63页。

是一个典型的长江区域家户小农村落。湖村是因产权而形成的村落，其产权占有是以村落为单位的。我们可以了解在产权基础上如何形成各种社会关系，进而形成村落；产权权利分置的界限在村落范围之内，土地所有权归地主，土地使用权由作为独立经营单位的佃户掌握，国家通过赋税参与产权收益分配，进而渗透乡村社会。在村落中，不仅能看到不同权利主体间的博弈与协调，而且能够透视国家与社会之间的互动。选择村落作为研究单位，能够全面透析中国乡村社会乃至整个中国社会的历史变迁，获得对产权与治理关系的一般性认识。

第六节　个案概况

本书以湖南省常德市汉寿县乌珠湖村为研究对象（见图1—2）。为了便于研究，笔者用"湖村"的学名代指乌珠湖村。① 湖村位于洞庭湖滨湖地区，清末民初，一些有实力的大户通过"插草为标、挑土围垸"的方式圈占洲土。田土所有者自己开荒，或"招佃放垦"，周边的村民陆续迁入，逐渐形成村落。作为移民垦荒村落，产权关系构成了村落社会关系的基础和起点。本书即以湖村村落为范围，考察传统时期的土地产权权利分置与乡村秩序、权威的关系。

一　村庄建制沿革

"在政治社会里，政府与个人之间的关系是通过个人与地域的关系来体现的，所谓地域，即乡、县和国。"② 国家是以地域来划分和

---

① 这里需要说明的是，当前的乌珠湖村是一个行政村，而笔者的调查范围主要是乌珠湖村的安家组、范家组和三湖组，这三个组在民国时期是一个甲，在新中国成立初期曾合并为"三湖村"，所以本书所指的"湖村"村落是"三湖村"的简称。

② ［美］路易斯·亨利·摩尔根：《古代社会》，杨东莼、马雍、马巨译，江苏教育出版社2005年版，第50页。

组织其国民的，通过对地域建制的梳理，可以很好地考察一个村落的形成与演变。虽然湖村从"围垸垦荒"到形成村落的历史不长，但是湖村所在地域的历史十分悠久。湖村所属汉寿县有两千多年的历史（见表1—1）。据《汉寿县志》记载，汉寿在秦代属黔中郡，西汉时置索县，东汉阳嘉三年，中央政府改"索县"为"汉寿县"，这便是汉寿县名的最早由来。到了三国时期，吴国改"汉寿县"为"吴寿县"，并分吴寿县置"龙阳县"，期间名称几度更易，到了民国2年（1913年），改龙阳县为汉寿县，并沿用至今。[①] 尽管汉寿县名几经变更，但湖村所在地域一直属于汉寿县。历史上，汉寿县从来没有成为区域政治或经济中心，只是一个普通的县级区域。故而即使在民国时期，汉寿依然处在国家权力的核心与边缘之间的中间地带，国家权力浮于基层之上。湖村所在的沧港镇，在历史上名气很大。沧港是战国时期楚国著名爱国诗人屈原先祖的封地，也是屈原出生之地，当地流传很多与屈原相关的故事。湖村南面的沧浪河也因屈原与渔父的故事而知名。

湖村所在堤垸是清朝同治元年（1662年）开始围起来的，由于年代久远加上缺乏文献记载，清朝末期湖村的建制情况无从得知，只知道隶属于护城乡。到了民国时期，汉寿县基层行政体制变动频繁，湖村所属建制也经常变动。不过，这种变动主要是村落之上湖村所属乡、区的调整与合并，湖村所属的保甲没有太大变动。民国24年（1935年），汉寿县开始实行保甲制。湖村一直属于第三保第二甲，第二甲由安家湖、范家湖、周家湖三个自然聚落组成。就村落特点而言，湖村十分普通，是汉寿县众多滨湖村落中不起眼的一个。然而正是这种"没有特色"，使其具有代表性，体现了湖区围垸垦荒村落的一般特质。

[①] 汉寿县志编纂委员会：《汉寿县志》，人民出版社1993年版，第1页。

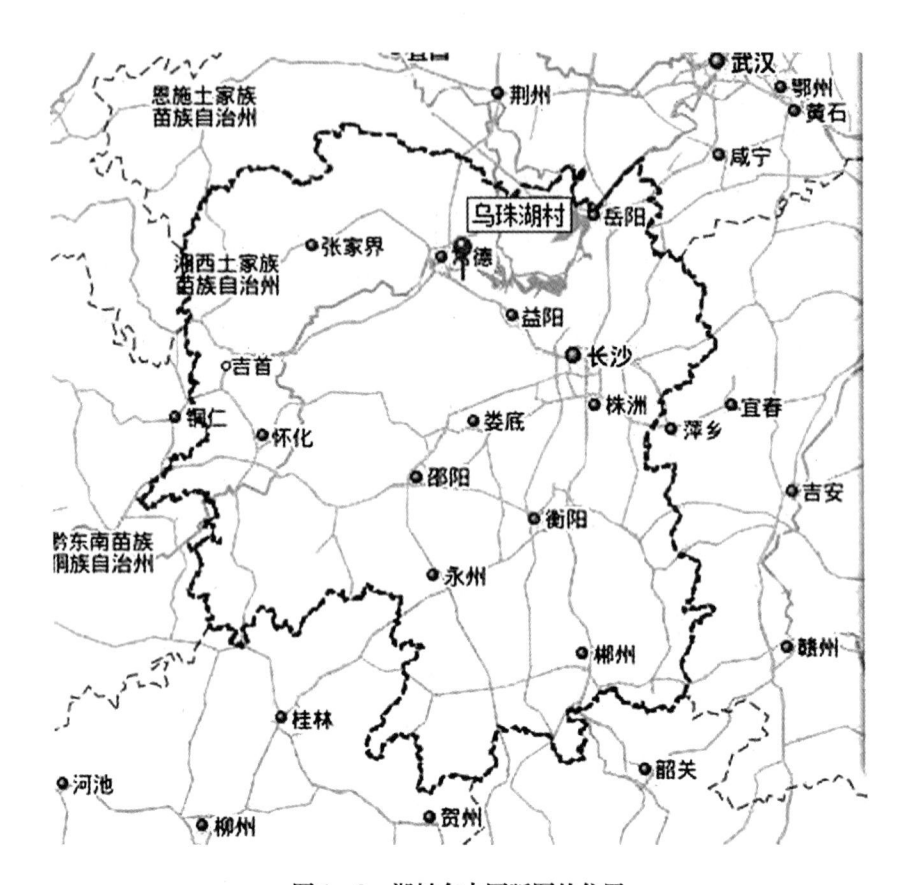

图 1—2　湖村在中国版图的位置

表 1—1　　　　　　　　1949 年之前的湖村建制沿革

时间	建制隶属情况
西汉	属武陵郡索县管辖
东汉阳嘉三年（134 年）	索县改为汉寿县，属汉寿县管辖
三国吴时期	改汉寿县为吴寿县，属吴寿县管辖
三国吴赤乌十一年（248 年）	拆吴寿县置龙阳县，属龙阳县管辖
……	……
民国元年（1912 年）	龙阳更名汉寿，属汉寿县管辖
民国 24 年（1935 年）	实行保甲制，隶属护城乡第三保第二甲
民国 36 年（1947 年）	护城乡与辰阳镇合并，属辰阳镇第三保第二甲
民国 37 年（1948 年）	护城乡与福陶乡合并，属福城乡第三保第二甲

注：表格内容来源于《汉寿县志》和笔者 2016 年 7 月至 9 月的田野调查。

1950年6月,汉寿县取消保甲制,在区下建乡、乡下设村。新中国成立初期,湖村属于第一区燕子山乡,乡公所所在地在渡口狸,辖11个居民组,304户,1251人,水田3428亩,旱地506亩,当时的乡干部是甘海斌(安家湖人)、黄仁焕、剪秀莲等人。不久,汉寿区、乡建制调整,燕子山乡并入永平乡,湖村属于第一区永平乡,下辖8个村,分别是两湖、三湖(即湖村)、岭湖、湖漩、周家、夕阳、夹堤、安乐,全乡共680户,人口2947人,其中男性1543人,女性1404人。永平乡由原来的第三保、第四保合并而成,乡政府所在地为周家村。在此期间,湖村的三个聚落,安家湖、范家湖、周家湖,合起来组成"三湖村",村长黄金权和副村长周先柏,都是安家湖人,周先柏因工作需要,迁入周家湖居住(见表1—2)。

表1—2　　　　　　　1949年之后的湖村村落建制沿革

时间	建制隶属情况
1949年9月	汉寿解放,全县划6个行政区,属第一区
1950年6月	取消保甲,区下建乡,乡下设村,属第一区燕子山乡三湖村
1951年1月—1956年5月	属第一区永平乡三湖村
1956年1月	试办高级社
1958年9—10月	建立人民公社,属沧港人民公社凤凰生产大队
1984年6月	实行政社分开,属沧港镇凤凰村
1985年	属沧港镇乌珠湖村
2016年	乌珠湖村与谭坪湖村合并,属沧港镇凰山村

注:此表信息来源于《汉寿县志》和田野调查。

1953年永平乡划入乌珠乡,安家湖人甘海斌继续担任乡长,湖村也一并转入。1955年开始搞初级社,安家湖和范家湖组成一个初级社,社长由原村长黄金权继续担任。1956年1月,试办高级社。1957年并入新成立的凤凰大队,下辖21个生产队,安家湖、范家湖、周家湖各自成立生产队,各自有一套生产队领导班子;1958年开始人民公社化,统一划入沧港公社;之后凤凰大队改名为乌珠湖大队，大队有382户，1616人，驻地在凤港桥。1984年6月，实行政社分开，全县设30个乡（镇），沧港人民公社改为沧港镇，凤凰生产大队改为凤凰村，属凤凰村管辖。1985年，为了便利海外华侨等寻根，将凤凰村更名为乌珠湖行政村，安家湖、范家湖、周家湖分别为安家组、范家组、三湖组①。尽管建制变更频繁，但是自然聚落始终是最基本的单元，没有太大变动，反映了其内部的延续性和稳定性（见表1—3）。

表1—3　　2015年湖村三个村民小组的土地产权情况

村民小组	聚落	户数	人数	水田/亩	旱土/亩	洞、港/亩
安家组	安家湖	44	170	251	21	43
范家组	范家湖	37	157	247.6	15	20
三湖组	周家湖	56	198	277.2	50	10

注：数据信息来源于田野调查。

当前，乌珠湖行政村有13个村民小组②，398户，1913人。村民小组的划分大体相当于1949年前的聚落。13个村民小组的名称由来，主要由产权、始迁姓氏、地势、标志物以及政策五种命名方式。就原湖村村落所属的三个小组而言，安家组有44户，共计170人，其中邓姓户数最多，有6户，其次是甘姓，有4户，其他姓氏户数比较少，只有二三户。范家组人口相对较少，有42户，157人，范家组当中游姓户数最多，是范家组第一大姓；其次是李姓，李姓的户数排第二，但总户数比游姓少很多。三湖组是三个小组中户数和人口最多的，有56户，198人，三湖组各姓氏比较均衡，各姓户数

---

① 周家湖分为三湖和新立两个小组，新立组很小，当地村民仍习惯称三湖，因此本书也将新立组并入三湖组进行讨论。

② 2016年湖南省推行"合村并组"，乌珠湖行政村与谭坪湖行政村合并为"凰山村"。由于两村刚刚合并，村庄建制及管理尚未对接到位，加上合并后的村庄过大，笔者这里只介绍乌珠湖行政村的基本情况。

相差不大。可以看出,当前各村民小组依然保持姓氏杂、无大姓的格局(见表1—4)。

表1—4　　　　　　乌珠湖行政村各村民小组名称由来①

村民小组	命名方式	名称
安家组	因产权所有命名	安姓老板占有大量田土港洞,得名安家湖
范家组	因始迁姓氏命名	范姓最早迁入,得名范家湖
三湖组	因政策命名	因新中国成立后的"三湖村",得名三湖组
新立组	因政策命名	从三湖组中分出新成立的小组,得名新立组
大嘴组	因地势命名	河堤在该处拐弯伸出去很远,得名大嘴组
新建组	因政策命名	从大嘴组中分出新建立的小组,得名新建组
楼屋组	因标志物命名	民国时期有座标志性的大木楼,得名楼屋组
碑基组	因标志物命名	清朝时期土地庙立有一块碑,得名碑基组
凤港组	因标志物命名	民国时期凤港有一座木桥,得名凤港桥
新堤组	因政策命名	1976年修岩石渠道,将一条堤分成两条,将凤港组分开,分出来的一部分,得名新堤组
曾家组	因产权所有命名	民国时期曾姓老板占有田土最多,得名曾家组
大碴组	因标志物命名	清朝时期该处建有一石碴,得名大碴组
回民组	因政策命名	从大碴中分出设小组,全部是回民,得名回民组

注:表格内容来源于许馨月和笔者的田野调查。

二 村庄自然环境

湖村所属的汉寿县沧港镇,位于洞庭湖西滨,沅水下游的南岸,汉寿县城西侧。沧港位于沧浪河水汇入沅水的出口处,因此自古就是水上交通的枢纽之地,被称为"云贵咽喉,龙阳门户"。沧港是向西通往湖北、贵州、云南、四川等省的必经之地,也是沿沅水、洞庭湖向东通往岳阳、武汉、南京等地的便捷水路,山区和湖区的货

---

① 表格信息来自许馨月和笔者的调查,在此对许馨月同学表示感谢。

物在此集散，商业发达。沧港本地物产丰富，与外部货物沟通频繁，这也扩大了当地居民与外部的联系。

　　湖村在沧港镇东南部，距离汉寿县城7千米。湖村位于两条河流之间，在村落南边是沧浪河，自东南向西北注入沅水；在村落北边，是一条无名的小河，1949年之后水利改造后被称为"八合垸"。早年间，包括湖村村民在内的乡民出行，尤其是运送粮食、货物等，都必须要靠河流船运，而湖村恰好处于两条小河的交汇处，交通相对便利，是附近乡民通往沧港、汉寿的必经之地。湖区是典型的水网社会，密布的河湖港洞为生产生活提供了充足的水资源，也提供了丰富的水生资源。在湖村，水生植物以莲、菱为主。村民在一些比较小的洞里，一般都会种湘莲，湘莲生出的藕，可以挑出去卖，补充家庭收入。洞里也会有鱼，不过大多是野生的，自己专门养鱼的很少，到了冬季"起鱼"，是村民重要的肉食来源。故有"不到滨湖，不知滨湖土地之肥沃；不到滨湖，不知滨湖物产之丰富"的感慨。

　　湖村所在的地域属于湖区冲积平原（见图1—3），以湖区淤积物发育的潮土为主，土壤肥沃，营养成分丰富。潮土一般土层深厚，质地适中、养分丰富，是优良旱土，种植适应性广。湖村的土地以水田为主，旱土面积较小。经过村民的开荒培育，原来的荒洲变成了大片的水田。村民根据田的肥力、高低、用水、产量等因素，对田进行基本的评判。但是并没有对田划分相应的等级，只是用高田、低田，或是用水方便的、不方便的，将田进行简单分类。地势高、产量多、用水方便的田，被称为"好田"，也叫"正田"。过去一亩田，得2担[①]谷以上的就是好田，得1—2担谷的是不好的田。还有根据交租谷的多少来评判田块，租谷有2担谷一亩的、有1.5担谷一亩的、有1担谷一亩的。

　　1951年汉寿县进行地类地等统计时，将湖村的水田分为甲上、

[①] 计量单位，一担等于180斤。

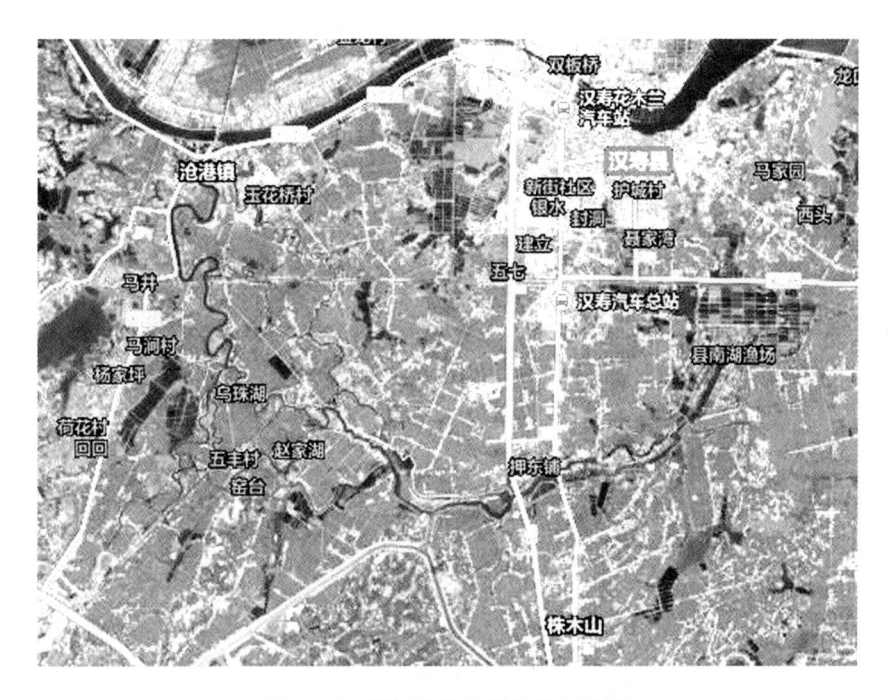

图 1—3　湖村及沧港镇的地理地形

甲下、乙上、乙下、丙上、丙下六个等级。根据统计，湖村有甲上水田 257 垅，350 亩，占水田总数的 34.21%；有甲下水田 191 垅，466.4 亩，占水田总数的 45.58%；有乙上水田 79 垅，162.8 亩，占水田总数的 15.91%；有乙下水田 18 垅，39 亩，占水田总数的 3.81%；有丙上水田 4 垅，5 亩，占水田总数的 0.49%。甲等水田占水田总数的 79.79%，水田等级总体上还是比较高的。当时的统计将旱土分为泥沙土和黄沙土两种，湖村有泥沙土 174.6 亩，黄沙土 89.6 亩，加起来 264.2 亩（见表 1—5）。湖村的土壤质地较好，水田适宜种植水稻，旱土适宜种植棉花、荞麦、芝麻、豌豆、油菜等。此外，村民在自己屋场的边角，一般都开辟有小块菜园，种植辣椒、茄子、豆角、南瓜等小菜。几乎每一块土地都被开发出来了，充分发挥土壤的作用，满足生产生活的需要。

表1—5　　　　　　　　　1951年湖村地类地等统计

地类	地等	坵数	亩数
水田	甲上	257	350
	甲下	191	466.4
	乙上	79	162.8
	乙下	18	39
	丙上	4	5
	丙下	0	0
旱土	泥沙	—	174.6
	黄沙	—	89.6
	小计	—	264.2
合计		549	1287.4

注：数据来自《汉寿县第一区永平乡地类地等统计表》。

从气候来看，湖村所在的地带属于中亚热带向北亚热带过渡的季风湿润气候区。雨热同期、日照充足的气候条件对于农业生产比较有利。水量和温度是影响水稻生长的两个关键因素。就水量而言，汉寿地区一年当中雨量丰沛、雨季明显，总降水量为1240—1700毫米，3月25日进入雨季，7月9日结束，雨季中平均总雨量743毫米左右。其中4—6月最多，一般为500—600毫米。春季阴雨绵绵，初夏雨量集中，暑夏高温炎热，初秋酷热。正如村民所说的，"五月的风，六月的水，七月八月秋老虎"。降水集中，给水稻生产带来了充足的水量。就气温而言，从春季开始，气温逐步回升，这时的气温有利于水稻的浸种、育秧，到了立夏，气温进一步升高，插秧之后，进入夏季，气温和光照达到了一年中最高值，水稻生长很快。秋季少雨，冬季干冷。秋季让田闲置或是种上绿肥，到了冬季，田里放了水，绿肥腐烂成为肥料，第二年犁了田，就可以继续耕种。

湖村人主要以种田为生，较少从事商业和手工业。传统时期，湖村的水田和旱地作物一年都是种植一季。水稻的种植期3月份开始，8月初结束。在风调雨顺的年份，一般水田每亩的产量为250

斤，位置较高、土壤肥沃的水田每亩 300 斤，而正田每亩的产量可以达到两担以上，产量相当不错，是汉寿重要的产粮区。正是湖村及附近村落水稻的高产，才支撑起了沧港作为民国时期"湖南三大米市"的地位。旱土种植的蔬菜、油菜等作物，在满足村民自己生活需求的同时，还能有剩余卖给市场。

第 二 章

产权创设与村落社会底色

"土地是农业生产、农村社会、农民生活的中心，农村中所发生的一切经济活动与社会活动，无不与土地产生紧密的联系。"[1] 传统时期，土地作为最重要的产权，是整个社会结构的基础。对于乡村社会的研究，必须从土地开始。土地作为一种有价值的产权物，不是先天赋予的，而是人力创造的。不同的创造方式形成不同的产权属性，进而塑造不同的产权关系。从土地产权关系上生长出的村落，自然带有土的特质和气息，形成个体化的利缘关系社会。从人群和土地的关系出发，以地域为基础开展研究，明确某种由一片土地和一群人类的结合而产生的有活力的东西，才能更好地理解把人类和环境合在一起的那些关系。[2]

第一节 筑堤围垸与村落由来

人是自然环境的产物，人类生存首要的是适应和改造所处的外

---

[1] 张佩国：《地权分配·农家经济·村落社区：1900—1945 年的山东农村》，齐鲁书社 2000 年版，第 13 页。

[2] ［法］阿·德芒戎：《人文地理学问题》，葛以德译，商务印书馆 1993 年版，第 11 页。

部环境。在村落形成的最初阶段，自然环境具有决定性的影响，包括天、地、水、土、物等，构成农业生产体系的基础条件。湖村地处洞庭湖湖区深处，自清朝同治元年（1862年）起，一百多年来"插草为标、挑土围堤"，形成一个个垸子，各姓的先祖离开原来的村子，来到这里开荒垦田，慢慢形成村落。

一 滨湖平原与洪水为患：湖区的环境

"凡是人类生活的地方，不论何处，他们的生活方式中，总是包含着他们和地域基础之间一种必然的关系。"① "自然村落的生存方式、内部的制度与组织及其观念习俗，更多地受制于它们各自所处的自然生态环境。"② 就湖村而言，决定它产生和存续的关键性因素是湖区的环境。早在一百多年前，湖村还是一片湖汊、荒洲。据村里的老人们讲，包括湖村在内的整个滨湖地区都是八百里洞庭跌落形成的，400多年前洞庭湖发生地震跌落，湖区外围湖底露出水面，经过长时间的淤积，逐渐成为湖洲。这当然可能是一种传说，其实洞庭湖面积缩小更多是沅水、澧水等河湖泥沙淤积、湖洲扩大所致。

"滨湖围堤挽垸，必须具备一定的施工条件和垦种条件。深水湖泊如不露出湖洲，根本无挽垸的可能，湖洲上生产如无垦殖之利，也不会竞相围垦。因而，无泥沙即无湖洲，无湖洲即无堤垸。"③ 在洞庭湖环湖附近，四周原本都有大片低矮丘陵和低洼山叉。低矮丘陵临近水却不会淹水，水利条件较好；低洼山叉在洪水时虽然形成湖渚，但冬枯水落则退为洲港汊沟。这些地方日久成为滨湖平原，

---

① ［法］阿·德芒戎：《人文地理学问题》，葛以德译，商务印书馆1993年版，第10页。
② 曹锦清、张乐天、陈中亚：《当代浙北乡村的社会文化变迁》，上海人民出版社2014年版，第1页。
③ 湖南省水利志编纂办公室：《湖南省水利志》，湖南省水电厅机关印刷厂，1985年，第18页。

历来被人们视作垦种之地。湖村所属的几个小垸子，属于沅南垸的一部分。沅南垸位于洞庭湖西侧，原本就是环山傍水的浅丘地区。随着河湖水情变化，泥沙淤积，形成大片洲土，"土地平旷，沃野数十里"，汉寿县城就屹立其中。

从明清时代起，汉寿县民大规模修筑垸障。"龙阳（今汉寿县）筑垸始于明嘉靖初，据清嘉庆十八年《常德府志》载，明嘉靖十三年（1534年）龙阳修障29处，大都在县东及县西。"[①] 湖村所在的地方是沅南垸的边缘，地势较低，湖汊纵横，属于湖区深处，等到外围洲土被围完之后，人们才开始到湖村附近挽土筑堤。因此，湖村各垸修筑的时间相对较晚。清咸丰十年（1860年）以后至清末的五十年间，由于四口南流带来的泥沙充填洞庭湖，在淤洲上筑堤围垦之风再起。"约在同治、光绪之交，荆江四口来沙形成的冲淤三角洲日渐增涨，首先在华容、安乡、常德、龙阳、沅江五县之间出现了广裹几二百里的南洲，成为大规模围垦筑垸的主要沙场。"[②] 湖村的堤垸就是从同治元年（1862年）起开始修筑的。

"夫滨湖之民，虽有沃壤，非堤障不生，版筑之功，不止循畛涂道路遗法也。"[③] 滨湖平原带来了沃壤，但也面临巨大的洪水威胁。湖村所在的滨湖地区地势低平，排水不便，从南部丘陵和山冈地区流下来的雨水加上本身降水，过多的水很容易积起来，使得水灾如同家常便饭。在湖村，天旱时候不多，主要是水灾（见表2—1）。水灾极为频繁，经常是"三年两不收"，一旦降雨过多、水势过大，溃垸决堤，居民生命受到威胁，田土、屋场、财产等都会不保。"月明五夜愁天旱，雨落三朝被水淹"，每年的春夏之季，开始进入雨季，降雨不断，三月到七八月都会涨水。有些年份大雨连绵，就会

---

① 湖南省水利志编纂办公室：《湖南省水利志》，湖南省水电厅机关印刷厂，1985年，第20页。

② 张建民：《清代江汉——洞庭湖区堤垸农田的发展及其综合考察》，《中国农史》1987年第2期。

③ 汉寿县志编纂委员会：《龙阳县志》，汉寿县印刷厂，1986年，第113页。

发生水灾。大水来后,整个村庄都会被淹没。上半年断了堤,下半年田里的水才会干掉,基本上一年颗粒无收。水淹了田以后,政府是不会管的,村民也没办法组织自救。因此,湖区民众的生产生活受到水与土的双重束缚。

"民国二十年(1931年)特大洪水。汉寿县本年入夏以来,淫雨连月,荆江、沅、澧、资、湘、洞庭湖水势暴涨,日夜丈余。如东区之大护、洁廉、射美、交利等乡大小六十余垸;北区之大酉、文蔚、善同、六合等乡大小八十余垸;新北区之禹贡、粒蒸、同福、全护、全固、大成、新成等大小七十余垸;西南区滨临山汊之处,大小五十余垸,均相继倾溃,全县三百三十余垸,无一存留。淹没田禾四十八万三千三百余亩,损失稻谷一百九十三万三千四百余担。游巡塘、欧阳港、毛家滩、毓德市、高汉障、小泗障一带堤上素称人烟稠密,今皆被水冲洗无屋无堤,唯一二古木低昂水际而已!乡村完全被洗者五十余处,人口牲畜随波逐流,城中水势高与檐齐,漂流之物,触目皆是。总计乡城倾倒瓦屋九千零七十余栋,茅屋十五万五千零数十栋,溺毙人口四千八百三十余人,尚多黑夜漂流无从稽查者。损失耕牛一千三百余头,服物器具不胜其纪。现在山汊之内,石矶之旁,什物庐舍牲畜浮尸填塞成陆。山乡高田又因淫雨过久,害虫滋生,禾穗皆白,颗粒无收者十之八九。全县灾民三十万零八百六十二人,生机尽绝,栏河夺食,时有所闻。"[①]

"民国三十七年(1948年)水大,民国三十八年(1949年)水大,田里都淹到水,那两年算是绝收了,都是用藕吃饭度荒,吃萝卜啊、荞麦啊、麦子啊,只能吃这些,没有吃的就出去讨米。我们这里水多,收成还要碰运气。"[②]

[①] 汉寿县水利志编写组:《汉寿县水利志》,汉寿县水利电力局印刷厂,1981年,第38页。

[②] 来自宋九林老人的访谈。

表2—1　　　　　　　　　　民国时期湖村的水灾情况

发生年份	灾害情况
民国十一年（1922年）	水灾，多出溃垸，淹田无数
民国十二年（1923年）	连遭水灾，"灾民露宿风餐，哀鸿遍野"
民国二十年（1931年）	特大洪水，水势暴涨，全县垸障无一留存
民国二十二年（1933年）	遭大水，灾民115000余人
民国二十四年六月（1935年）	特大洪水，大雨不息，举目汪洋，淹田67万亩
……	……
民国三十七年（1948年）	大水，田被淹，绝收
民国三十八年（1949年）	大水，颗粒无收，吃"藕"、萝卜、荞麦等度荒

注：信息来自《汉寿县志》、《汉寿县水利志》以及宋九林、史小妹、甘胜喜等老人的访谈。

尽管面临水灾威胁，也必须面对挑堤护垸的艰苦生活，但是湖村人依然选择到这里生产生活，主要有两个原因。一是湖村地势低平，围垸后可以有大片土地开荒种田，可以满足人们耕田养家的需求。二是湖村水网密布，河流、堰塘、沟渠纵横，没有任何一坵田土离水源地距离很远，天干的时候，即使离水源最远的田土，只要几台水车提水灌溉就可以了，不用花大力气修筑水渠、水坝等灌溉设施，这对于农业生产尤其是水稻种植十分有利。只要不发生连年的大规模水灾导致田土绝收、堤垸溃决，人们就能够很好地生存下去。"垸内田禾倍加丰稔，即垸外荒滩有种皆收，俗称一年收可敌三年水……已成沃土。"[1] 比如范家湖聚落地势相对高一些，田被淹到的时候少一些，粮食产量高，村民的生活就比其他两个聚落富裕一些。因此，正如《汉寿县人口志》所记载的，"汉寿大半处于水乡泽国，水患常使堤垸溃废，垸民他迁；湖平区土地肥沃，洲土围垸，也吸引大批人口迁入"[2]。

---

[1] 湖南省水利志编纂办公室：《湖南省水利志》，湖南省水电厅机关印刷厂，1985年，第25页。

[2] 汉寿县计划生育委员会编：《汉寿县人口志》，汉寿县美术印刷厂，1991年，第51页。

湖村就是在这样的环境中形成的，滨湖平原的肥沃给人以美好的预期，肆虐的洪水又给人以极大的恐惧和压力。水与土的双重束缚，使得生存条件极为恶劣，充满了不确定性，生活十分艰难；但是也塑造了湖区人吃苦耐劳、坚毅进取、不畏强力的精神，他们不屈从大自然的摆布，也当然不会轻易屈从人力的控制。在这样的环境下将生长出相比不同于一般地区的人和社会。

二 "插草为标，筑堤围垸"与初始产权的获得

"淤地垦田，谓之堤垸"。几百年来，洞庭湖区人民为防御洪水而在环湖低矮丘陵上筑堤，随着湖底泥沙的淤积才开始在淤高的湖渊上围垸。所谓围垸，就是通过筑堤把洲土圈占起来，从而获得垸内田土的行为。关于垸，不同时期、不同地区的具体说法有差异，分别有"围""障""垸"等几种说法，但是民国之后，统称为"垸"。在洲土上围垸，根据行为主体的差异，包括官围、民围与私围三种方式。官围就是由官方出资修筑、维护，民围与私围都是民间行为，但两者的区别在于，民围是"经报垦入册岁修者"，私围是"未经报准私筑者"。但无论是民围，还是私围，其差异只是在围垸的最初阶段，最后都是要获得官方的认可才具有合法性。从历史上来看，由于围垸要大量的财力和人力，民围和私围的从事者主要是一些有实力的大户，真正由一般民众围起来的垸非常少。

随着洞庭湖区泥沙的淤积，不少人看到了围垸的好处，加上清政府垦荒政策的激励，于是"四方土豪蜂起，云集涎利，纷争其利"，争相围垦。"……凡零星土地可以开垦者，听民开垦，免其升科，随有傍湖居民，招徕四方认垦之人，复以湖滨各处筑堤垦田，号曰'民围'。数年以来，民围之多，视官围不止加倍。"[①] 后来，由于堤垸修筑全无规划，零乱分散，垸小堤长，导致整个河湖水系

---

① 张建民：《清代江汉——洞庭湖区堤垸农田的发展及其综合考察》，《中国农史》1987年第2期。

愈益紊乱，蓄水、泄洪能力受到严重破坏，洪涝灾害日益增多。清政府不得不控制筑垸，"凡沅江淤土，曾经封禁有案，概属官荒……私行围垦……除由局涂销契券，分别追价入官，提田另佃外，仍各从严治罪"①。

至清朝后期至民国初年，政府虽然表面上仍"严禁私筑"，但为了广收赋税，默许一些人采用"召佃放垦"方式筑堤围垸。从清朝后期开始，湖村所在的西洞庭湖滨湖地区开始大规模筑堤围垸。当时一些有实力的大户，通过"插草为标、挑土围堤"的方式圈占洲土。湖村所属的三个小垸也是如此。所谓"插草为标"，就是在一片尚没有人圈占的荒洲之上，谁先在这片荒洲上开辟一块地域，在这地域的四周插草作为标记，声明土地是自己的。这种方式在当时极为普遍并得到广泛认可，最早来到湖区的人都是这样圈占洲土的。

比湖村稍早围起的毛家滩堤垸，是毛姓人最早圈占的。毛氏族谱中记载了毛姓先祖获得土地的方式，"毛李二公插草为据，各霸一方，东抵蒲堤堰，北至南坪，西临嘉山，南至野湖，所谓粮田万顷者不谬也"。又如湖村甘姓最早从江西迁到湖南武陵，又迁到桃源，后又迁到汉寿围堤居住，再后来迁到湖村租田而生。甘氏族谱亦有这样的记载，"我祖十令祖公于明朝洪武二年由赣来楚，各居一方，而我祖令德公落业常德府武陵县枫林村建家而居。插草为标，占地为业。……七世祖质纲、质纪两兄弟迁徙桃源后乡为桃源甘氏祖也"。

"湖区的人都是从外省迁来的，四百多年前，从各省迁过来的。湖区本来是荒地，都来这里'插标为记'，挽垸子，这块是我的，那块是你的，谁占的归谁。我们这三个垸子，安家湖一个垸子，周家湖一个垸子，范家湖一个垸子。安家湖、周家湖都是大财主挽起的，周家湖是姓周的挽起的，我们这里（安家湖）是姓王的挽起的。两个大财主，有钱有势，他们就是出钱，出东西，请人挑土，把垸子

---

① 曾继辉：《洞庭湖保安湖田志》，岳麓书社2008年版，第107—110页。

围起来，水排干，芜杂百姓就过来开荒。"①

湖村由三个小垸子构成，三个垸子自成一体，分别由不同的人围起（见图2—1）。安家湖垸子最早由王姓大户围起，周家湖最早由周姓大户围起。王姓大户当时家里实力很大，在圈占周家湖之前，本身已经有很多的土地，而且还在沧港等地做生意；周姓大户主要是靠经营田土，也是有势力的人。范家湖的地势相对较高，堤垸修筑的工程量不大，所以被一些很早就迁居过来的一般农户圈占，后来他们自己联合起来挑土固堤。安家湖和范家湖是两个大户各自独立围起来的。当时王姓和周姓大户出钱、出东西，雇佣大量劳力，挑土挽起垸障。在湖村，围垸主要是加固南北两条河流的河堤，并且要在与别的垸子的临界处筑起间堤。间堤一般以地势低的垸子为主修筑，因为间堤的作用主要是拦截从高处流下来的水，所以地势高的垸子为了自己排水，一般是不主动修建间堤的。垸子挽起来后，土地就归大户占有。

图2—1 汉寿县1949年垸障分布②

---

① 来自甘胜喜老人的访谈。
② 图片来源于《汉寿县水利志》，图中圈⑦为刘家垸，圈⑧为周范垸，圈⑨为安家垸。

就湖村土地的最初来源看,"插草为标,占地为业",大户通过围垸获得了土地。在人类历史上,土地一般是通过占有逐渐转化为所有权的,对土地的先占行为决定了土地的初始产权。不过,在最初阶段,大户圈占的洲土,只是占有,而不是法律上的所有。土地不仅作为基本的生产资料为人们提供生存之源,而且作为基本的生存空间为农业人口提供居住之地。"插草为标,筑堤围垸"为后来湖村租佃型村落的形成奠定了基础。正如马克思在分析财产起源时指出的,"财产最初无非意味着这样一种关系:人把他的生产的自然条件看作是属于他的、看作是自己的、看作是与他自身的存在一起产生的前提"[①]。卢梭也指出:"谁第一个把一块土地圈起来,硬说'这块土地是我的'并找到一些头脑十分简单的人相信他所说的话,这个人就是文明社会的真正缔造者。"[②]

三 产权与聚落之名

前面曾提到,1949 年之前,"湖村"这个名称其实并不存在,当时"湖村"的行政建制属于护城乡第三保第二甲。湖村由安家湖、范家湖、周家湖三个聚落组成,村民平时都是说自己是"安家湖"、"范家湖"或"周家湖"的人,不会说自己是某某保甲的村民。三个自然聚落依次分布在两条河流堤坝之间宽约 1 千米的地域内,沿堤坝形成了狭长而又分散的自然聚落,从西北往东南,依次是范家湖、周家湖和安家湖(如图 2—2 所示)。在三个自然聚落当中,范家湖地势相对较高,周家湖和安家湖的地势相对较低。

由于地处湖区,湖村及附近聚落的命名一般都会有一个"湖"字,但往往并不意味着聚落范围内真的有湖,这体现了区域自然生态对人类生存方式的影响。从聚落名字来看,都是以"姓氏+湖"

---

① 《马克思恩格斯全集》第 46 卷(上),人民出版社 1979 年版,第 491 页。
② [法]卢梭:《论人与人之间不平等的起因和基础》,李平沤译,商务印书馆 2015 年版,第 86 页。

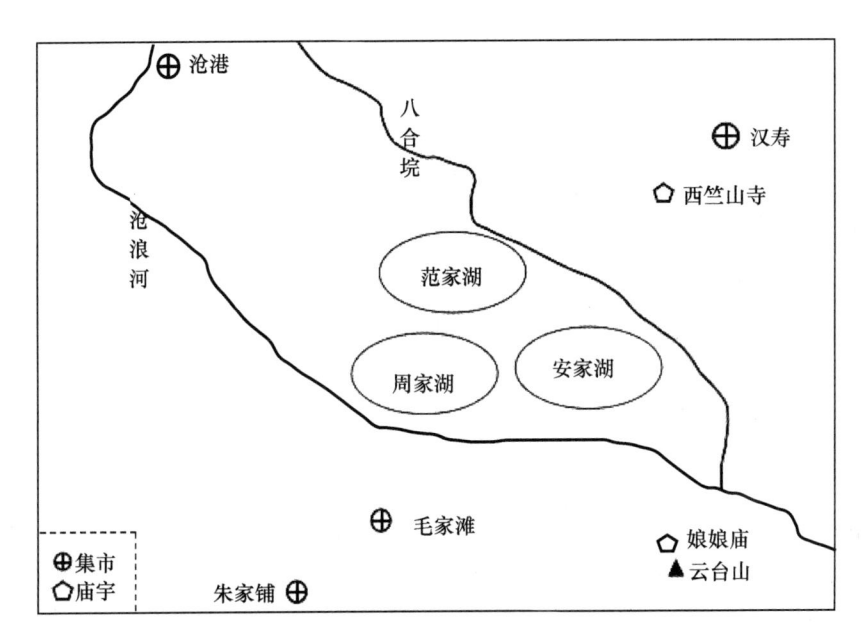

图 2—2　湖村所属三个聚落的地理分布

命名，但是具体的命名方式分为两类，除了范家湖因始迁姓氏而命名外，另外两个聚落都是因产权所有而命名，安家湖的田、土、港、洞多为安姓大户所有，因此名为"安家湖"；周家湖的田、土、港、洞多为周姓大户所有，因此名为"周家湖"（见表 2—2）。

表 2—2　　　　　　湖村所属三个自然聚落之名的由来

聚落之名	原名称	聚落之名的由来	命名方式
安家湖	王家湖、周家湖	因产权所有命名	姓氏+湖
范家湖	范家湖	因始迁姓氏命名	姓氏+湖
周家湖	周家湖	因产权所有命名	姓氏+湖

注：表格内容来源于田野调查。

安家湖。安家湖是三个小聚落中最靠近东南的，地域狭长。安家湖最早的名称是"王家湖"，因为是王姓大户挽起来的垸子，根据产权所有，聚落就被叫作"王家湖"；后来王家败落了，田土典当给了周家，就改名为"周家湖"。根据宋九林、王万宝、甘胜喜等多位老人的讲述，在"王家湖"变成"周家湖"过程中，还有一个传说。当时王姓大户把田土典当给周姓人的时候，当契上面写的是当期"十年"，但是周姓人偷偷在"十"字上面加了一撇，"十"变成了"千"，当期变成了一千年，结果田土就归了周姓人所有，王姓也就迁走了。后来周姓人又把田土卖给了安姓人，于是聚落就又改名为"安家湖"。此后，大部分田土一直在安姓人手里，名称也没有再发生变化。可以看出，从最初的"王家湖"，到之后的"周家湖"，再到后来的"安家湖"，聚落名字随着田土所有主体的变化而变化。

周家湖。周家湖聚落也是根据产权所有而命名。与安家湖不同的是，周家湖最早是由周姓大户挽起的垸子，而且绝大多数田土一直归周姓大户所有，因此一直叫作"周家湖"。实际上，后来周姓大户的土地有所减少，且周姓人也从来没有在那里居住过，聚落中没有一户周姓村民，但是仍然被称作"周家湖"。

范家湖。范家湖这个地方原来也是一片荒洲，是三个聚落当中地势相对较高的一个，原来无人居住，范姓人最先来这里开荒，因此叫范家湖，其实范姓直到新中国成立时也只有一户。由于地势高、可开辟的田土多，后来陆续来了更多的姓氏，各姓出劳力一起修堤垸，自己挑土固堤，慢慢形成一个聚落。正如前面提到的，与安家湖、周家湖由"大姓豪民"围垸不同，范家湖是三个聚落当中唯一一个由普通民众自己挑堤围垸建起来的聚落。

"村庄的命名反映了村民的价值和希望、忌讳和诉求、习惯和传统"[①]，在曹锦清等人看来，通过对村名的研究，可以揭示村落社会的深层结构。在湖村，聚落之名首先是产权关系的体现。以产权主体的姓氏命名聚落，是占有关系的体现和宣示；而聚落名称的变化，

---

① 曹锦清、张乐天、陈中亚：《当代浙北乡村的社会文化变迁》，上海人民出版社2014年版，第5页。

则体现了产权占有关系的变更。湖村这种情况明显不同于其他地区以"初始业主"姓氏定名的方式，没有遵循"业主变更，业名不改"的习俗，体现了产权所有者对于产权的看重。

在此基础上，湖村各个聚落就形成"垸—障—湖—家"四级体系，就地域空间而言，四级体系的范围依次缩小，构成了家户以上湖村居民生产生活的四级单元。四级体系的命名方式是一致的，也是在前面冠以姓氏，并且随着产权关系变更而发生变化。湖村的三个小聚落形成一个大的社会交往圈，然后三个小聚落内部构成一个更紧密型的交往圈。

首先是"垸"。"垸"构成了农户生产生活第一层级的单元，是湖村居民的主要生存区域。整个湖村村落，虽然分了三个小垸，但是由于长期的协作互助，构成了一个宽泛意义上的大垸子。三个小垸的村民以大垸为单位挑堤护垸。其次是"障"。在"垸"以内，是以间堤为界的"障"，"障"是间堤和间堤以内的区域，是居民生产生活的空间区域，而间堤则构成了聚落之间的边界。再次是"湖"。在"障"以内，包括居住区和水田的聚落范围称为"湖"，构成了居民的生产生活区域，"湖"与"障"相比只是不包括堤坝。"我是周家湖的"，村民经常用"湖"来表示聚落。最小的单元是"家"。在"湖"以内，居民在地势高处分散建屋而成的小聚落称为"家"，如安家、范家等，是居民的居住和生活区域。

需要指出的是，湖村所在的小垸挽起之后，水患日益严重，堤垸常遭溃决，1931年及1935年的大水倒溃达三分之二以上。自1931年以后，开始并垸合修，有的几垸、十几垸并为一垸，废除间堤，合修湖堤。范家垸、周家垸之间的间堤荒废，从垸的构造上，两个垸子差不多连成一片，称为"周范垸"，安家垸此时仍自成一个小垸子。虽然名称发生了一些变化，但是由于产权关系的制约，周家湖和范家湖并没有真正成为一体。

第二节　合作垦荒：产权物的创设

从一般意义上讲，产权首先表现为人与物之间的关系。这里的"物"必须是稀缺的，而且不是从来就有的，需要人们创设出来。传统时期，湖村最重要的产权物就是田土，田土是通过人们围垸垦荒获得的。田土产权的获得分两步，第一步是地主围垸，圈占洲土；第二步是佃户开荒，获得田土。租佃合作垦荒获得的田土经过国家认定，成为地主的私有产权，但是佃户基于乡村场域中的产权认定逻辑，得以分享地主产权的部分权利。

一　佃户迁入与垦荒辟田

圈占的洲土只是一种潜在的财产，只有经过开垦变成可耕种的田土，才是有价值的产权物。当周姓、王姓等大户围起垸子之后，他们获得了的大片洲土。但是这些洲土在水排干了之后，仍然是一片生荒土，还没有经过开垦。当时这些大户本身没有在围起的垸子居住，也不自己耕种。于是，采用"招佃放垦"的方式，吸引周边农民过来开垦田土。前面提到，相比附近其他垸子，湖村所在垸子修筑的相对较晚。周边一些修筑较早的垸子，如围堤、毛家滩、安乐垸、大小汎洲等地，随着人口的增加田土越来越少，有的村民没有足够的田土，有的村民田土被冲毁，有的村民租不到田土，满足不了生计，无法生存下去，于是在湖村的垸子挽起之后，纷纷迁入。当时迁到湖村来的农户，基本上都来自附近的村落。凡是过来开荒的农民，约定好前三年不交租，等田土开垦出来之后，再向老板（地主）交租。

各姓迁入湖村的时间不一，有得迁入的早，有的迁入得晚。以安家湖为例，最早迁入的是甘姓。前面曾提到甘姓祖籍江西，"江西填湖广"时迁入湖南。湖村的甘姓是桃源甘姓的后人。据甘胜喜老人讲，其高祖父（爷爷的爷爷的父亲）从桃源迁徙到围堤落居。刚搬到围堤时，甘家还不错，出过四个秀才，之后没落了。后来因为人口增加，围堤那边住不下，甘胜喜的曾祖父就迁到安家湖开荒插（租）田。甘家迁居安家湖的时候，垸子已经挽好，他一家到了之后就是开荒。开荒没有数量限制，能开多少就开多少。甘家当时是全家 7 口人一起搬到湖村的，家里劳力不够，就先开辟了一坵 7 亩的田，后来劳力增加，又陆续开辟出几坵田。根据约定，前三年不交租，之后一亩田交一担五的租谷。甘家迁到安家湖之后，除了开荒，首先在沧浪河堤边上挑屋场、盖茅屋，算是落居下来。后来随着财富积累，甘家从安姓老板手里买了一些田，但还要租田耕种，还盖起了整个安家湖为数不多的几间瓦屋。

与甘姓一样，湖村宋姓祖上也是江西人，是从江西鄱阳湖迁到湖南的。根据宋九林老人的讲述，宋姓在其曾祖父的时候迁到围堤，后来大水断了堤，田土都被毁了，围堤生存不下去，其爷爷的时候迁到安家湖来。宋姓迁到湖村也是为了开荒插田，当时宋九林的爷爷有三兄弟，三兄弟同时从围堤迁到湖村这边来。由于安家湖的田土有限，所以三弟兄就分开居住在安家湖、范家湖和周家湖三个聚落里，安家湖只有宋九林的爷爷一个人。

"我的爷爷 18 岁来到安家湖这边，他有三兄弟，分开在安家湖、范家湖、周家湖。当时围堤那边断了堤，田土都废了，就来到这里开荒。老板（地主）堤围起来了，（但）还是一片荒洲，插田户（佃户）过来开荒，才有了田土。前三年不交租谷，后来才交。"[①]

较早来到安家湖的老户，到 20 世纪初共有 6 户。甘姓和宋姓为代表的这类农户，他们本身有田土，但因为田土不够用或田土受损，需要到湖村来开荒。还有很大一部分农户，本身就是佃户，因为各种原因在原来的地方无法租到田种，于是也来到湖村开荒。湖村王姓老家在谢家铺中里桥，他家自己没有田，本来说好的租

---

① 来自宋九林老人的访谈。

地主王春林的田，但是王春林又把田租给了别人，他家非但没有租到田，还被王春林打了一耳光。没有办法的情况下，父子三人来到河对岸的周家湖开荒。湖村张姓祖祖辈辈生活在毛家滩，因为家庭贫困，自己没有田土，张崇华的爷爷本想插别人的田土以维持全家人的生计，然而老板们嫌张家屋里穷，担心交不起租谷，都不愿意把田租给他家耕种，无奈之下，张家一家人只好搬到湖村来。

"我们是从毛家滩搬过来的，从我爷爷手里就搬过来了。因为毛家滩那边没有田种，也很难租到田，别人嫌我们家穷，都不租给我们，这里有地插（租），并且那时候这里是一片荒芜的地方，我们搬到这里来可以给老板开荒，所以就搬过来了。"①

通过这种方式，各姓村民陆续迁入，开始在一片荒洲之上开辟田土。只要是愿意过来开荒，几个大户一般都会同意。开荒时候，大户不参与，也没有任何的投入，全是靠佃户自己投入。正因为没有任何投入，所以大户对谁来开荒不关心；即使开荒失败，大户也没有任何补偿，不会有任何损失。开荒完全靠农户自己投入劳动力、工具、种子等，尤其劳动力，是决定性因素。所以当时迁到湖村来开荒一般都是青壮年，有兄弟几人一起过来的，也有父子一起过来的。没有劳动力，或是迁入后劳动力有损失的，就会生活得十分艰难。范家湖李菊山老人的爷爷当年带领妻儿过来开荒，但不幸的是，还没有开辟出来多少田土，他爷爷就死了。家里没有了劳力，开出的一点儿田又不够吃，他奶奶只能带着他父亲到外面讨米。

从不同地方来的村民迁入时间有先后，在开荒过程中，各姓村民都是靠自己，相互之间没有合作。在一片荒洲上开辟田土，是一件十分困难的事情，需要投入大量的劳力，还要面临时刻悬在头顶的水灾威胁，一旦大水决堤，投入的心血可能付诸东流。经过早期迁入者的辛勤努力，田土被一点点开辟出来。各户开辟的

---

① 来自张崇华老人的访谈。

田土数量不均衡,有的农户家里劳力多,开辟的就多;有的劳力少,开辟的就少。通过合作垦荒的方式,至1949年,共开垦一千多亩肥沃的田土。田土的开垦支撑起人口的繁衍,湖村逐渐形成了稳定的村落。

二 国家认定下的地主产权

从本质意义上讲,产权界定是一个利益的分配过程。经典产权理论认为,人类文明进入政治社会之后,产权主要由国家进行界定,人们对物的一定权利以法律的形式固定下来,从而形成财产权。正如洛克强调的,"而政府则以法律规定财产权,土地的占有是由成文宪法加以确定的"①。湖村的田土开辟出来以来,通过"升科领照"获得国家的产权认定。

经过湖村移民们的不懈努力,田土逐渐被开垦出来,原来的生荒终于变成了良田。由于洲土是地主圈占的,因此佃户开垦出来的田土,无论水田还是旱土,都归大户占有,但是大户一开始并没有法律上的所有权。"私有财产的真正基础:即占有是一个事实,是不可解释的事实,而不是权利;只有社会赋予实际占有以法律的规定,实际占有才具有合法占有的性质,才具有私有财产的性质。"② 因此,正如安·奥思本指出的:"在进行土地税收登记的同时所有权就可取得。在土地被登记之前,耕种者一般不享有完全的土地所有权;在土地登记后,停止纳税则意味着土地所有权的丧失或缩小。令人惊讶的是,纳税可以将一块被不正当或非法占有的土地变为合法的财产。"③

---

① [英]洛克:《政府论》,叶启芳、瞿菊农译,商务印书馆1964年版,第31页。
② 《马克思恩格斯全集》第1卷,人民出版社1975年版,第382页。
③ [美]安·奥思本:《产权、税收和国家对权利的保护》,载[美]曾小萍、[美]欧中坦、[美]加德拉编《早期近代中国的契约与产权》,李超等译,浙江大学出版社2011年版,第111页。

根据相关记载，明清时期有定制，规定开垦荒地，满规定年限（水田六年，旱田十年）后，依照普通田地收税条例征收钱粮。清政府发布诏令，"小民拮据开荒，物力艰难，恐催科期迫，反致失业，以后各省垦荒，著加宽限，通计十年方行起科"[①]。湖村佃户开垦出田土以后，过了三年他们开始向大户纳租，但是由于田土还没有获得国家的产权认可，尚未纳入政府的计征范围，因此"有田无粮"，不必缴纳赋税。虽然湖村的田土"早成膏腴，其初虽由官给照，分则纳租，然成围后，丈量既未实行，征赋亦无确限，强者数之照，即可耕数十亩之田，而租课又不准田而准照"[②]。

然而随着时间的推移，大片的垸田被开垦出来，"南北阡陌，一望皆田"，但是政府田赋收入却没有相应增加。另外，因为湖区洲土既无官守，又非私有，因此人人争先占夺，纠纷因之时起。于是光绪二十五年（1899 年），湖南藩司鉴于湖区洲土面积日广，开始发给执照。从官方的角度看，对垦荒熟田进行清丈主要是为了掌握土地数量，从而确保赋税。而对于围垸的大户来说，清丈也是"确定其新垦土地拥有土地所有权的途径之一"，因为只有通过清丈，向政府缴纳赋税，获得官方的认可，"无主之地才能永为己业"[③]。

当时通过"升科领照"获得法律上的产权认定并不是一次就完成的，此后又陆续变更多次。民国初年，当时的湖南省政府为了"循陈规、辟税源"，撤销"藩照"，另换新照。此后，由于湖南省执政者屡次更换，"照"的种类繁多。比如，民国元年的湖田执照，由湖南省国税厅湖田局所发，照面以弓计；民国 2 年（1931 年）的民业田照与垦照，由湖南省水利局所发，照面以亩

[①] 《中国地方志集成·湖南府县志辑：光绪龙阳县志》，江苏古籍出版社 2013 年版，第 90 页。

[②] 袁志主编：《常德地区志·财政志》，中国科学技术出版社 1991 年版，第 18 页。

[③] 杨国安：《明清两湖地区乡村社会史论》，商务印书馆 2016 年版，第 29 页。

计；此后又经历了几次变化。① 民国 7 年（1918 年），湖南全省统一发布命令，"挽垸熟田清丈升科后由业主缴纳照费，发给民业田照，按亩征收田赋，清丈中查出多于藩照的亩数，则按溢田补费，一律升科，尚未开垦的新淤，逐一调查召垦，凡愿领亩，开垦的可缴费领照，筑堤围垸"②。到民国 16 年（1921 年），湖南省水利局报经财政司批准，宣布以上各照一律撤销，另印"垦照""湖照"等，照面均以亩计。凭着新的照证，已经围垦成熟的，按亩征收田赋。至此，执照不再调整，湖村土地的所有权凭证也不再变更。

从上述过程可以看出，湖村大户以田土占有者的身份，提出产权确认的申请，通过政府清丈田亩、缴费领照，其田土得到法律上的产权界定，正式成为"业田"。大户通过法律上的产权界定，从国家那里获得了田土的所有权，并获得了作为产权凭证的地契。政府对土地进行纳税登记，"从而耕种人以官方盖印证书的形式获得土地所有权。这种证书，或是未来的税收凭证，或是鱼鳞册里列出的土地和所有者，都可以作为所有权的证明，这也将保护他们子孙后代对土地的所有权"③。国家对产权的界定是基于大户占有田土的事实，谁占有田土，谁就自然获得田土的产权。从占有角度出发，大户无可争议地拥有田土所有权，成为名副其实的地主，没有佃户提出质疑。佃户被允许迁居湖村来开垦田土，这一行为本身就意味着双方都认同一个基本前提，即洲土是属于大户的。在安家湖，挽起堤垸的王姓地主获得了早期的田土所有权；在周家湖，挽起堤垸的周姓地主获得了早期的田土所有权。

---

① 沅江县水利志编纂领导小组：《沅江县水利志》，内部发行，1986 年，第 49—50。

② 湖南省水利志编纂办公室：《湖南省水利志》，湖南省水电厅机关印刷厂，1985 年，第 18 页。

③ ［美］安·奥思本：《产权、税收和国家对权利的保护》，载［美］曾小萍、［美］欧中坦、［美］加德拉编《早期近代中国的契约与产权》，李超等译，浙江大学出版社 2011 年版，第 111 页。

"那个时候，都是有实力的人插草为标，就是占地，谁插了就归谁。那一时期都是一个样，一片荒洲。插田户是给老板开疆拓土的，不过呢，你开得再多，也不是你的，是人家老板的。田开出来了，老板去政府领到契，像而今的土地证，田是他的了。好的一点呢，插田户开的荒多，插的田就多。老板给你田插算不错了，都是没得田插才搬到这里的。"①

不过，湖村田土的产权远非如此简单，产权的界定也不是一次就完成的。"产权包括实际上的产权与法律上的产权。在法律层面予以登记颁证，不同于产权在实质上的被界定与实施。没有充分而清晰的赋权，仅仅依赖登记和颁证，产权得不到有效保障。"② 正如刘守英等指出的，产权界定也不能停留在所有权层面。没有产权各权能的明确与清晰界定，而界定权能综合的所有权，权利是无法实施的。在湖村中，实际中的产权界定要复杂得多。

三　乡村场域的合作性产权认定

湖村的地主从法律上获得了田土的所有权，但是在传统的乡村社会，产权不仅为国家的法律所界定，也为乡村场域中的互动关系所界定。这是两种逻辑不相同的产权界定方式，基于此的产权认知也不同。湖村的田土是通过"合作垦荒"获得的，田土产权的创设需要租佃共同投入才能实现。因此，从乡村场域的产权界定与认知逻辑出发，归地主所有的田土不是完整意义上的私人产权，佃户因为参与产权的创设，有权分享一定的产权权利。

不过，湖村佃户虽然没有对田土所有权提出要求，但是他们认为，地主的田土他们也有"份"。在佃户看来，"苦死千家，富裕一户"，正是佃户们披荆斩棘、辛勤开荒，才有了田土，而地主只

---

① 来自游先云老人的访谈。
② 刘守英、路乾：《产权安排与保护：现代秩序的基础》，《学术月刊》2017 年第 5 期。

是围起了堤垸，根本无法和佃户的投入相比。佃户常说的一句话是，"七分穷，三分富"，意思是在田土开垦当中，佃户的投入起了七分的作用，而地主的投入只起了三分的作用，佃户的"七分力"远胜于地主的"三分财"。在这里，佃户从产权创设的角度界定地权，他们基于乡村场域中的互动关系，也就是田土开垦中的合作投入界定产权，而不是法律界定所依据的占有事实。因此，佃户认为，田土不能说完全成了地主的私人产权，应是一种合作性的产权。佃户虽然不享有永佃权，更不享有田面权，但是对于他们自己开垦出来的田土，他们应该有权优先耕种，地主起码不能随意剥夺他们租田的资格。因此，湖村大部分农户虽然没有自己的田土，靠租种地主的田土为生，但他们不会过分担心田土会被地主轻易收回去。

"老板不还得靠插田户，他也不能太狠火（霸道），没有这些插田户，白瞎他老板，他不能自己开荒，还是一片荒洲。老板的田土都是这些插田户开荒出来的，只不过他有势力归了他，插田户也有份的。我们这里插田户也是蛮狠（厉害）的人，不怕他的。"[1]

由此，关于湖村的田土，就存在两种类型的产权认知与界定。一种是政府法律界定的产权，国家通过清丈升科，将产权赋予地主，地主获得田土的所有权，并拿到了地契，地主的田土属于法律上的私人产权。另一种是乡村场域中互动关系界定的产权，佃户认为，他们在田土开垦中出了力，产权创设离不开他们的合作，由他们开垦、地主占有的田土是一种合作性产权。

在"皇权不下县"的传统乡村社会，国家法律的产权界定并不居于主导地位，乡村场域的产权界定具有决定性影响力，合作性产权的认知支配着产权相关方的行为和关系。合作性产权是一种非正式的乡村产权形式，其认定基于乡村场域中广泛认同的互动关系，认定的基础是产权创设与维护中的合作。产权的权利不完全归属作

---

[1] 来自宋九林老人的访谈。

为所有者的地主，不具有独立性和完整性，佃户能够分享到部分权利，因此不同于一般意义上的私人产权。"在早期的传统社会，人们对于土地产权规则的理解并非是一种'私有化''市场化'的现代经济学意义上的产权性质，而是有着更为丰富、更具实质性的社会（文化）层面的意义与价值。"①

产权界定需要相应的规则和规范作支撑，这些规则和规范也是其存在的基础。一个社会就是一套制度化行为模式的集结或体系。②传统乡村是个礼俗社会，并不完全靠正式的国家法律调节关系、维系秩序。乡村是礼俗大于"王法"的地域，乡村社会成员对"王法"的认同率并不高，他们更倾向于寓于其生活中的人情、礼俗。③就产权认定而言，正如费孝通指出的："土地的占有通常被看作习惯上和法律上承认的土地所有权。……因此，土地的占有不仅是一种法律体系，也是一个经济事实"，"我们能够立刻提出这样一条原则，任何仅从法律的观点来研究土地占有的企图，必然导致不能令人满意的结果。如果对于当地人的经济生活不具有完备的知识，就不能对土地的占有进行定义和描述。"④ 在乡村社会，人们并不完全认同国家界定产权的逻辑。乡村社会在实践中生产出自身的公平原则，形成了一套普遍认可的、非正式的产权界定方式，其对产权的界定遵循乡村社会的"情理合法性"。这种合法性不来自于法律，而是互动中自发生成的朴素公平原则。无论地主还是佃户，都不得不遵循，因为"尽管官府将产权申请看得非常重要，个人权利最可靠的保证

---

① 黄鹏进：《产权秩序转型：农村集体土地纠纷的一个宏观解释》，《南京农业大学学报》（社会科学版）2018年第1期。

② ［英］安东尼·吉登斯：《社会学：批判的导论》，郭忠华译，上海译文出版社2013年版，第6页。

③ 徐勇：《非均衡的中国政治——城市与乡村比较》，中国广播电视出版社1992年版，第101页。

④ 费孝通：《江村经济》，上海人民出版社2007年版，第139页。

或许仍是得到地方社群的承认"①。乡村社会形成的产权认知深刻影响和支配租佃双方的观念和行为。

产权创设中的共同投入构成了合作性产权认定的基础。租佃双方的共同投入，提供了乡村社会界定合作性产权的"正当性"和"合理性"。劳动创造财产权，这是洛克、亚当·斯密、马克思、恩格斯等经典作家普遍持有的认识。在洛克看来，产权来源于劳动，"所以只要他使任何东西脱离自然所提供的和那个东西所处的状态，他就已经掺进他的劳动，在这上面参加他自己所有的某些东西，因而使它成为他的财产"②。在湖村，合作性产权认定的基础是田土开垦中的共同投入。地主因为筑堤围垸，占有了洲土；佃户因为开荒辟田，得以分享部分产权权利。

并且，"产权尽管能得到国家和法律的支持，但任何一项权利的有效性也取决于个人自己为保护这项权利所作的努力"③。在湖村，特殊的自然环境决定了田土开辟不是一劳永逸的。由于面临经常性的洪水威胁，为了保住田土，必须常年挑堤护垸。产权的维护同样离不开租佃双方的共同投入，而且佃户的投入要远大于地主，这无疑进一步强化了合作性的产权属性。因此，就佃户而言，通过强调自己在产权创设和维护中的作用，从而提升在租佃关系中的地位，以便获得最为有利的租佃形式。

通过以上分析，我们可以发现，湖村地主的田土是一种不完整、不独立的私人产权。首先，独立性和完整性是产权的基本属性，一般意义上的私人产权首先是独立的产权，产权人独立支配产权，其权利行使不受限制；其次，产权权利是完整的，体现为排他的使用权、收

---

① [美] 安·奥思本：《产权、税收和国家对权利的保护》，载 [美] 曾小萍、[美] 欧中坦、[美] 加德拉编《早期近代中国的契约与产权》，李超等译，浙江大学出版社2011年版，第146页。
② [英] 洛克：《政府论》，叶启芳、瞿菊农译，商务印书馆1964年版，第18页。
③ 谭秋成：《关于产权的几个基本问题》，《中国农村观察》1999年第1期。

益权和自由的转让权，但是湖村的地主并不完全拥有这些产权权能，而是受到来自佃户的制约。此外，一般情况下，私人产权由私人进行保护，产权保护属于私人实践，从而保证产权的独立性。但是湖村特殊的生态条件，使得田土需要持续不断的保护，"不断的产权保护，其实就是一个不断地界定产权的过程"①。产权保护需要租佃合作，地主必须依赖佃户，由此使得作为所有权人的地主无法绝对行使权利。地主产权的部分权利受到限制，也可以说，其产权是残缺的。合作性的产权属性影响产权的权利结构，进而也影响到村落的治理。

第三节 以产权关系为基础的村落社会

在传统农业社会中，尽管"存在着土地以外的一些别的社会纽带，特别是那些以心理学根源为基础的纽带，例如亲属关系和宗教。……在农业居民中，作为社会纽带来说，土地的基础就更有理由胜过心理学的基础。所有的农业社团，都有一个把他们拴在土地上的那些纽带所决定的结构"②。产权是湖村社会关系的起点和基础。围绕"田"，人口得以迁入和繁衍，村落因之而形成；同时，"田"的限制与区分，决定了聚落形态与村落空间。

一 向"田"而生与人口繁衍

"土地资源的开发和利用，既反映了人与自然的关系，也反映了以土地为中介的人与人之间的关系。"③ 土地是整个社会的基础，不

---

① 姬会然、慕良泽：《产权过程论及其政治学研究》，《西北农林科技大学学报》（社会科学版）2013年第2期。

② ［法］阿·德芒戎：《人文地理学问题》，葛以德译，商务印书馆1993年版，第10—11页。

③ 胡英泽：《流动的土地：明清以来黄河小北干流区域社会研究》，北京大学出版社2012年版，第12页。

能离开人所居住的土地去研究人。① 在湖村，随着田土的开垦，人口不断迁入落居，进而生息繁衍，逐渐形成稳定的村落。正如滕尼斯指出的："随着农田的开垦，家就固定下来了，从一个像人、牲畜和东西一样流动的家，变为不流动的家，犹如土地不流动一样。人受到两方面束缚：同时受耕作的农田和房屋的束缚，也就是受到他自己事业的束缚。"②

从姓氏结构来看，湖村村民都是为了开荒而从不同地方迁过来的芜杂百姓，姓氏十分杂乱。据《汉寿县人口志》记载："明初，县境土旷人稀，耕种者少，荒芜者多，官府实行招诱流民和移民垦殖的政策，地狭人稠的江西吉水等县，向汉寿大量移民。"③ 湖村各姓氏多是从江西迁到湖南来的，后来几经迁徙，在清末民初湖村垸子围起来后，迁入落居。

1949 年之前，安家湖聚落有 11 个姓氏，分别为甘、邓、黄、宋、姚、孟、高、何、江、周、张。这 11 个姓氏大体都是在清末民初时期迁入的，在安家湖繁衍生息的代数最多不超过 3 代。从各姓的迁入地来看，从围堤和毛家滩迁来的姓氏最多（见表 2—3）。

表 2—3　　　　1949 年之前安家湖聚落的姓氏迁入情况

姓氏	从何处迁来	迁入户数	1949 年前繁衍代数	备注
邓	从火烧邓家迁来	1	2	
甘	从围堤迁来	1	3	最早迁入
黄	从围堤迁来	1	2	
宋	从围堤迁来	1	2	

---

① ［法］阿·德芒戎：《人文地理学问题》，葛以德译，商务印书馆 1993 年版，第 10 页。

② ［德］斐迪南·滕尼斯：《共同体与社会》，林荣远译，商务印书馆 1999 年版，第 77—78 页。

③ 汉寿县计划生育委员会编：《汉寿县人口志》，汉寿县美术印刷厂，1991 年，第 51 页。

续表

姓氏	从何处迁来	迁入户数	1949 年前繁衍代数	备注
姚	从毛家滩迁来	1	2	
孟	从小汛洲迁来	1	3	
高	—	1	2	
何	从毛家滩迁来	1	2	
江	从毛家滩迁来	1	2	
周	从安乐迁来	1	2	
张	从毛家滩迁来	1	2	

注：数据信息来源于田野调查。

1949 年之前，周家湖聚落有李、王、宋、邓、祁、黄 6 个姓氏。除了王姓 3 兄弟是 3 户一起迁入和李姓是 2 户一起迁入之外，其他各姓都是单户迁入的。周家湖各姓迁入的时间大体差不多，李姓迁入时间相对较早一些。1949 年之前，各姓氏繁衍的代数都是 2 代（见表 2—4）。

表 2—4 1949 年之前周家湖聚落的姓氏迁入情况

姓氏	从何处迁来	迁入户数	1949 年前繁衍代数	备注
李	从围堤迁来	2	2	最早迁入
王	从谢家铺中里桥迁来	3	2	3 兄弟迁入
宋	从围堤李家茶落迁来	1	2	
邓	从邓家湖迁来	1	2	
祁	从毛家滩迁来	1	2	
黄	从围堤迁来	1	2	

注：数据信息来源于田野调查。

1949 年之前，范家湖聚落有游、邓、李、刘、何、范、宋、陈 8 个姓氏。除了李姓迁入 2 户之外，其他各姓都迁入一户。李姓虽然有两户迁入，但两户不是兄弟关系。范姓最早迁入，在1949年之前已经繁衍了3代人；陈姓迁入的比较迟，陈姓人是木匠，四处迁徙做工，居住在范家湖与周家湖之间的间堤上，远离其他村民，因此并非严格意义上的范家湖居民。范家湖各姓氏的迁入地比较杂，迁入地基本都不同，各姓氏之间情况差异很大（见表2—5）。

表2—5　　　　　1949年之前范家湖聚落的姓氏迁入情况

姓氏	从何处迁来	迁入户数	1949年前繁衍代数	备注
游	从岭湖游家湾迁来	1	3	
邓	从老歪树迁来	1	2	
李	从新兴大繁洲迁来	2	2	
刘	从茶落湖迁来	1	2	
何	不知从何处迁来	1	2	
范	从范家湾迁来	1	3	最早迁入
宋	从围堤迁来	1	2	
陈	—	1	1	最晚迁入

注：数据信息来源于田野调查。

总体来看，湖村共有18个姓氏，每个聚落分布不均。安家湖聚落的姓氏最多，有12个；周家湖聚落的姓氏最少，有6个。三个聚落的相同姓氏有些具有亲属关系，比如，当年宋姓从围堤迁到湖村之后，三兄弟分散在三个聚落里；周家湖黄姓与安家湖黄姓也是兄弟关系。村民当时基本上是单家独户迁入，除个别农户是父子、兄弟一起迁入外，没有任何其他血缘关系可以依靠。由于繁衍时间短，没有大姓，没有哪一个姓氏居于主导地位，没有发展起宗族势力，自然也就无法产生基于血缘关系的家族权威。各姓氏迁入后没有迁出的，姓氏情况比较稳定。

"我们这里的都是芜杂百姓，基本都是从外面搬过来的，没有一个大家族的。一个姓多的就三四户，好多就一户，你比如我们姓张的就一户,姓江的一户,没得好多户的。"①

就人口规模来看,受人地关系制约,湖村的人口增长并不快。"在以水稻为主食的农业文化中,村落必然建立在涧、溪、河之旁,而村落的规模必然地受制于河谷冲积平原所能提供的可耕地的多少。""有水、有土便有人家,水、土的大小决定着村庄的规模。"② 1949 年之前,湖村共开垦出一千多亩田土,在这些田土之上生活着 44 户村民。1949 年之前,安家湖聚落除姚、黄两姓各有 2 户外,其他各姓都是单户,整个聚落 11 姓共 13 户村民。周家湖聚落 6 姓有 15 户村民,其中李姓 3 户、王姓 3 户、宋姓 3 户、祁姓 4 户,另外两个姓就是邓姓和黄姓各 1 户。范家湖聚落 8 姓有 16 户村民,其中游姓 5 户,李姓 4 户,宋姓 2 户,其他各姓均只有 1 户。就人口而言,1949 年前,村落人口为 252 人,户平均人口 5.73 人。1948 年,汉寿县户均人口为 5.44 人,湖村的户均人口略高于全县平均水平。总体上,湖村人口规模不大,是一个小村落。

湖村村民主要以耕田为生,由于田土面积有限,生计艰难,除了种田之外,大部分村民还从事一些其他生计。周家湖聚落各户村民基本都有半亩以上的旱土,种菜、卖菜的多,能增加一些收入;而另外两个聚落的旱土较少,种菜主要满足自家之需。农闲之时,大部分村民会做一些工,主要是在村落里及附近做短工,也有村民,如邓丕堂、张克长等,在别人家里做长工。个别有一些手艺的村民,比如裁缝、木匠、杀猪匠、私塾先生等,属于有特殊职业的人。此外,还有几户村民家庭有副业,甘海斌家轧棉花,宋海棠家开油炸,这些属于是小的营生;相比来说,游丛洋家开米坊生意做得比较大,相对富裕。

---

① 来自张崇华老人的访谈。
② 曹锦清、张乐天、陈中亚:《当代浙北乡村的社会文化变迁》,上海人民出版社 2014 年版,第 4 页。

二 依"田"而居与聚落形态

聚落形态是区域自然生态环境对人类生存方式影响的体现。"居住形式的差异,到处都和自然的、经济的、社会的差异有联系。"[①]"每一居住形式,都为社会生活提供一个不同的背景。村庄就是靠近、接触,使思想感情一致;散居则'一切都谈的是分离,一切都标志着分开住'。"[②] 湖村村民"直接取资于土地",因而必然"粘着在土地上"[③],由于地块零散,村民依田而居,加上水网环境的制约,居住比较分散,呈现出松散型的聚落形态。

"乡村聚落是乡村居民最重要的生产生活空间,选取什么样的地方建造自己的房屋、建造怎样的房屋、怎样安排自己的宅院,以及怎样处理房屋与耕地、左邻右舍(如果有的话)、村落中的其他设施(道路、公共设施)之间的关系,是农民生活中的大问题。"[④] 就湖村而言,依田傍水、分散居住是村民居住的主要特点。传统时期,湖村村民的屋场都在自己耕种的田土旁边。最开始的时候,屋场占用的土地属于荒地,也就是无法开垦的土地,荒地是没有主人的,不归地主所有,谁开辟的就属于谁。当时村民建房之前,需要先挑屋场,挑屋场就是挖土抬高地基。最早挑屋场的农户,因为垸子中都是生荒土,可以随意挖取。但是后来迁入的农户,因为已经有人开辟出了田土,故而不能从别人的田土里挑土,只能在自己开垦的土地,或是自己承租的田土边上挑起屋场。农户开垦或承租的田土之间有一定距离,因此屋场也就比较分散。

"甘家过来这边之后,屋场是自己挑的,挑屋场不给钱的,就是

---

① [法]阿·德芒戎:《人文地理学问题》,葛以德译,商务印书馆1993年版,第191—192页。
② 同上书,第193页。
③ 费孝通:《乡土中国 生育制度》,北京大学出版社1998年版,第7页。
④ 鲁西奇:《长江中游的人地关系与地域社会》,厦门大学出版社2016年版,第13页。

自己挑土，一点一点挑土，把地基搞起来，很吃亏（吃苦）的，屋场挑好了，才能盖房子。以前屋场不紧挨，都不相连，很少挨到。早先屋场都是挨着自己的田，屋场那块地本来就是你田土的一部分，从自己的田里挑土，挑别人的哪会答应。好些个塘就是挑屋场把土挑走了，下雨积了水的，就成塘了。比如姓江住在堤上的，屋场后面就是他的田，大田有10亩，屋场那边的那块田也是他的，有6.4亩，他总共就有16.4亩田，这16.4亩田也不是他的，是租的。"①

村民居住比较分散，都在地势高的地方居住，建立屋场，屋场的四周被农田包围，彼此之间有一定的距离。"早期进入洞庭湖区围垦的人们一般倾向于分散居住，自然聚落规模较小，甚至是独立农舍，其房屋均比较简陋，一般是土墙、茅草覆盖。"② 正如杨懋春所指出的，在村庄里，住宅是社会地位的标志。③ 在湖村，大多数农户住的是茅屋，只有个别比较富裕的农户住的是瓦屋。茅屋都是三间，人多的搭一间偏屋，全家人挤在狭窄的空间内，而且每年都要往屋顶添加稻草。每家农户房屋的前面都有坪，主要是用来晾晒粮食。"在散居的景观中，房屋不远离耕地，房屋相互间的吸引力，远小于房屋和田地之间的吸引力。农庄及其经营建筑物都建在田地附近，而且每块耕地的四周，常有围墙、篱笆或沟渠。"④ 湖村部分农户的屋场外围也有篱笆、木栅等，将坪、鸡圈等围在里面。

村民来到湖村后，首要的是挑起屋场、盖起茅屋。村民挑屋场都是各家挑各家的，从田土里挖土，谁挑的屋场就是谁的。自己家劳力不够的，还要花钱请人帮助自己挑。由于安家湖地势比较低，

---

① 来自甘胜喜老人的访谈。
② 鲁西奇：《中国历史的空间结构》，广西师范大学出版社2014年版，第412页。
③ 杨懋春：《一个中国村庄：山东台头》，张雄、沈炜、秦美珠译，江苏人民出版社2001年版，第46页。
④ ［法］阿·德芒戎：《人文地理学问题》，葛以德译，商务印书馆1993年版，第148页。

村民就在田土靠近河堤的一侧，沿河堤挑起屋场，河堤地势高，挑土比较方便，也不容易被水淹到。在安家湖聚落，七户村民的屋场沿沧浪河堤分布，四户村民的屋场沿北河河堤分布，三户村民的屋场分布在连接沧浪河和北河的一段河堤上。除了村民的屋场外，地主安仲庭也沿沧浪河堤修有几间仓库，专门向插田户收租。

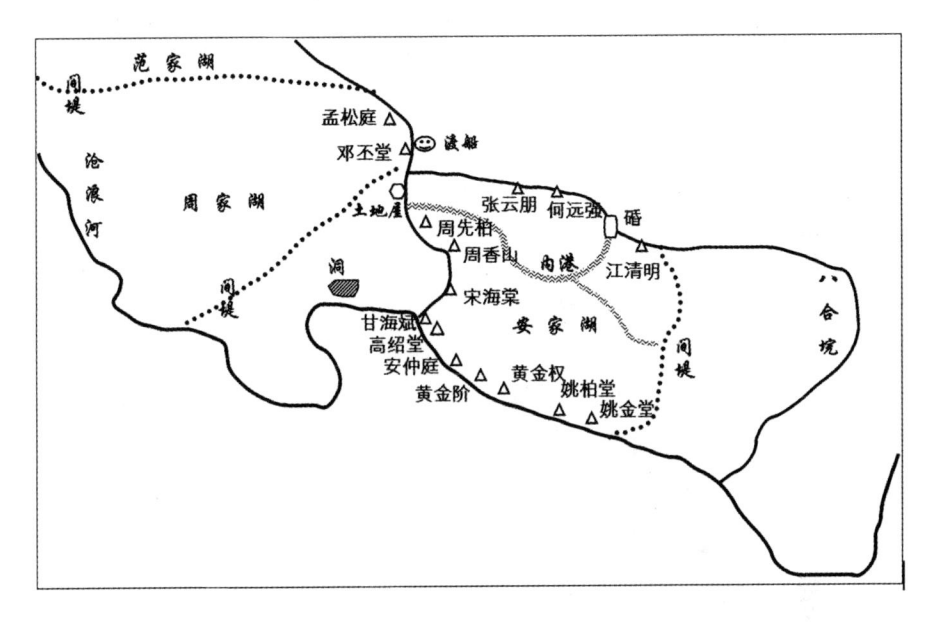

图 2—3　安家湖聚落的屋场分布情况

挑屋场的时候，为了减轻挑土的负担，往往几个弟兄挑一个屋场，屋场挑大一些，几个弟兄都可以在屋场上盖屋；或是几个兄弟一起挑屋场，屋场彼此相邻，但不相连。因此，同一个姓氏的几家往往是挨着居住的。这种情况在周家湖和范家湖十分明显，村民的屋场或大或小，散布在垸障之内。1949 年之前，安家湖有 15 个屋场，周家湖有 16 个屋场，范家湖有 8 个屋场（见图 2—3）。在周家湖聚落，李姓李担富两兄弟挨着住，李南岩单独在一块，王姓三兄弟挨着在垸障当中居住，宋姓三户是挨在一起住的，祁姓四户也是挨在一起住的。

由于范家湖的地势相对较高，村民大部分分散居住在障内，屋场前后就是农户自己耕种的田土，各个屋场之间都有一定的距离，是三个聚落中屋场总体最为分散的；只有游姓、刘姓、何姓、邓姓几户沿河堤居住，他们几户的田土在屋场的前面，北河在房屋后面。游家游月华三兄弟的屋场连在一起，李姓四户两个屋场连在一起，游东升两兄弟一个屋场。

在湖村，村民挑屋场时要遵循明确的规矩，屋场先挑起来的农户拥有先属权。1949年之前，村民的屋场面积普遍有一亩多，包括房屋、菜园、坪等，面积不小于一亩半。挑多大面积的屋场自己决定，没有人管，只要自己愿意就可以。当时只有开辟出来的水田和旱土属于地主，其他的荒废地方，都不归地主管制，村民可以任意挑屋场。村民的屋场、菜地都是自己的，是自己开的，彼此之间有边界。以前屋场都不会挨着很近，屋场地势不同，有的高，有的低；朝向也不同，有的朝南，有的朝北。屋场彼此不相邻，住得很分散，但是总体上相距不远，屋场之间的距离一般不会超过300米，步行很快就可以走到。但是也有距离很远的，比如安家湖聚落的江清明和孟亿成，两家屋场相距有1千米远。

村民在挑屋场时，需要尊重别人的屋场产权。在别人屋场旁边建一个屋场，需要经过人家的同意，否则是不能擅自建的，有些情况下还要向对方支付一定的费用；因为对方先住在那里，他对其屋场附近的田土有一定的决定权，无论附近田土是否属于他所有，后来者若想占用，必须同他说清楚、约定好。除非后来者家里有很大势力，否则是不能不经过先占者允许的。一般情况下，只有两家是亲戚或关系比较好的情况下，才会相邻挑屋场住在一起。张家先起了屋场，后面来的李家想在张家旁边起屋场，需要征得先起屋场的张家的同意，张家不同意的话，李家不能擅自挑屋场。地基是张家的，那就必须要问问张家才可以。两个屋场中间的空地，原先有主的，归原主所有；没有主的，谁挨得近谁有当然产权。同样，在张家屋场旁边起一个新屋场，只要不占到张家的土地，栽种的树木或新建房屋不荫到张家，可以不跟他协商。也就是说，在他人屋场边建房，不占用他人空间产权就与他人不相干。

在村落及聚落内部，村民依田居住，各个屋场彼此分立、互不相连，"单从农业观点来看，位于田地中央的孤立居住的形式，是一种很优越的居住方法，它给农民以自由，它使他靠近田地，它使他免除集体的拘束。孤立农庄形成一个更强有力的、不受别人限制的经济单元"[①]。受孤立的小块土地及居住方式的影响，湖村村民的个体性很强，注重各家各户的独立性，"居住形式的分散，标志着个人倾向战胜了社会倾向"[②]，村落没有形成强有力的支配力量。同时，这种居住方式也决定了整个聚落没有中心地带，更没有公共活动空间。湖村虽然有两个土地屋，但是村民只在祭拜土地菩萨时候才会过去。各个聚落以及整个村落没有公共娱乐与集会的地方，农户以自己屋场为活动场所，各项活动都在屋场里进行。此外，这种居住方式也使得三个聚落之间相距一定的距离，且各个聚落在一定程度上自成一体，因此不存在整个村落的中心地带，也没有哪个聚落成为村落的中心。

三　因"田"而分与村落空间

传统时期，土地之上的村落空间不是高度一体化的，有着内在的层次与结构。无论是湖村与其他村落之间，还是内部各聚落之间，存在着明确的区分，"堤障"以土地占有为基础形成自然边界。同时，对于稻作区域的小农社会而言，水田和旱土的区分也十分明显。

（一）边界之分

在湖村，滨湖平原的地形地貌决定了村落面貌，垸是村民的主要生存区域，田土分布垸中间。"堤"是田土的主要屏障和天然边

---

① ［法］阿·德芒戎：《人文地理学问题》，葛以德译，商务印书馆1993年版，第170—171页。

② 同上书，第178页。

界，也构成了村落之间以及聚落之间的边界。各个村落之间没有明确的边界，更没有界石、界碑之类的标识物。但是湖区河流、堤障纵横，各个村落都是依托地势形成的，田土的产权归属不同，将田土围起来的河流、堤障就自然成为村落与村落之间、聚落与聚落之间的边界。与传统时期大多数地区村庄因土地占有变动而造成界线不稳定的情况不同①，湖区基本不存在"村无定界"的情况。

就湖村与其他村落的边界看，正如图2—2所示，湖村大体在两条河流中间，在村落的北边，湖村与岭湖村隔河相望，湖村在河之南，岭湖村在河之北，北河就成为天然的边界，把两个村落隔开，往来需要有渡船才可通行。在村落的南边，沧浪河构成了天然边界，湖村隔河与毛家滩相对。在村落的西边和东边，主要以间堤为界，把湖村与其他村落隔开。

就村落内部看，湖村的三个聚落之间也没有界石、界碑之类的标识物，但是有约定俗称的边界，这是村民们都知道的、公认的边界。在湖村内部，主要以间堤为界，各个聚落之间都有间堤，当然间堤为界也不是绝对的，只是大体上的。聚落之间修起的间堤主要是拦截其他聚落排出的多余积水，保护本聚落的田土，间堤修成后自然就成了聚落之间的边界。范家湖和周家湖之间的间堤，本来是拦截范家湖的水，防止范家湖的水淹到周家湖的田，因为范家湖地势较高，水容易被排到周家湖来，这条间堤自然就成为两个聚落之间的边界。

"早先也有界的，堤就是界，没有别的界。老板挑起堤就是界，堤那边是你的田，这边是我的田，各是各的田，没有界不行，没有界那还不起麻纱（纠纷）。周家湖、范家湖、安家湖，都是以间堤为界。周家湖与范家湖原来也是以间堤为界，间堤那边是范家湖，这边是周家湖，间堤现在被毁了。范家湖地势高些，周家湖修间堤拦

---

① 从翰香编：《近代冀鲁豫乡村》，中国社会科学出版社1995年版，第106页。

截范家的水。"①

由于河流、间堤是固定不变的，因此不同村落之间及聚落之间的边界也是稳固的，轻易不会发生变动。即使发生了田土买卖，田土在哪里，依然属于哪个村落或聚落的，不会影响村落之间或聚落之间的边界。也就是说，即使发生在聚落边界的田土产权转移，也不会对村落空间产生太大影响。自从堤垸围起后，三个聚落之间没有因为边界产生过纠纷，湖村与其他村落之间也没有发生过边界纠纷。在湖村村民那里，村落边界内的田土属于本村落的，聚落边界内的田土属于本聚落的，尽管他们大多是佃户，并不拥有田土的产权。

"村庄边界有两种意义，一为地理方位，一为产权观念。乡间所存在的'村界'意识，则兼有这两种意义，即村民基于土地占有权归属而对本村落四至地理空间界限的认同，和村落成员对上述地理空间内耕地、山林、水域的监护权。"② 前者是村庄的地理边界，后者是村庄的产权边界，二者是直接统一的。地理边界是有形的，产权边界是无形的，边界的稳定性表明，在发生涉及边界以内各类资源的行为及纠纷时，村民存在强烈的产权意识。"村界意识首先表现的是人对物的占有，村庄的地理边界和产权边界统一在村庄居民的村界意识中，鲜明地体现了特定生态条件下人与自然密切的互动关系。"③ 故而，基于产权观念的边界之分构成深层次的制约因素，反过来影响产权的占有、使用、收益分配及其治理。

(二) 田、土之分

湖村的土地分为水田和旱土两种类别，以水田为主，旱土比较少。水田和旱土结合，构成了一个水旱作物相辅的生态和农业系统。水田是村民主要的农业生产用地，村民提到种田的时候，一般指的

---

① 来自王万宝老人的访谈。
② 张佩国：《地权分配·农家经济·村落社区：1900—1945年的山东农村》，齐鲁书社2000年版，第181—182页。
③ 张佩国：《近代江南乡村地权的历史人类学研究》，上海人民出版社2002年版，第95页。

就是水田耕种。1949年之前，湖村有水田1023.2①亩，占土地总面积（1287.4亩）的79.48%。水田的地势较好，便于灌溉和排水，适宜水稻的种植。各姓村民来到湖村后，无论是自己开荒，还是租种已经开辟出来的土地，都是为了得到水田。

旱土在村民那里是质量不好的土地，被用来作为水田的补充。村民一般都是在耕种水田的同时兼种部分旱土，耕种尤其是单一租种旱土的比较少。1949年之前，湖村有旱土264.2亩，占土地总面积的20.52%。不过，在村民看来，旱土比例没有这么高，因为他们谈到土地时往往把旱土忽略。在湖村，旱土也是村民开垦出来的，地势比较高的荒土，无法辟为水田，就改造为旱土。水田主要在聚落的中间，而旱土一般在水田周围及屋场附近，面积普遍不大，且不规整。旱土分布比较零散，堤坝等的"荒地"往往也被村民开垦为旱土。

"就基本生产方式而言，稻作农业需要有明确的田块和田埂，还必须有排灌设施。"② 在湖村，村民开垦的水田都是一坵一坵的，一块田就称为"一坵田"，以"坵"作为计量水田的单位。"对土地的耕耘，必然会导致土地的被分割。"③ 受湖区地形以及河流、港、洞等的影响，田被分割为不同的"坵"，每坵田的面积大小不一。根据1951年汉寿县土地坵亩农产产量统计，湖村共有田土549坵，合计面积1278.4亩，平均每坵为2.33亩。就三个聚落而言，安家湖的田块规模居中。最大的一坵田12.4亩，最小的一坵田也有1亩多。安家湖有几户插田户，如宋海棠、高绍堂、江清明等，他们耕种的几块田面积比较大。其中，"江家大田"（10亩）、"高家大田"

---

① 关于水田和旱土的面积，受访的老年人都有讲述，但是不太准确，可能与实际情况有出入。为更好地反映1949年之前湖村的人地关系，本部分将1949年后的官方统计数据与访谈数据结合起来分析。

② 鲁西奇：《中国历史的空间结构》，广西师范大学出版社2014年版，第78页。

③ ［法］卢梭：《论人与人之间不平等的起因和基础》，李平沤译，商务印书馆2015年版，第98页。

(11.4亩)、"宋家大田"（12.8亩）。比如，江清明除耕种10亩的大田，还有一块6.4亩的小田，他总共耕种16.4亩田，都是租老板的。周家湖的田块相对较小，最大的一坵田有5亩，最小的一坵田只有几分。范家湖地势最好，田土比较完整，田块比较大，最大的一坵田有18亩，最小的一坵田有7亩。

在湖村，田块有两种命名方式（见表2—6）。一种是根据田块形状命名。根据田块的形状，什么形状的田，就称作"某某田"。比如，某一田块是"弯把"形状的，就叫"弯把田"；某一田块是"尖"形的，就叫"尖田"；某一田块是"三角"形的，就叫"三角田"。类似的，还有源坵、石坵、巴斗坵、团坵、米坵等等。另一种是根据田块耕种者的姓氏命名，比如宋家大田、高家大田、江家大田、游家大田。

表2—6　　　　　　　传统时期湖村水田田块命名方式

命名方式	具体举例
根据田块耕种者命名	宋家大田、高家大田、江家大田、游家大田
根据田块形状命名	弯把田、尖田、三角田、巴斗田

注：表格内容来源于田野调查。

从产权角度看，根据田块耕种者命名的方式也包括两种情况，一种是田归属某姓农户所有，比如游家大田，就是游家的田，这与占有关系是一致的；另一种是田由某姓农户租种，但田并不属于该姓农户所有，比如宋家大田、江家大田等。在以耕种者姓氏命名的情况下，当前由某某农户耕种，就叫某某的田，比如江家正在租种，就叫"江家大田"；若租种农户发生变更，名称就要改变。比如江家不再租种"江家大田"，而由周姓租种，"江家大田"就要改名为"周家大田"。不问产权占有者姓氏、但以产权使用者姓氏命名田块的方式，无形中进一步强化了佃户的产权分享意识。

第四节 小结

村落是人类生产发展的最初形态。人类最初的社会生活、政治生活就是在村落这个空间中产生和发展起来的。[1] 村落提供了经济关系和社会关系产生与拓展的空间。对于产权权利结构与权威结构及治理方式的研究必须以了解村落由来以及认识村落社会作为起点。

村落是特定自然环境的产物。湖村地处湖汊纵横的洞庭湖区，人们想要在此生存，只能与"水"争田。获取土地因而成为人们生存繁衍并形成村落的首要条件。湖区的环境决定了土地产权的获得分为两个步骤，地主围垸，圈占洲土；佃户开荒，获得田土。土地产权的创设方式决定了土地产权的属性，进而决定了土地产权的权利结构及立于其上的村落社会。学者们在研究产权与治理的关系时，对产权占有结构与治理方式的关注较多，但是对产权属性的关注不够。实际上，产权属性是基础性的决定因素，它不仅决定着产权的权利结构，而且影响着社会关系的特质。由产权关系生成的社会关系，截然不同于因血缘关系或地缘关系生成的社会关系。

"在一个共同体里盛行的产权系统，实则是一系列经济和社会的关系，这些关系定义着每个个体在对稀缺资源的使用中被认可的地位。"[2] 地主和佃户合作开辟了田土，根据国家法律的产权界定，田土归属地主所有；但是传统乡村场域中具有乡土性的公平原则，形成了一套各方认可的、非正式的产权界定方式，也即"地方性知识"

---

[1] 林尚立：《国家的责任：现代化过程中的乡村建设》，《中共浙江省委党校学报》2009年第6期。

[2] Carl J. Dahlman, *The Open Field System and Beyong: A Property Rights Analysis of An Economic Institution*, Cambridge: Cambridge University Press, 1980, p. 70. 转引自申静、王汉生《集体产权在中国乡村生活中的实践逻辑——社会学视角下的产权建构过程》,《社会学研究》2005年第1期。

或"隐藏文本"。"产权的安排，实则是在关于经济品权利的划分过程中，当事行为者基于一个共同体内所必须遵守的行为规范来互动并最终达成共识的过程。"① 基于乡村场域中的产权界定逻辑，租佃双方合作创设了产权，地主所有的田土是一种合作性产权。合作性产权不具有完整性和独立性，佃户得以分享产权的部分权利，类似于黄宗智所说的"具有强烈业主意识的长期佃户"②。

"围垸垦荒"形成的村落，塑造了一种相对不同的产权关系。产权构成村落社会关系的起点，人口为了获得使用权而迁入，产权边界也奠定了聚落的边界。以产权关系为基础的村落，存在着松散的、个体化的社会关系。这样的村落是一种利缘关系社会，村民之间通过产权关系建立初步联系，进而拓展和延伸各自的社会联系。村民之间没有血缘关系，地缘关系也不紧密，独立的个体家户构成了村落的主体，这种个体性又因分散的聚落形态和无中心的村落空间进一步强化。正是在这种村落背景下，形成了与众不同的产权与治理形态。

---

① 申静、王汉生：《集体产权在中国乡村生活中的实践逻辑——社会学视角下的产权建构过程》，《社会学研究》2005年第1期。
② [美] 黄宗智：《华北的小农经济与社会变迁》，法律出版社2013年版，第173页。

第 三 章

基于产权占有的"绅士父老"权威及其治理

土地不仅作为基本的生存空间为农业人口提供居住之地,而且作为基本的生产资料为人们提供生存之源。马克思曾深刻指出:"土地是一个大实验场,是一个武库,既提供劳动资料,又提供劳动材料,还提供共同体居住的地方,即共同体的基础。"① 在现实中,土地产权体现为占有、使用、收益分配等多重产权权利的复合,且并非是始终合一的。"土地占有权、使用权等权能与土地终极所有权分离,形成土地所有者、占有者、使用者等经济利益根本独立的多元产权主体格局。……各产权主体之间通过某种具体的形式联系起来。"②

产权占有指产权的占有、控制和支配。就本书而言,土地产权的占有即是土地的实际拥有,土地的占有者就是土地的所有者。"土地的占有通常被看做习惯上和法律上的承认的土地所有权。"③ 在湖村,土地的主要占有者是不在村地主。"土地占有是地权分配的中心环节,土地的使用权、管理权、收益权是由占有权所派生的,但地权分配是一个完整的权利体系,占有权的变动也会受其他三

---

① 《马克思恩格斯选集》第二卷,人民出版社 2012 年版,第 726 页。
② 洪名勇:《论马克思的土地产权理论》,《经济学家》1998 年第 1 期。
③ 费孝通:《江村经济》,上海人民出版社 2007 年版,第 139 页。

权的制约。"① 本章将详细介绍湖村的土地占有状况、占有变动以及围绕占有的合作与纠纷，分析不均衡地权带来的财富、地位和权力分化，揭示占有分化形成的村落秩序，并探讨这种秩序结构中的绅士父老权威及其治理活动。

第一节　产权占有的分化与村落秩序

村落社会不是一个划一的整体，必然会产生各种形式的分化。导致村落社会分化的原因很多，其中因产权占有而产生的分化是最基本和决定性的分化形式。"土地的占有状况是对古代乡村进行社会分层的最基本的标准。"② 在湖村，土地占有的差异，产生了财富、地位和权力的分化，构成了村落的基础秩序。由于对土地的主导性占有，绅士父老获得村落社会中的权威地位。以绅士父老为首的等级性权力网络，维系着村落社会的有序运行。

一　土地的集中占有与财富分化

人和土地是中国农村家庭的两大支柱。③ 湖村的土地是通过"与水争田"获得的，土地资源极为有限。随着人口的迁入与繁衍，人地关系日趋紧张。土地占有状况是地权分配的核心。大量土地集中在地主手里，大多数村民没有土地，只能靠租田为生。土地占有的分化使得村落出现财富分层；同时，在产权关系的调节下，湖村村落作为利缘关系社会，得以维持其整体性。

---

① 张佩国：《地权分配·农家经济·村落社区：1900—1945 年的山东农村》，齐鲁书社 2000 年版，第 57 页。
② 徐勇：《非均衡的中国政治——城市与乡村比较》，中国广播电视出版社 1992 年版，第 56 页。
③ 杨懋春：《一个中国村庄：山东台头》，张雄、沈炜、秦美珠译，江苏人民出版社 2001 年版，第 46 页。

具体来看,湖村农户之间的土地占有差异巨大。湖村的大多数农户,尤其是安家湖和周家湖两个聚落的绝大多数农户,都是租地主的田土。1949年之前,湖村三个大的地主,安仲庭、周献章和王运前,合起来占有湖村一大半的田土。安仲庭的田土在安家湖聚落,有200亩左右;周献章和王运前的田土在周家湖聚落,周献章有200亩田土,王运前在湖村的田土少,有90亩左右,他没有参与垸田的围垦,他的田土是从周献章那里买来的。

除了三个地主占有的大量土地外,还有一小部分土地被极少数的自耕农户占有。正如前面提到的,这些自耕农户主要分布在范家湖聚落。范家湖的地势较高,迁入的农户自己挑土筑堤,开垦出来的土地也由他们占有。除了三个地主外,这些拥有土地的农户之间的土地占有情况差异也较大。范家湖聚落游丛洋的土地最多,有80亩田,他的哥哥游月华,有42亩田;安家湖聚落的孟亿成有45亩土地,数量也比较多;王茂林有17亩土地,是周家湖土地最多的。除了这些农户外,其他农户的土地更少,平均不过几亩土地。比如邓丕堂家几代人辛勤劳作,直到1947年,才以8担谷从地主手里购买到8亩田。

阿·德芒戎指出:"人们甚至可以说,(土地)这个基础越广阔越富庶,它和它的居民的关系越深。人口的密度越大,土地的开发越集约,联系就越密切。"[①] 在封闭性的村落社区中,人们一切行为都要在特定的人地关系下展开,产生人地关系影响下的观念,并形成与人地关系相适应的社会结构。而在土地极为有限的情况下,"从经济上讲土地比劳力更有价值,换言之,强劲的体力多于良田"[②]。在以农业作为生产活动中心的时期,土地占有的差异,首先带来的是财富上的分化、分层,进而影响村落的社会关系和治理结构。

---

① [法] 阿·德芒戎:《人文地理学问题》,葛以德译,商务印书馆1993年版,第10页。

② [美] 费正清:《美国与中国》,张理京译,世界知识出版社1999年版,第13页。

财富的分化主要是在地主和插田户之间。湖村村民经常讲"苦死千家,富裕一户",大部分村民极端贫困,只有地主十分富裕。1949 年之前,一半以上的湖村村民靠耕种地主的租田为生,一亩田要交一担或者一担半的租谷,这意味着收成的大部分被地主拿走,插田户却得不到多少粮食。这样地主越来越富,插田户只能一直处于贫穷的境地。同时,"农村家庭的兴盛主要是通过购买土地实现的,衰落也是由被迫出卖土地的突发事件引起的"①。个别插田户虽然省吃俭用置下一些田土,但是由于没有农具、耕牛,或是家中缺少劳力,无法耕种,只好把田土重新卖给地主,再从地主那里租田耕种。地主与插田户的财富分化,使得土地呈现向地主集中的趋势,地主就越来越富裕,而插田户只能越来越穷。

"因为那时候种田成本高,如果自己屋里本来有田的因为没有农具或是因为没有劳动力,就得把田卖出去啊。姓邓的、姓江的,其实早先一阵也有过田的,到后来又没得了。再者如果要买进来一亩田要几十旦谷,也很贵,都买不起,所以也就没有田,所以那时候就是老板田越来越多,租谷也就多,还有点就是像现在放高利贷一样,最后就导致了穷人越来越穷,富人越来越富。"②

为了弥补家庭收入,大部分湖村村民会选择做工,做工的收入同样很低,大多数情况下仅够做工者本人糊口。据民国实业部调查,民国23 年(1934 年),每个男工日工资0.15 元,月工资4 元,年工资40 元。按民国22 年(1933 年)每石稻谷价2.2 元计算,男工日工资可买稻谷4.09 公斤,月工资可买109 公斤,年工资可买1090 公斤。③ 表3—1 是民国24 年(1935 年)汉寿县田土价格与雇农的工资表,可以看出,一个男性年工一年的全部收入才等同于2 亩上等

---

① 杨懋春:《一个中国村庄:山东台头》,张雄、沈炜、秦美珠译,江苏人民出版社2001 年版,第129 页。

② 来自宋九林老人的访谈。

③ 汉寿县计划生育委员会编:《汉寿县人口志》,汉寿县美术印刷厂,1991 年,第191 页。

水田的价格，拥有田土与没有田土的差距之大可想而知。插田户终年辛劳，老板不劳而获，生活可谓天壤之别。村民们抱怨说，"老板在屋里打牌，我们天天忙不赢"。

表3—1　　民国23年（1934年）汉寿县田土价格及雇农工资表　（单位：元）

	田土类别	上等	中等	下等		工种类别	男工	女工
汉寿县	水田	20	14	12	汉寿县	日工	0.15	—
	旱田	15	13	11		月工	4.00	2.00
	山地	3	2	1		年工	40.00	—
洞庭湖区11县平均	水田	34.09	24.82	19	湖南全省平均	日工	0.204	0.123
	旱田	25.27	18	14.27		月工	5.648	3.11
	山地	17.78	12.44	9.44		年工	48.48	27.25

注：资料来源《汉寿县人口志》转引民国24年《中国实业志·湖南分册》；民国政府实业部国际贸易局1935年编《湖南实业志》。

此外，插田户与自耕农的财富状况也有差异。一方面，插田户与半自耕农户的财富有差异，他们都是佃户，都要依靠地主的土地生存，半自耕农户由于有一些属于自己的田土，生活相对要好一些，但是也属于贫穷的行列。另一方面，湖村的自耕农都有少量土地，虽然田土不多，但是收获全归自己。因此，生活相对插田户好一些。按照食物消费情况，可以把湖村人分为三等，第一等是"吃饭的"，就是以大米为主要食粮，这是家庭条件比较好的；第二等是"吃豌豆咸菜饭的"，家庭条件一般，食粮是大米和豌豆等粗粮结合；第三等是"吃粥的"，没有足够的粮食，靠吃稀饭来度日。比如游家三兄弟、孟松庭等农户，生活水平属于第一等，他们各自有几十亩的田土，家里粮食充足，不仅能满足一家人的生活，还有一小部分余粮卖出，换取现金，并且有一定的积累，用于子女读书、置田、建瓦屋等。

基于土地占有差异的财富分化是湖村最为显著的分化，这种分化影响到村落的社会关系，决定了村落基本的秩序结构。首先，就租佃关系而言，财富的分化造成了租佃双方的对立，租佃双方围绕土地的占有、使用和收益分配等结成的产权关系，成为村落治理的基础和主要内容。从占有角度讲，地主对于插田户具有很大的优势，在基于土地的联结中处于主导地位；而插田户对地主具有矛盾的心理，他们一方面依靠地主生存，分享其土地权利；另一方面又对地主充满怨恨，这种微妙的想法和行动，影响了土地的使用和收益分配。

湖村村民将地主称作"老板"，三个老板都不在湖村居住，平时基本不到村里来，不具备湖村的村民资格，村民也从来不把他们视作本村人。他们与村民没有血缘的关系与地缘的联结，只是由于产权关系而与村民、村落联系在一起。他们与村民之间仅有利益关联，不存在深层次的互动关系。不过，与一般情况有所不同的是，湖村的堤垸由不在村地主挽起，面对经常性的洪水威胁，挑堤护垸、维护田土需要他们与佃户等合作完成，因此他们又无法与湖村割断联系，甚至还受到佃户及村落的一定制约。因此，不在村地主会在一定范围内参与村落公共事务，保持不太强烈的村落认同，但是不参与村落的权力运作。

其次，就村落内部而言，财富的分化也造成了联结的松散，村落乃至聚落内部的整体性不强。由于血缘和家族纽带缺失，基于土地占有形成的社会分层没有为血缘关系所润饰，分化更为明显。在没有强有力利益整合的情况下，湖村只能维持基本的村落秩序。但是，财富升降使家庭始终处于兴衰的过程中，所有的家庭都可能因分家或突发事件造成财富下降。因此，没有哪个家庭会认为自己远胜于其他家庭，财富分化不会严重威胁村落的团结。

二 差别化地位

"人与人相互交往而产生一定的社会关系网络和社会组织，进而发展成为具有一定规则和秩序的社会形态。"[①] "社会是由多重交叠

---

① 杨国安：《明清两湖地区乡村社会史论》，商务印书馆2016年版，第14页。

和交错的社会空间的权力网络构成的。"① 村落社会亦是如此。在村落社会中，地位是指特定主体在关系网络中所处的位置。这里的位置不是虚幻的，也不是抽象的，而是实在的、具体的。在村落社会网络中处于什么样的位置，就意味着拥有什么样的地位。并且，在传统时期，村落社会中的基本单元是家庭。村民的地位往往不取决于个人在村落中的位置，而是由其家庭的地位决定的。决定一个家庭地位的因素有很多，比如所在家族的实力、家庭与外部的联系、家庭与权力的关系等，在不同的村落中各有差异。在以插田户为主的湖村村落，决定村民地位的主要因素是土地占有状况。"土地总是独具声望和影响力，不能以纯粹的经济观点解释。"②

"在古代中国，土地是最主要和最稳定的财产。任何人要居以特殊或稳固的经济地位，都必须拥有土地"③。杨懋春也认为，"在村庄中，家庭地位很大程度上取决于其拥有的土地的多寡，土地数量表明了家庭对其过去和未来的责任的关心程度，以及他们奉行这些责任的虔诚程度。拥有土地也给了农民家庭独立人格、精神鼓舞和自由的感觉"④。基于土地占有的差异，传统社会形成了阶梯式的分层体系。就乡村社会而言，"古代乡村中的佃农、自耕农、中小地主、大地主这两大阶级和四个基本阶层表现为金字塔型的社会分层体系。大地主人数最少，经济地位最高；中小地主的人数和经济地位居于大地主和农民之间；包括佃农和自耕农在内的农民占乡村人口的70%以上，经济

---

① ［英］迈克尔·曼：《社会权力的来源》第一卷，刘北成、李少军译，上海人民出版社2015年版，第19页。

② ［英］谢林：《乡民经济的本质与逻辑》，载［英］沃尔夫：《乡民社会》，张恭启译，台北：巨流图书公司1983年版，第179页。

③ 徐勇：《非均衡的中国政治——城市与乡村比较》，中国广播电视出版社1992年版，第136页。

④ 杨懋春：《一个中国村庄：山东台头》，张雄、沈炜、秦美珠译，江苏人民出版社2001年版，第46页。

地位则最为低下"①。湖村的地位分层虽然没有这么复杂，但是也大体类似，村民间形成了差别化的地位关系。

土地是村落社会地位的基础，这种地位观影响了村民的认识和行为。传统时期，在湖村村民看来，只有拥有田土才能获得社会地位，因此他们朝思暮想的就是如何获得田土。在他们看来，拥有田土收取租谷才是稳定的收入来源，做生意是不可靠的。于是经常说，"真财主，假客人"，财主有田土，田土是实在的财富和现实的社会地位；而做生意的钱财不是自己的，靠别人的钱发财有风险，是虚的，因此也是没有地位的。村民都把那些占有大量田土的富户看作真正有地位的人。同样，村民自己也都愿意多置田土，无论是种田、做工还是做其他事情积累了财富，都想着把钱和粮食买成田土，以提高家庭的社会地位。

在特定的关系中，地位体现为关系主体的相对性位置。由于占有土地，地主在租佃关系中处于有利位置，居于主导地位。1949年之前，湖村的插田户要将一半以上的收成交给地主，有些年份收成不好，交了地主的租谷就没剩下多少粮食。因此，相比于地主以及自耕农户，插田户的日子过得普遍较为艰难，经济水平普遍较低。而且，插地主的租田还要看地主的脸色，受到他们很多的制约。同时，托付人因为与土地占有者地主之间的特殊关系，而在租佃中发挥特殊角色，虽然托付人也是插田户，但是相较一般插田户，在与地主交往中处于有利地位。由于没有经济实力的支撑，湖村的插田户地位较低，大多处于村落的底层。在湖村，很少有农户靠插田、做小工发起家来的，插田、做小工仅够维持一家生存之需。从湖村100多年的历史来看，除了游家通过先占拥有土地，然后再通过积累成为富户外，基本没有家庭能够上升到地位较高的阶层，而插田户更是极少能够靠积累田土而提升地位的。

---

① 徐勇：《非均衡的中国政治——城市与乡村比较》，中国广播电视出版社1992年版，第61页。

当年周家湖聚落王姓在老家毛家滩就是靠插地主的租田为生，地主本来说好了把田租给王家，但是擅自又租给别人，王姓先祖就找地主理论，结果被那个地主打了一耳光。在老家那里没有田种，王姓先祖就带着三个儿子迁到周家湖开荒，发誓一定要有自己的田土。受此事的影响，为了不再被人看不起，全家人一天到晚拼命种田、做工，家里大米舍不得吃，一年到头都是吃豌豆、荞麦等粗粮，用省下来的粮食从地主那里买了几亩水田。

"我们这里的富户都是劳动起来的。富户都是自己有田，那时候都是种田才发家的。我们这里的富户又不像别人那里，本身我们都是从外面搬过来的，都没有什么钱。有一些田的就好些，有自己的田，打了粮食都是自己的，说话也硬气。没有田的地位就低些。"①

尽管湖村的户数不多，但是地位的差别依然十分明显。就湖村的地位层级而言，处于村落社会地位上层的是拥有部分田土的自耕农户，主要是游月华、游月卢、游丛洋三兄弟，他们三家相对富裕，而且游月华、游丛洋两兄弟为人和善，因此在村落中地位很高，受到村民们的尊敬。尤其游家老三游丛洋，经常救济村落中的困难村民，获得村民们的普遍赞誉。他从不参与村落的公共事务，但是只要他家里有事，村落中的绝大多数村民都会前往帮忙。曾经有好多次，土匪闯入游丛洋家里抢东西，村民们知道后纷纷拿起家什赶去帮忙，一起把土匪赶走。而游月华地位更高，在日常情况下，村民在路上远远地望见他，都会主动同他打招呼。游月华不爱说话，即使年龄比他大的，也是先跟他打招呼。别人跟他打了招呼，他也会给别人回礼。村民请他帮忙办事，还会安排吃酒，请他坐上席，其地位可见一斑。

处于村落社会地位中间的是拥有少量土地的自耕农户以及个别插田户，比如宋海棠、甘海斌等农户，他们租种的田土较多，本人能力强，因而在村落中也有一定的地位，能够参与村落的一些公共

---

① 来自李菊山老人的访谈。

事务。插田户在村落的地位最低，大多数插田户属于村落的底层，他们生活困难，在村落中没有什么影响力。不过，一般的自耕农户之前也都是靠租田为生，他们和插田户的差别不是特别明显，因此地位也相差无几。正如罗兹曼指出的："租佃制连同小地主所有制形成了一种没有鲜明等级差别的乡村环境。大量半自耕地主和半租佃农民的存在，使中国农村的阶级界限模糊起来。"①

此外，地位的分化也体现在社会交往上。1949 年之前，一般的湖村村民同村落中为数不多的几户地位较高的村民来往不多。处于上层地位的村民是家里几代人积累的财富，因此与一般的村民不存在通婚，也很少有人情往来。他们在村里的亲戚一般也是富户，比如游月华的女儿就嫁给本村家庭也不错的李家。在日常生活中，除了是亲戚或"边近"关系，一般村民跟他们没有太多的往来。这些村民家里有红白喜事，同他们关系好的人才会参加，而一般村民很少参加；而一般村民家里有红白喜事，通常也不会请地位高的村民，他们也不会主动参加。湖村的富裕村民地位高些，他们跟自己地位相当的人往来比较多，跟贫困村民不怎么来往。游月华在湖村的地位高，本人从不做农活，一年到头基本上都在打牌。他主要是到沧港打牌，而不跟村里的一般人打牌，因为在沧港打牌的都是附近有头有脸的人。

三 "绅士父老"为首的等级性权力

从一般意义上讲，权力体现为一种影响力和支配力②。权力是一种悠久的社会现象。迈克尔·曼认为，人类的早期社会是不存在权力的，权力是农业社会的产物，"然后——似乎是在全世界——发生了一系列向农业、动物养殖和永久性村落的过渡，这使得人类大大

---

① ［美］罗兹曼主编：《中国的现代化》，国家社会科学基金"比较现代化"课题组译，江苏人民出版社 2003 年版，第 135 页。

② 徐勇：《"关系权"：关系与权力的双重视角——源于实证调查的政治社会学分析》，《探索与争鸣》2017 年第 7 期。

靠近了权力关系。稳定的、有边界的、大概是'复杂的'社会发展了，具体体现为劳动分工、社会的不平等和政治的中心性"。权力产生之后，就存在权力的分配问题，权力的属性决定了它不可能无差别地在社会成员中分配。"一旦人们结合在同一个社会里之后，人与人之间就不可避免地会出现威望和权力的不平等。"① 权力及其体现形式是等级性的。权力分布的不均衡，既是社会分层的原因，也是社会分层的体现。"社会的分层乃是权力在社会中全面的发生和分布。"②

"无论如何，财产也是一种权力。例如，经济学家就把资本称为'支配他人劳动的权力'。可见，在我们面前有两种权力：一种是财产权力，也就是所有者的权力，另一种是政治权力，即国家的权力。"③ 按照马克思主义的观点，生产资料对于权力具有首要和根本的意义。因此，湖村的权力体系呈现"土地政治"的显著特征，"土地就是权力，而权力就是土地和地主所拥有的地位"④。土地是村落权力生成最重要的因素，土地占有带来经济权力。地主占有作为生产资料的土地，插田户只有向地主租田，实现人与土地的结合，才能获得生存和发展的机会，地主因而就拥有影响和支配插田户的权力。

湖村地主围绕土地占有的经济权力体现在两个方面，即对土地的支配力和对插田户的支配力。地主在租佃关系中居于主导地位，其经济权力构成了对插田户的影响力和支配力，插田户在很大程度上依赖地主。不过，由于地主不在村，他们无法在村落中拥有其他

---

① ［法］卢梭：《论人与人之间不平等的起因和基础》，李平沤译，商务印书馆2015年版，第117页。
② ［英］迈克尔·曼：《社会权力的来源》第一卷，刘北成、李少军译，上海人民出版社2015年版，第19页。
③ 《马克思恩格斯全集》第4卷，人民出版社1958年版，第330页。
④ ［英］谢林：《乡民经济的本质与逻辑》，载［英］沃尔夫《乡民社会》，张恭启译，台北：巨流图书公司1983年版，第179页。

权力。同时，权力从社会关系中产生，在社会关系中运行，并受到社会关系的制约。"任何权力都有其特定的'关系领域'，并依照关系特性运行，由此会造成不同关系领域的权力相关方的互动。"[①] 地主的权力存在于经济关系之中，无法溢出经济领域，地主不能任意扩大其经济权力，无法在其他关系领域中拥有支配力，也会受到其他关系领域中权力的限制。

但是，"经济权力一般是散漫的，是不可能从一个中心进行控制的"[②]。除了地主占有大量土地外，部分自耕农也拥有一定数量的土地，因此获得了一些经济权力。游月华家的土地较多，在村落中有地位，得以分享村落的经济权力。湖村村民都是芜杂百姓，没有家族势力，自然也就没有家族宗法权力。民国时期湖村村落是一个甲，只有一名甲长，湖村人没有担任过保长，保长都是其他村落的人，平时基本上不到湖村来，不管村落的具体事务，也不与村民有太多的往来。而甲长主要负责上级下派的行政事务，对村落中的经济社会事务参与不多。于是，在土地占有上居于主导地位的绅士父老，在村落权力体系中就居于比较特殊的位置。因此，湖村村民用能否"讲的起话"作为衡量权力地位的标准。只有那些家里有较多田土的村民，在村落里才有一定地位，才能讲得起话，讲话也才有人听；而大部分村民，不仅生活普遍困难，而且社会地位低下，无法分享村落权力。在村落中没有话语权，更谈不上影响力。"讲得起话的人"与"讲不起话的人"构成了湖村的权力分层。

在湖村，"绅士父老"是村落治理的重要主体。绅士父老是村民对村落中比较富裕、有威望的人的称呼。与通常意义上的绅士不同，绅士父老是一种相对意义上的术语，是由人们在社会生活的特定情

---

① 徐勇：《"关系权"：关系与权力的双重视角——源于实证调查的政治社会学分析》，《探索与争鸣》2017年第7期。

② ［英］迈克尔·曼：《社会权力的来源》第一卷，刘北成、李少军译，上海人民出版社2015年版，第31页。

境下的社会结构中的关系来界定的①。核心的界定关系是产权占有。绅士父老要具备几个方面的条件,首先是有田土,这是首要条件,本人家庭相对富裕;其次是有文化,读过书,具有文化水平;再次是有能力,讲话有水平,能处理问题;此外还要有威望,不怕得罪人,办事公道。由此可见,绅士父老的权力是经济权力和其他权力的混合,学问、声望等加上土地,使得绅士父老获得独特地位。游月华是湖村唯一的绅士父老,他在湖村的地位很高,为人和善,村民们都乐于同他交往,对他比较尊重。游月华本人读过多年的书,曾在长沙读过大学,学问很好,被称为汉寿县十二大先生之一。他本人从不干活,只是去沧港打牌或是在私塾教书。他本人很有水平,办事公道,在地方上很有影响力。

"我的爷爷过去读了几本书,读了书就可以教书,地方上的大屋小事,管了一些'闲事',吵架的,闹纠纷的,甲长搞不出来的,都要接他去。为什么他阶级(成分)划得好,原来的穷人家过不去年的,他就去甲长那里商量了以后,每个甲(从富户那里)收取担把米,让最穷的人过年的时候还有担把米。"②

"经济权力是最嵌入日常生活的,也施加着循序渐进而旷日持久的因果压力。"③ 权力在运行中体现,经济权力更是如此。游月华的权威身份,体现在对土地占有事务以及部分社会事务的参与上。村落的事务,无论是推选保长、甲长,还是土地占有变动,一般村民都没有说话的权力,只有绅士父老、甲长才能说得上话。一些保长、甲长解决不了的事情,都要请他出面。村民家里有婚丧大事,一般都会请游月华参加。尤其是家里娶媳妇,都要想办法请到游月华来参加。谁能把游月华请到家里来,脸上很有面子。村民遇到麻烦事,

---

① [英]E. E. 埃文思-普里查德:《努尔人——对一个尼罗特人群生活方式和政治制度的描述》,褚建芳译,商务印书馆2014年版,第266页。
② 来自游先云老人的访谈。
③ [英]迈克尔·曼:《社会权力的来源》第一卷,刘北成、李少军译,上海人民出版社2015年版,第19页。

或是有田土纠纷等，都要请游月华出面，请他来解决。同样，村民被错误地抓壮丁或抓为土匪，村民自己解决不了，也要请游月华出面同乡长、保长交涉。村民因土地产生矛盾纠纷等，来请他的话，他就会过去。他讲话公道，村民都愿意请他，也愿意听他的调解和安排。

第二节　村落关系约束下的占有变动及治理

列斐伏尔认为："空间里弥漫着社会关系，它不仅被社会关系所支持，也生产社会关系和被社会关系所生产。"[1] 在村落空间中，基于产权占有形成了特定的村落秩序结构和权力网络，反过来也成为产权占有变动的影响因素。"在任何社会，产权体系都是经济和社会互动的基础。产权植根于习俗。"[2] 事实上，诸如婚姻、借贷、租佃及田房交易一类的事，总是在乡土社会既有的"关系"网络中发生。[3] 在湖村，产权占有时常发生变动，并因村落关系的约束而呈现不同的特征。在国家权力不直接介入的情况下，产权占有的变动通过一整套完整的村落社会机制实现。在由产权关系生成的村落中，经济空间与社会空间的同一性，使得占有变动成为村落治理的重要内容，绅士父老依托其权威，发挥治理主体的作用。

一　先买权中的均衡与强制

"理解农村土地占有权变动，首先需要从乡土社会的习惯法意义上去做法律社会学的阐释。在村落社会的土地占有权变动过程中，

---

[1] 参见袁同凯、房静静《土地的社会空间隐喻》，《河北学刊》2016年第4期。

[2] ［德］埃克哈特·施里特：《习俗与经济》，秦海、杨煜东、张晓译，长春出版社2005年版，第119页。

[3] 梁治平：《清代习惯法》，广西师范大学出版社2015年版，第162页。

有着乡民共同遵循的民间惯行。"[1] 受合作性的产权属性及村落关系的制约，在湖村田土买卖中，"先买权"是不对称的。就本质而言，先买权不是自然生成的，也不是市场调节的产物，而是一种权利建构。因此，先买权不仅体现为权利和利益关系，更是村落权力关系均衡与强制下的结果，是一种特殊的权力实践。在这种权力实践中，发挥调节作用的是产权相关方共同认可的规则，约束各方行为。

产权的横向变动包括两种情况，一种是田土产权在地主与地主之间变动，另一种是田土产权在地主与插田户之间变动。地主与地主之间的田土买卖，在湖村发生过几次。就安家湖聚落的田土而言，最早属于王姓地主，之后卖给了周姓地主，再后来又卖给了安姓地主。就周家湖聚落的田土而言，最早属于周姓地主，后来卖给了王运前一部分。发生在地主之间的几次买卖数量比较大，地主自己可以单独作出买卖决定，不需要征求插田户的意见，只是在写契后，告知相关插田户。周家湖周姓地主卖给王运前的90亩土地，涉及5户插田户。这90亩水田位于周家湖与安家湖的相邻之处，在空间上自成一体，且没有插田户能够买得起。于是，周姓地主通知5户插田户之后，把土地卖给了王运前。这几次产权占有变动，置田者都是外面的大户，买卖发生前与湖村没有多少联系。由于田土买卖的规模较大，对插田户没有特别的影响，插田户只不过是更换了交租的对象，因此他们没有介入买卖中。

在湖村，除了大规模的田土买卖，地主很少主动卖出小规模的田土。一般情况下，插田户在获知地主愿意卖田的情况下，直接向地主提出，或是通过"托付人"向地主提出，购买一些土地。在地主小规模卖出田土时，湖村村民有先买权。首先是正在耕种的插田户可以优先购买。第二章提到，湖村村民最多只繁衍了3代，村里的插田户大多参与了开荒辟田，他们所耕种的田土，基本上是自己

---

[1] 张佩国：《地权分配·农家经济·村落社区：1900—1945年的山东农村》，齐鲁书社2000年版，第234页。

或父祖辈开辟出来的，几代人为了开辟、维护和培植田土投入很大，理应在买卖时获得优先地位。因此，地主在卖出某一插田户耕种的田土时，首先要征求该插田户的意见。该插田户有能力购置的，一般就由他买去；因为购买田土的农户，都是自己耕种，若该插田户不买，就意味着他需要重新租入一块田土。那样的话，不仅十分麻烦，很有可能没有多余的田土可租，而且他家原来在田土上的早先投入也会白费。

"我家里1949年之前就是27亩田，还插了7亩租田。早先我的太太（曾祖父）来到这里开荒，后来慢慢就积累下来了。我的二爷爷脑子灵光，老板的三四十亩租田，他全给买下，就成了他的田。安家只有姓甘的同姓孟的有自己的田，起初都没有的，插的租田，从老板手里买过来。二爷爷没有儿子，爹爹过继给他，他死了以后呢，给我爹爹留了17亩田。"

若耕种某一坵田土的插田户没有能力购买，则本聚落的其他村民优先购买；若本聚落的村民都没有人买，则本村落的村民优先。一般情况下，小规模的田土占有转移都发生在本聚落内部，跨聚落的买卖很少见。同时，1949年之前，湖村基本上没有发生与外村人之间的小规模田土买卖，因为一方面田土是固定的，无法搬动，只有本村人才能照管，外村人即使买了去，也无法很好耕种；另一方面，湖村人也不愿意外村人到本村购置田土。在人地关系较为紧张的情况下，无形中产生了一种隐性的限制外村人制度。当时虽然没有公开反对或阻止外村人到湖村来购买土地，但实际上外村人很难获得土地，只有本村落之人才能获得。此外，前面提到，各姓村民稳定下来以后，不再有新的人口迁入，在某种程度上也是基于同样的考虑。

在他们看来，田土是本聚落、本村落的人开辟出来的，本村落的人才是有"份"的，尽管田土属于不在村地主，但村里的人仍将村落内的田土视作本村落的财产，外村人占有意味着抢占了本就稀缺土地资源。插田户及村民的买入优先权，可以使村民在地主的田土占有变动中处于有利位置。若这种优先地位没有得到尊重,可以向绅士父老提出,获得村落舆论或行动上的支持。正如姜义华指出的,佃户"依靠村界意识、村籍观念而在主佃关系结构中拥有较多的资源优势"[①]。同时,在由产权关系形成的村落,村落公共生活空间边界主要受产权关系的影响和制约。湖村的产权占有具有一定的内向封闭性,这种产权关系将土地这一生产要素限定在村落空间范围内,这一空间范围便成为村民公共生活的空间边界。

在湖村,从地主那里买入一些田土的农户,因为遭灾、买壮丁、打官司等,急需用钱时会把置入的田土卖掉。在湖村,能够买田的主要是两类人。一类是老板,三个老板有实力买田,农户家里遭了灾、家里没有劳动力或生产工具无法继续种田的,就把田土卖给老板。另一类是富裕的农户,中等收入以上的农户买田比较多,插田户、做工的很少能买得起田。农户可以自主决定是否卖田,但并不完全是想卖给谁都可以。虽然他们的田土是从地主那里买过来的,地主属于田土的"上手业主",但是地主并没有先买权。农户卖田的话,一般先考虑兄弟叔伯、住得近的亲戚、"边近"、连界人等,若他们不要,再卖给地主或其他农户。

村民的田土是在村落关系网络中存在的,因此要循着关系网络卖出。正如卡尔·波兰尼指出的,人们早期的经济行为要受其所嵌入的社会关系网络的影响,受到互惠、再分配和社区义务等规则的约束。[②] 农户卖田的话一般首先会考虑本家兄弟、叔伯以及住得近的亲戚。本家兄弟、叔伯以及住得近的亲戚家里有钱,卖田时候不先询问他们,他们会有意见。他们如果不买,就可以卖给别人。其次,要问一问"边近",也就是邻居。对于有购买能力的"边近",通过其他人询问他们的意愿,不问的话会有矛盾。再次,要问一问"连

[①] 张佩国:《近代江南乡村地权的历史人类学研究》,上海人民出版社 2002 年版,第 4 页。

[②] [英]卡尔·波兰尼:《大转型:我们时代的政治与经济起源》,冯钢、刘阳译,浙江人民出版社 2007 年版,第 40—42 页。

界人等"。卖田时要问田挨着的农户要不要买。田的四邻要买的话,就先卖给他们。不问田的四邻不行,田的四邻有优先权。问了田的四邻,他们买不起,就可以卖给别人。写契的时候,要在契上写明"先尽凭连界人等,诸人不收,属××"。

此外,共用一个洞①里水的农户也有优先权。张姓农户和王姓农户的两坵田近邻,两家共用一个洞里的水。水权具有不可分割性,张姓农户在卖田时,需要询问王姓农户的购买意愿,因为洞的一半水是跟着田走的。王姓农户若要购买,要先尽他;他不买的话,可以卖给其他的人。卖田的时候,本家兄弟、叔伯、亲戚、"边近"和田的四邻等都不买的话,就可以放出话去,让村落里的其他农户知道消息,或者请"托付人"帮助联系地主来买,这样就不会有任何问题。即是说,在具有先买权的人都不买的情况下,地主才能买到田。

通过上述分析可知,在湖村,田土从不同占有主体手中转移时,先买权拥有者是不一样的。当地主占有的土地发生变动时,受合作性产权属性的约束,承租佃户拥有先买权,这是对佃户权益的某种保护;而地主占有的土地通过买卖转移到村民手中之后,就嵌入了村落的社会关系之中,受村落社会关系的制约。在村民卖田时,与卖田者有社会关系的村民拥有先买权。这与不少地方"上手业主优先权"②的情况不同。这种不对称的先买权,有助于维持一种均衡的利益格局和秩序结构。正如寺田浩明指出的:"在旧中国,围绕以土地经营为代表的种种生业,确实相对稳定地存在并展开着买卖和所有的社会空间,且这种空间构成了以小家为单位的'私人所有权'秩序的基础。"③ 土地占有的变动,必然带来村落社会结构的调整。

---

① 洞,湖村方言,指村落内的小水塘。
② 张佩国:《近代江南乡村地权的历史人类学研究》,上海人民出版社2002年版,第155—156页。
③ [日]寺田浩明:《权利与冤抑》,载王亚新、梁治平《明清时期的民事审判与民间契约》,法律出版社1998年版,第211页。

占有变动展开着所有的社会空间,这种空间受到既有权力关系的制约,也产生新的权力关系。占有变动不仅需要权力与权利间的均衡,在一定程度上还会带有某种强制性。

二 作为情境性权威的"散中"与"顶中"

传统时期,中人是土地占有变动中必不可少的重要角色。杜赞奇对1900—1942年华北农村的研究将中人分为三种类型,第一种类型的中人是很有面子的保护人,这类中人通常很有财产,与村外有广泛联系,作为村庄事务的领导者,他们在交易中为村民争取好的条件;第二种类型的中人往往是交易中一方的亲戚或朋友,而交易对方对中人也不陌生;第三种类型的中人可能是城居地主的代理人、村中强人或者是一个职业经纪人,在介绍过程中收取一定的佣金。[1]李金铮、吴欣、陈胜强等人也持类似观点[2],认为中人主要是由乡村领袖和有一定经济实力或面子的村民担任。在湖村,除了有经济实力和权力地位的绅士父老外,插田户也经常作为中人。与杜赞奇等人的认识不同,插田户属于村落的底层,与买卖双方没有亲友关系,因此不属于上述三种类型。

在湖村,中人包括田土买卖的介绍人,以及专门请来的见证人。中人一般由买田的一方来请,请中人的范围局限于村落之内。据老人们讲,地主把田土卖给其他地主的时候,所请的中人都不是湖村的人,置田的地主往往会把本区域、本乡乃至汉寿县内有头有脸的人物请来,请他们做中人,湖村人是不会被邀请参与的。除了这种情况外,村落内小规模的田土买卖,基本上都是从村落中请中人。中人的数量不固定,用村民的话说,一般找够"一桌子的人"最好,或者六个,或者八个,买卖达成后喝"中人酒",并由买田一方向中

---

[1] [美]杜赞奇:《文化、权力与国家:1900—1942年的华北农村》,王福明译,江苏人民出版社2003年版,第155页。

[2] 陈胜强:《论清代土地绝卖契约中的中人现象》,载谢晖、陈金钊主编《民间法》,济南出版社2011年版,第234—245页。

人支付"中人费"。根据写契时的角色,分为"散中""顶中",两类中人扮演的角色不同。

(一)作为"散中"的插田户

所谓"散中",指的是一般的中人,除了"顶中"外,其他的中人都称为"散中",人数比较多。在田土买卖中,"散中"没有太多的要求,不管本人是否识字,只要能讲得上几句话,都可以做"散中"。在租佃关系主导下的湖村,"散中"一般由插田户担任。

"散中"扮演的首要角色是介绍人。地主卖田的时候,想置田的插田户可以直接跟地主联系,也可以通过"托付人"或其他插田户跟地主联系,通过后者联系的情况比较多。之所以请插田户作为介绍人,一方面是他们对田土非常熟悉,便于居中介绍;另一方面是他们与买田者一样都是地主的佃户,被地主和买田者双方共同熟识,能够获得双方的信任。黄宗智和杜赞奇都非常重视街坊邻里关系在土地买卖中所起的重要牵线作用[①]。一般村民卖田的时候,在亲邻等不买的情况下,也是通过某个插田户作为介绍人,请他帮助自己联系买主。一般情况下,介绍人到村落中有买田实力和意愿的农户家中询问,如果愿意购买,就不再继续寻找买主。当田卖给地主的时候,卖田人就要联系地主的"托付人"。由于不在村居住,地主通过"托付人"买田。"托付人"告知地主,地主决定是否购买,由"托付人"跑腿。由于同样是插田户,且受村落关系制约,"托付人"在买卖中大多能持公允立场。

当买主表达买田意向后,就由介绍人带领,前往卖田人那里"看田"和"看契"。在买田之前,买方要先去看田,看看田的总体情况,值不值卖方的要价。看田的时候,介绍人、卖田人、买田人等都会一同过去。看田主要看几个方面,田的位置、地势、肥力,田与哪些地块连界,四至到哪里,田的四邻分别是谁,相互之间是

---

① [美]杜赞奇:《文化、权力与国家:1900—1942年的华北农村》,王福明译,江苏人民出版社2003年版,第5页。

否有矛盾。一般情况下，介绍人对田的情况很熟悉，田的四邻不用过去；介绍人对田的情况不熟悉，田的四邻有时候也会被请过去，以免此后出现纠纷。看了田之后，买主感觉满意的，会继续"看契"。看过之后愿意买下的，就同卖田人讲价钱。价钱由买卖双方商量，介绍人在中间说合，讨价还价由介绍人传话，进行价格磋商，最终促成买卖。买田不交定金，价格商量好就直接达成买卖了。

"价钱双方商量。卖田的要30担谷，买田的出28担谷，中间人就问卖田的28担谷卖不卖，要是卖田的急着卖要钱用，就会答应或者提出再加一些就卖了；要是卖田的不急着卖田，就坚持30担谷，说自己的田好，产量又多，就不减少。买田的就看田的质量，看田到底好不好，值不值30担谷。"[1]

买卖达成写契的时候，除了介绍人之外，还要另请几位村民作为"散中"。"散中"买卖双方都可以请，人数不固定。村落内的田土买卖，不论是地主请的"散中"，还是一般村民请的"散中"，大多都是插田户或已经买了田不再租田的农户。作为"散中"，他们都要在契中签下名字。在村落社会里，他们是田土买卖的重要参与者和见证者。

（二）作为"顶中"的绅士父老

在田土买卖中，除了"散中"，还有"顶中"。"顶中"往往是村落中有水平的人，本人必须会写字，尤其是能够写契，且是有威望、有面子的人，因此不是一般人能够做的。"顶中"一般情况下是两个人，至少要有一个才行。与"散中"不同，"顶中"特殊一些，给的中人费也多，在村落中只有极少的人能够充当，而且必须是买卖双方都信得过的人，因此必须由买田的一方亲自去请。在湖村，主要就是请绅士父老作为田土买卖的"顶中"。

1949年之前，湖村唯一的绅士父老游月华，经常被邀请作为"顶中"。"顶中"的主要角色是写契，基本上不参与田土买卖的其他活动。因此，游月华从来不充当介绍人或说合人，他只是在买卖

---

[1] 来自戴宗信老人的访谈。

达成之后，需要写契时，买田的一方邀请时他才参加，负责执笔写契。因此，就角色而言，作为"顶中"的绅士父老"只是在双方达成初步合意的情况下才介入，这时，他的作用更多是参与确定细节和监督交易完成"①。

"顶中"对于田土买卖细节确定和交易监督主要体现在写契上。传统时期，"契"是田土产权占有变动的主要凭证，对写契有很高的要求，必须写得非常细致。写契的时候，卖田人要拿出老契，"顶中"照着老契写新契，哪些方面必须写到，哪些话怎样写，"顶中"必须有经验，心中有数才能写得好。因为契的内容十分关键，所以各个方面都要写到，而且一定要写清楚。卖方和买方是谁，卖了多少田土，什么价格，田土在哪个位置，四至分别到哪里，田土四邻是谁，田土的名字，洞及洞水使用权，水沟、路的权属，过水情况，中人有哪些，等等，都必须写明。契写完之后，"顶中"要高声念两遍，买卖双方以及中人听一听是否合理，有没有错字，必须搞得清清楚楚才可以，之后大家才签字落名。

之所以邀请绅士父老游月华作为"顶中"，除了他文化水平高之外，更重要是由于他是湖村中同时拥有财富、地位和权力的人，是村落关系网络中的关键人物，他的参与代表着村落对于买卖的确认和监督。在村落社会中，关系网络是产权占有变动的重要约束因素，"顶中"无疑正是发挥着这种作用，使得交易得以稳定进行。"事实上，中人既然是交易双方皆予认可的某种'关系'，其存在本身就有助于交易的稳定。"② 同时，若买卖过后发生纠纷与冲突，"顶中"是重要的调解人。"契约不仅是一个文本，更是一个过程，在这样一个过程中，中人是始终参与的，他的责任不仅仅是帮助缔结契约，还要准备对日后有关这一契约发生的所有问题负责。"③

---

① 梁治平：《清代习惯法》，广西师范大学出版社2015年版，第122页。
② 同上书，第126页。
③ 李桃、陈胜强：《中人在清代私契中功能之基因分析》，《河南社会科学》2008年第5期。

湖村村民宋自成有一坵田，因为家里遇到困难，就想把田卖了。村民宋玉凤想买，不过他拿不出那么多钱，宋自成就把田卖给了村民宋阳坡，当时请的游月华做"顶中"。宋玉凤没有买到田，十分恼怒，就打了宋自成。到了过年时候，宋玉凤把宋自成屋前的门槛打碎了。两家起了冲突，宋自成无奈，就把宋姓族长、甲长等都请过来了，但是调解不成。后来宋自成家来接游月华，但是游月华说我不去，我说话你们不听，所以不去；你们要是想让我去，就让"架势"的人（比较混账的人）宋玉凤亲自过来请我。后来宋玉凤知道后，亲自去请游月华，并对他承诺服从他的安排，于是游月华就过去了。游月华就对双方讲，一是田别人已经买了，宋玉凤不能太霸道；二是宋玉凤如果还要欺负宋自成，蛮不讲理，就与村里人"合作"整治他。后来终于把事情了结，宋玉凤在汉寿县城摆酒，请客赔罪。

土地占有变动是在村落空间中发生的，因而必然受到村落社会关系的制约。中人在产权占有变动中发挥的角色和作用，正是这种村落制约的体现。在湖村，中人以"情境性权威"的身份出现，作为一种权威角色，与村落中权威人物并不重叠。尤其"散中"，只是普通的佃户，他们在买卖的特殊情境中发挥作用、扮演角色，但这种权威是临时性的，不是常态性的。梁治平认为，"中人并不单纯是证人，而是交易双方经济社会关系中的媒介人物，他具有多方面的功能。对交易过程的参与和了解使他有能力实现这些功能"[1]。中人是契约存在的要件，因为中人本身就是契约的"关系存在"，中人的"关系"范围涵盖了交易双方，是连接交易双方的媒介。[2] 绅士父老作为"顶中"，与其说是其中人角色在发挥作用，不如说是其村落社会身份在发挥作用。"无论哪一种类型的中人，其共同特点是为交易双方所认识和在一定程度上所信任，因为在绝大多数场合，中人本

---

[1] 梁治平：《清代习惯法》，广西师范大学出版社2015年版，第122页。
[2] 李桃、陈胜强：《中人在清代私契中功能之基因分析》，《河南社会科学》2008年第5期。

是交易双方社会关系网络中的一分子。"[①] 正如杜赞奇所说,市场体系与村民纽带联合决定了乡村经济交往[②]。

三 契田的管田,契水的管水

湖村是典型的水网社会,除了田土之外,还有大量的港、洞、沟等,构成了湖村人生产生活的全部水源。除了数量极少的公共水源外,大部分都归私人所有。传统时期,"水随田走",这些港、洞、沟等没有独立产权,附属在田土之上,没有专门买卖,随着田土占有的变动,水的权属也相应发生变动。1949年之前,湖村的港、洞、沟等没有开展种养殖,其作用主要是满足农业生产,故而其占有变动必然受村落生产中形成的特定规则支配。

湖村的"港"其实就是比较大的水沟,一般有几百米长,几十米宽。"港"通过碏与外河相通,是湖村重要的灌溉用水来源,也是排水的主要通道。湖村有两条"港",从产权性质来说,一条是"公众港",在范家湖;一条是"私人港",在安家湖。安家湖的"港"没有具体的名称,因为在安家湖内部,村民称之为"内港"。"内港"最早是自然形成的,后来挑堤围垸时留了下来,加上村民常年从中挑堤挖土,逐渐形成了后来的样子。安家湖的田土归地主所有,因此"内港"也属于地主的,包括"港"里的水、鱼全部归地主。安家湖的田土三次更换所有者,"内港"的占有主体也变更三次,先归王姓地主,后归周姓地主,再后来归安姓地主。在湖村,凡租种地主的田土,都可以使用"内港"进行车水和排水,无论"内港"归属何人,对插田户的生产都没有太大影响,因此其占有变动相对简单。

湖村有很多的洞,也就是水塘,自然形成或是挑屋场挖土后留

[①] 梁治平:《清代习惯法》,广西师范大学出版社2015年版,第126页。

[②] [美]杜赞奇:《文化、权力与国家:1900—1942年的华北农村》,王福明译,江苏人民出版社2003年版,第6页。

下的坑,下雨积水就成为洞,"滴水为洞"。洞是孤立的,不与"港"相通,里面的水都是死水。1949年之前,湖村有许多的洞,洞的面积一般都不大,小的只有几平方米,大的不过三四亩,几乎都归私人所有。地主在村里占有大量的田土,田土范围内的洞归地主所有。地主占有的洞面积一般比较大,如安家湖的"瓦窑洞"有5亩左右,属于地主安仲庭所有;周家湖的一个大洞有3亩,是地主周献章的。一般有田土的农户,才会有洞;没有田土的农户,是没有洞的。租种地主的田土,可以用他洞里的水。未经地主同意,插田户不能私自在田土里挖洞。

洞也是没有独立产权的,其产权是附属于田土的。单独的洞是不会进行买卖的,洞必须跟着田土走。田土买卖的时候,洞要跟着一起买卖。洞对于农业生产非常重要,其买卖必须依照约定俗成的规矩进行。在写契时,洞及洞水使用权必须写明。所卖的田土,凡是田土中带有洞的,要明确写出来,写明洞是否同时卖给买主,并写明洞的大小、位置、四至等,还要写明买主能不能用洞里的水,不然买主买了田土但没法用水和排水;内部没有洞的,也要写明田土用哪个洞里的水,无法用水的田土是没有人买的。一坨田卖出去一半,就要在契中写明买主可以用洞里一半的水;将来买田的人车水灌溉,只能车洞里一半的水。不写明是不行的,如果不写,买田人买到了田,但是别人不让他用水,无法生产,必然出现纠纷。

"如果洞挨到的,契里没写,把洞丢了的,没有水了,还要田干么得。洞里的水也要写上,不能只写洞,还要把'水'也要写上,如果不把'水'写上,对方不让你用水,你就没得办法。洞和水都要写明,单写洞不行的。要是不写明,卖田的,或者共用一个洞的连界就不让用,他会说,你的田挨到洞,但是你的水没搭上,你没写水呀,你写的洞呀。"①

水稻种植对水的要求很高,需要及时引水和排水。湖村村民单

---

① 来自戴宗信老人的访谈。

独或几户联合修筑了不少的引水沟和排水沟，这些水沟属于田土的一部分，随田土而发生变动。农户自己修的水沟归自己所有，在卖田的时候，私人水沟可以同时卖掉，并在契里写明。几户联合挑的公众水沟属于几户共同所有，任何一户都不能单独占有，也不能不让别人使用。公众水沟单个的农户没有支配权，不能进行卖，但是使用权可以随着田土的买卖而转让。孟松庭有一坵田土和邓丕堂家的田土相邻，为了便于车水灌溉，两家合作挖了一条引水沟，两家共同使用。后来孟松庭将这坵田卖给了甘鹏主，引水沟就没有卖，契里写明引水沟是两家共用的，水源是北河水。甘家以契为依据，可以用公众沟引水，但是不能单独占有；邓家也不能单独占有而不让甘家引水。

"卖田的时候把沟、路等都写明。自己挑的一条沟，田买卖的时候，水沟也要卖掉，写契的时候也要写上。上坵田有自己挑的沟，从自己的沟里排水，不从低田地里过。卖田的时候，沟写在契里面，都写很清楚的。"①

港、洞、沟等水源的产权占有是清晰的，其管理也是清晰的，归谁所有，就由谁进行管理。不过也不用专门进行管理。就港而言，所有的插田户都可以使用，地主自己不会专门过来管理，也没有委托插田户进行管理。就洞而言，地主也不管理，洞的水由哪几户插田户使用，相应地就由他们负责管理。农户自己所有的洞、沟，农户自己负责。他们的洞都在自家的屋场和田土边上，其他人一般不会乱动，未经过允许更不会随意使用。沟更是如此，占有和维护都由所有者进行。"解放前没有管水的，河是有人管的，但是没有人管田里的水。'契水的就管水，契田的就管田'，有这样的俗话。私人挖的洞是私人的，没有人管的。他自己就是管的，大家都晓得。"②也就是说，不管产权占有如何变动，附属于田土的港、洞、沟等的

---

① 来自彭庆安老人的访谈。
② 同上。

管理始终遵循乡村社会的逻辑，这种逻辑对其产权既是约束，也是一种维护。

在湖村，随着田土占有的变动，水的占有也发生相应的变动，其治理是相对应的。对于水的产权认定，同样遵循村落社会认可的产权规则。这些规则确保田土和水的稳定，使占有变动得以有效治理，奠定村落运行的秩序基础。同时，作为村落产权关系的实践表达，占有变动不仅意味着产权占有结构的更新和生产，而且造就了村庄的政治空间，构成了村庄治理的基础。产权安排本身就意味着规则和秩序的发生，这种规则和秩序不仅能够自我维系，而且得到了由产权占有形成的权威的维护，绅士父老依靠公认的产权规则，调节占有变动及纠纷，进行村落治理。这种产权秩序的维护过程，同时也是村庄政治生产实践的过程。

第三节　私产的联合与占有纠纷

传统时期，湖村的土地产权是一种地主主导下的私人占有。在国家无力供给基础性的公共物品时，就需要基于产权占有进行合作，通过设置"公本田土"，解决渡船、土地会举办等问题。同时，土地的私人占有不可避免会产生纠纷和矛盾，需要绅士父老来调解。

一　"公本田土"：公共治理的产权支撑

邓大才基于深度中国农村调查的研究发现，在中国，产权除了有追求效率的经济属性及保障权利的政治属性外，还具有很强的社会属性。传统时期，国家治理能力较弱，产权的私人占有无法解决水利、道路、社会保障、村庄防卫等公共问题。为此，乡村社会赋予部分产权以社会功能，通过这种相对稳定的产权安排来满足民生所需的基本公共物品。他专门梳理了血缘性、地缘性、利益性和家户性四种类型的传统公共产权，分析了这些公共产权的形成、使用、管理、处置等，富有启发意义。① 党国英持类似观点，认为土地不仅要满足私人物品的需要，还要满足公共品供给的需要，东西方历史上都有"公地"②。在湖村，同样存在两种类型的公共产权，即作为利益性公共产权的"渡口田"和地缘性公共产权的"土地会田"。

前面提到，湖村地处两条河流之间，是附近乡民乘船通往沧港、汉寿的必经之地。乘船必须要有渡口。1949 年之前，在湖村范围内，有两个渡口。从性质上讲，两个渡口都属于义渡。"旧中国时，汉寿桥梁多为募捐修造，道路多为人们自觉修筑，渡口多为义渡。"③（见表3—2）与村落的历史一样，湖村渡口的历史也不太长，是民国时期才设立的。渡船由政府提供，从保垸费中出钱造修船只，保里安排固定人员摆渡，摆渡人靠"公本田土"和"渡船谷"为生，方便湖村及附近村民往来渡河。

表3—2 《龙阳县志》记载的义渡情况（部分）

序号	渡口名称	渡口相关记载
1	沧港渡	沧港渡，县西二十里，道光初，里人潘启润募修渡亭，同治八年，熊成章、萧文雅整修，张杨氏捐田二石，彭成年捐田一石，以为经费。渡亭岁收屋租以为修整渡船之资
2	夹堤渡	夹堤渡，县南十五里，旧捐渡田十八亩，咸丰间举人刘定范募修渡船二艘，复捐田十石，至今称便
3	潭平渡	潭平渡，县西十五里，嘉庆四年监生毛光被倡捐置田三石一斗，今增置田二石余。水涸由桥，水涨由渡，乡境称便
4	袁家渡	袁家渡，县东南十里，旧名袁家桥，今设渡里人，置有义田

---

① 邓大才：《中国农村产权变迁与经验——来自国家治理视角下的启示》，《中国社会科学》2017 年第 1 期。
② 党国英：《农村产权改革：认知冲突与操作难题》，《学术月刊》2014 年第 8 期。
③ 汉寿县计划生育委员会编：《汉寿县人口志》，汉寿县美术印刷厂，1991 年，第 147 页。

续表

序号	渡口名称	渡口相关记载
5	牛路渡	牛路渡，县西南三十里，有田。邑人毛淑玉同武邑庠生詹有年等捐置
6	竹林渡	竹林义渡，县东赤山总南嘴，道光初，张崇阳、罗愿科、陈述道、周正庭、张万镒五人倡修渡船，建亭一所，罗、张各捐田一石八斗，其余捐数有差，至今便之
7	游巡塘渡	游巡塘义渡，节妇左氏朱徽道妻捐修渡船二艘，并捐杨家冲腴田四石以为整船渡夫之费

  湖村的两个渡口，一个在三岔河口（范家湖、邓家湖与岭湖的交界处），另一个在安家湖。安家湖的渡船在土地屋附近，安家湖附近是通向汉寿县、毛家滩的重要路段，渡口乘船的人比较多。渡船人姓游，是河对岸游家湾村落的人。他是湖村所在第三保保长游桃山安排的一位孤老（一说是游桃山的父亲）。这个孤老无法做农活，因此被安排负责摆渡。渡船一年四季都开船，本地人平时坐船比较容易，招呼一声就可以。平时可以免费坐船，遇到红白喜事、过年等特殊时间，要给一些红包；外地人则要付钱才能坐船。安家湖的渡船没有设置公本田土。到了每年年底，或是水稻收获之后，孤老挨家挨户收取"渡船谷"。

  三岔河口的渡口设置有"公本田土"。所谓"公本田土"就是村落集体购置，由渡船人负责耕种或出租的公田。"公本田土"数量很少，只有不到2亩，最早是地主和村民共同出资置办的，并得到了官府的一些资助。田归渡口所有，是公共的。田在三叉河渡口附近，由渡船人负责管理。渡船人只有耕种的权利，不能买卖。渡船人可以自己耕种，也可以租给别人种。田的收益归渡船人支配，作为他摆渡的一项生活来源。渡口的"公本田土"属于典型的利益性公共产权。因为湖村既不是宗族共同体，也不是地缘共同体，独立的个体农户只能以共同利益为纽带，通过平等、自愿的方式，设置共有田土，以满足共同的需要。

除了渡口设置有"公本田"外，土地会也设置有"公本田"。湖村有两个土地屋，土地屋其实就是一个高和宽各一米左右的小屋，里面供奉有土地公婆的神像，是村民祭拜土地菩萨的地方。安家湖聚落有一间土地屋，范家湖聚落有一间土地屋。每年农历二月初二，是土地菩萨的生日，这一天村民要祭拜土地菩萨，并且一起办酒、吃饭，称为土地会。一个土地屋对应一个土地会，安家湖和周家湖两个聚落一个土地会，范家湖聚落单独一个土地会。举办土地会需要一定的开支，于是村民就以土地会为单位，设置"公本田"。

1949年之前，湖村的两个土地会都有自己的"公本田"。安家湖土地会有3亩"公本田"，是地主安仲庭和插田户一起置办的。范家湖的土地会有2亩的"公本田"，是当初修土地屋时，范家湖聚落的村民一起置下的。"公本田"归属本土地会的村民共同所有，属于地缘性的公共财产。"公本田"由土地会的管事负责出租、收租，一般租给本聚落插田户耕种，一亩田一年1担谷，稻谷收获之后，耕种者将租谷交给管事，由管事存储保管。

有了"公本谷"，每年土地会的时候就不用向农户再收取谷子。"公本谷"是专门用于土地会开支，不能被随意挪用。有些年份，"公本谷"积累得比较多，土地会也会放谷，借给急需的农户，按期时候并附带一定的利息。谷多的就会放出去，谷少的一般就不放。民国时期，湖村两个土地会谷都不多，因此很少放谷。到了二月初二这一天，"公本谷"拿出来办酒、准备饭菜。有些年份，比如收成不好的年份，土地会就不聚餐，但是每年都要玩"草龙灯"，这是村民求神消除虫灾的方法。土地会积累有"公本谷"，一般能够满足玩"草龙灯"的开支，不用再向农户收谷，没有谷或是谷很少不够用的话，还要安排收谷。

通过以上分析发现，湖村的"公本田土"都是由私田转化而来的。私田占有者之所以愿意提供田土，原因在于村落社会的共同需要。"农民社会是一个社会空间，或者说是一个'场域'，在此一场域内，乡民们在共同的观念和生存条件的基础上，形成了他们作为个人以及团体成员的认知和选择。"① 村落的产权关系以及由此形成的权力结构、规范价值等，塑造了乡村成员的持久的行为倾向。为村落提供一小部分田土，满足其基本需求，是地主有限参与村落治理的重要方面。通过私产的联合，实现了产权的转换，从地主的私有产权转换为村落的公共产权。就存在形式而言，这类产权同样是权利分置的，佃户进行租种，绅士父老等代表村落行使经济权力。在国家没有能力为村落提供基本公共物品的情况下，通过设置公共产权，村落的一些公共事务得以开展，公共产权构成了村落治理的产权支撑。

二 "争界"与绅士父老"讲公道"

林克雷特认为，"在一个私有财产社会，家庭、邻里与外来者之间的关系或许会被视为个人事务，但是，在上述社会中，关于土地使用、转让和继承的正义的公共决议却会涉及这些事务。"② 传统时期，私有土地都有明确的产权边界。在湖村，两块相连的田土叫作"连界"。田土以田埂（路）作为边界，田埂（路）的权属因田的高低不同而不同，同时田埂（路）作为田土产权边界保护严格。"边界不是一个孤立的、静态的、自然的边界"③，是产权主体权利义务关系的表征。因田土占有而带来的利益差异表现为边界之争。1949年之前，"缘湖滨淤荒，每因争界，时起械斗，即民间细故亦多殴斗者。官厅刑讼，时有所闻弦"④。湖村的田土边界纠纷比较多，纠纷发生后，就请绅士父老主持"讲公道"，进行调解。

---

① [美] 李怀印：《华北村治——晚清和民国时期的国家与乡村》，岁有生、王士皓译，中华书局2008年版，第300页。
② [英] 安德罗·林克雷特：《世界土地所有制变迁史》，启蒙编译所译，上海社会科学院出版社2015年版，第99页。
③ 胡英泽：《流动的土地：明清以来黄河小北干流区域社会研究》，北京大学出版社2012年版，第377页。
④ 汉寿县计划生育委员会编：《汉寿县人口志》，汉寿县美术印刷厂，1991年，第147页。

作为围垸垦荒而来的土地，湖村人对田土边界有着不同的认定方式。两块田土以田埂（路）为界。有的田埂（路）是自然存在的，有的是人为修筑的。两坵田之间的田埂（路）一般比较宽，这些田埂（路）往往是自然生成的，在当初开荒的时候，特意留下来的。一坵田高，一坵田低，两坵田之间的田埂（路）一般是人为修筑的，主要是为了拦水。一坵田被分为了更小的部分，就要新挑起田埂（路）。比如一坵田卖了一部分给别人，就要在卖给别人的部分和自己留下的部分之间挑起田埂（路），修筑田埂（路）的时候，需要两家一起挑土，不能只一家修筑，尤其不能在只有一家的人在场的情况下修筑。

作为田土的产权边界，田埂（路）的权属在不同情况下有所不同。两块田土连界，田的高低不同，田埂（路）的权属也不同。以前有高田和低田，也就是上坵田和下坵田。以孟家和甘家两农户为例。孟家的田高一些，甘家的田低一些，孟家和甘家田之间的田埂（路）属于高田所有，也就是遵循"上管下，高管低"的原则，由孟家筑路。高田（上坵田）的路属于上坵田的，不论是甘家，还是其他农户，都不能对此有不同想法。若两家的田一般高，两家田中间的田埂（路），由连界两家共同来筑路，路属于两家所有，两家都有份。

高田和低田之间的田埂（路），两家都可以走，但是归高田管理。两家有义务共同保护田埂（路）不受损坏，在犁田、插秧、锄地时确保不伤及田埂（路）。田埂（路）上生长的草两家都有份，但只能用镰刀割草，不能用锹铲草，否则田埂（路）会越锹越小，"动草不动泥"。尤其低田的田主，若用锹铲草，田埂（路）变小，就铲过界了，低田的面积就会增大，高田的面积就会变小。田埂（路）损坏后，由高田田主修复，只要他不越界取土，与低田不相干。高度相同的两坵田，中间的田埂（路）归两家所有，两家共同管理，任何一家不能独自乱动，同样不能损毁田埂（路）。田埂（路）损毁后，也由两家共同修复。

"高田和低田之间的路，路属于高田的，归高田管，走都可以走，但是归高田所有，不能损坏的。如果坏了，修复归高田，不关低田的事。如果低田里有水，高田里没有水，高田的可以用，但是要同低田的打商量，同意了就可以用。一坵田卖了一半，田中间要起一条埂子，不宽，两家一起搞的。两坵田一般高，中间的路属于两家共同所有，不能损坏，路上的草可以清除，但是不能动泥巴，动草不动泥，要互相保护。"①

田埂（路）作为田土的边界，一般上面除了自然生长的植物外，不能有其他的东西。田埂（路）上不能种庄稼等，否则就无法走路，影响农业生产。在村民看来，不管是否拥有田埂（路）的权属，都有权使用田埂（路），连界农户的田埂（路）使用权不能受到限制。同样，田埂（路）上不能栽树，树长大后有树荫，影响庄稼生长。在湖村，这是侵犯别人田土占有权及空间权利的行为。因此在田埂（路）上栽树，连界农户是绝不会答应的。经过长期的共同生产生活，湖村的这些田土边界认定方式，成为村民们公认的边界规矩。

"以前田挨着的叫'连界'。如果两块平田，中间的路属于两家的，两家维护。不能在路上种稻子，不能栽树。田里、地里都不能栽树，这是自古以来的规矩，插田的人都知道这个规矩，都不会栽树。"②

传统时期，田土边界在田契中有明确的记录，某一坵田、一块田的面积多大，四至在哪里，与谁搭界，都写得很清晰。村民一般不会因为多占了别人的田土或是田土权属不清而起纠纷。田土边界纠纷主要是由田埂（路）引发的。一种是田埂（路）被侵占引发的纠纷。比如，高姓农户的田是高田，周姓农户的田是低田，高家和周家之间的田埂（路）属于高家所有和管理，周家除草的时候，用锹铲草，周家的田扩大了，田埂（路）被越铲越窄，高家同周家为

---

① 来自戴宗信老人的访谈。
② 来自甘胜喜老人的访谈。

此而起冲突。还有一种侵占田埂（路）的行为发生在田土买卖时。卖田的时候，祁姓农户把他和李姓农户两家共同占有的田埂（路）卖了，李姓农户知道后，就不答应，此时就容易产生纠纷。同样，祁姓农户卖田的时候，把属于自己的田埂（路）卖掉，但是李姓农户不愿意，他想占有或分享祁姓农户的田埂（路），就阻挠买卖，两家就要起冲突。

田埂（路）上种植作物或种树也是引起边界纠纷的重要原因。两个农户的田土连界，一个农户想在两家的田埂（上）栽树，另一家是不会答应的；该农户没有经过另一家的同意在田埂（上）栽树，对方发现后，可以不经过该农户的同意将树拔掉。该农户不高兴，也没有办法。两家由于这棵树起了冲突，请人调解的时候，调解人也不会偏向该农户。因为种田人都知道这个规矩，田埂（路）上不能种庄稼和栽树。孟亿成老伴娘家父亲跟伯伯家两家是一坵田，伯伯的田在左边，她父亲的田在右边。有一次，她的伯伯在田里栽了一棵树。按理来说，田中间是不能栽树的，即使栽树也应该栽在路中间，以减少对庄稼生长的影响。但是她伯伯硬是把树栽到她家的田这边来，她父亲不同意，于是兄弟两个就吵架、打架。

因田土边界而发生纠纷，往往要请人出面"讲公道"。湖村的边界纠纷主要请绅士父老游月华出面，他嘴巴会讲、处事公允，是村民公认的善于处理纠纷的权威人物。"乡民以族邻、中人、村首领等为投诉对象，当然承认后者为排解纠纷的合法权威，而这种习惯上的认可和接受并不一定以国家的特别授权为前提。"[①] 边界纠纷很少请保长、甲长，他们通常只管公家事务，其他事务很少管。纠纷当事人要亲自去游月华家中请，不请他是不会主动过问的。纠纷当事人请游月华的时候，他会先询问清楚纠纷缘由，并询问来请的当事人是否愿意听自己的意见。当事人愿意听从调解，游月华才答应出面调解，否则是不答应的。

---

① 梁治平：《清代习惯法》，广西师范大学出版社 2015 年版，第 162 页。

游月华出面调解边界纠纷时，往往事先通知当事双方时间、地点，把当事双方以及相关的村民集中在一起。"讲公道"大多是在纠纷双方一方的家中。等当事人到齐后，游月华就主持，他先主动说几句话，一般是说为了边界一点儿小事不应该吵架、打架，把双方共同批评一通。之后，让当事双方各讲各的道理，其他人耐心听，不允许争吵。认为自己利益受损的当事人，往往先摆出村落公认的田土边界规矩，指责对方破坏规矩；而另一方也同样援引公认的边界规矩为自己的行为辩护，并指责对方破坏规矩。正如科塞指出的："冲突通常发生在一个共同的规范和规则范围内，它导致了这种规范、规则的建立和扩展。关于一块土地的归属发生冲突，表明双方在所有权的观念和关于履行这种权力的条例上发生了冲突，他们并不是为了原则而斗争，而是为这种原则在具体情况下如何运用而发生冲突。"[①] 待双方讲完后，作为"公道人"的游月华再讲。游月华也是根据村落公认的边界规矩，分清双方的是非曲直，同时兼顾村落人情，照顾到弱势一方的利益，据此作出调解意见。

只要调解公平，纠纷当事双方一般都会听从，相当一部分纠纷可以通过"讲公道"的方式得到处理。当事双方听从调解，不仅是重新确认对村落社会边界规矩的遵从，更是对调解人面子与权威的认可。由于人们总是处于一定的社会关系网络中，"关系"波及范围之内的纠纷总是能在"面子"较足的人们的介入下以调处的方式解决。[②] 纠纷调解成功后，理亏的一方要在发生纠纷的田土边界处燃放炮仗，放炮仗意味着承认做错了事，其他村民听到炮仗声，就知道调解结果了。调解成功后，当时不吃饭。双方和解之后，赢得调解的一方在自己屋里摆下酒菜，请调解人到家里来吃酒，但是输的一方是不参加的。

---

① [美]科塞：《社会冲突的功能》，孙立平等译，华夏出版社1989年版，第108页。
② 李桃、陈胜强：《中人在清代私契中功能之基因分析》，《河南社会科学》2008年第5期。

与保长、甲长不同，绅士父老是靠自己的权威处理村落事务的。他没有官方的权力，也没有强制性的约束力。田土边界纠纷讲公道，纠纷双方可以听，也可能不听，他不能强制双方服从。如果调解不成，或是调解不公平，当事一方或双方不满意，往往就会打官司，过去也有不少因为田土边界而打官司的。不过，对于那些无理取闹、欺负别人的村民，虽然没有强制力让其服从，但是作为绅士父老的游月华可以利用自己的影响力实施"冷制裁"。他会警告无理取闹的一方，若不听劝解，今后有事不再出面；甚至可以要求村民孤立该人，使其在村落中处于不利地位。

因此，正是基于产权占有形成的村落权威结构，使处于主导地位的绅士父老拥有了解决边界纠纷的能力。绅士父老的这种能力来源于特定的产权关系和社会关系。"他只不过是在特定社会情境中的一个调停人，而且，他的调解之所以能够成功，只不过是因为双方都对社区的关系纽带予以认可，并且都希望避免——至少在当时如此希望——激化到进一步的敌对行为。"[1] 故而，表面上看，绅士父老的"面子"来源于个人的人格力量，其运作似乎仅仅是一种个体行动者的个人行为。其实，"面子"反映了一种权力秩序，纷争的双方对于调解人"面子"的认可本身就是一种根深蒂固的地方性规则。[2]

第四节 小结

产权是占有、使用和收益分配等多种权利的复合。在这些权利当中，产权占有是基础和核心，决定了产权的使用和收益分配。在

---

[1] ［英］E.E. 埃文思－普里查德：《努尔人——对一个尼罗特人群生活方式和政治制度的描述》，褚建芳译，商务印书馆2014年版，第197页。

[2] 张佩国：《近代江南乡村地权的历史人类学研究》，上海人民出版社2002年版，第309页。

农业文明中，土地是最有价值的产权物，对农村社会的形成和变迁具有决定性的影响。对土地的支配和控制形成的土地占有状况，构成了人与土地关系的核心，也成为村落社会关系整合的基础。

产权是社会中基本权力关系的表征。土地作为一种物质性的产权物，存在于特定的空间之中，并与空间中的人发生联系，形成社会关系。土地制度是整个社会结构的基础。[1] 在因产权关系而形成的村落社会中，土地占有的差异必然带来财富、地位和权力的分化。占有大量土地的地主享有财富和地位，而佃户则依赖于地主而生存。在土地占有相对均衡、以自耕农为主的村落中，权力占有相对分散。在土地占有高度集中、以佃户为主的村落中，权力占有同样不均衡。在湖村，地主拥有财富、地位，但是由于不在村居住，不掌握村落权力，绅士父成为村落权力主体。绅士父老在村落社会的权威地位，以其对土地的主导控制以及与村民的密切联系为基础。小块土地构成了村庄权力的"经济基础"，构成了传统村庄治理的基础，小块土地是村庄治理的"物质条件"，还是村庄得以施展权力的"生活来源"。[2]

由产权出发生成了特定的社会关系，但社会关系产生之后具有一定能动性，反过来制约产权关系的治理。就"社会关系"有意义的内容来说，每个人的行动都考虑到了他人的行动并以此为取向[3]。社会关系能够调节权力和行为规范，使权力的运行和行为规范的运作有特定的指向性，其目的在于维护关系主体的个体利益或共同利益。就产权而言，占有是使用与收益分配的前提，占有的变动意味着原有产权关系的调整，同时意味着立于其上的社会关系发生变动。土地占有造就了村落空间的社会关系，也被村落空间中的社会关系

---

[1] ［英］安德罗·林克雷特：《世界土地所有制变迁史》，启蒙编译所译，上海社会科学院出版社2015年版，第311页。

[2] 邓大才：《土地政治：两种观点和两个视角》，《社会科学》2012年第6期。

[3] ［德］马克斯·韦伯：《经济与社会》第一卷，阎克文译，上海人民出版社2010年版，第116页。

所约束。土地占有的变动本质上是权利的变动，必然对产生于其上的社会关系造成影响，也必然受到社会关系的反作用。在产权关系主导下的村落社会，土地占有变动围绕租佃双方展开，同时村落关系使得佃户在土地占有变动中居于有利地位，这在一定程度上是对佃户的保护。

不同的产权占有意味着不同的利益关系，产权占有主体虽然不同，但是不同主体之间存在共同利益。在国家无力供给民生所需的基础性公共物品时，私有产权可以通过合作，设置公共产权，满足基本公共需求。同样，不同产权占有带来的个体化利益关系，必然会产生分化、对立甚至冲突，需要通过治理进行调节。在传统村落社会，这种调节主要不是依靠"从社会中产生但又自居于社会之上"[①]的国家力量，而是村落社会的自我调节。无论是基于共同利益的产权合作，还是基于利益差别的产权纠纷，都围绕产权占有而发生，需要由产权占有领域生成的权威进行调节。因此，调节的主体是产权占有上居主导地位的绅士父老，调节的规则是村落社会公认的产权惯习，调节的效力依靠村落社会的关系网络来维系。

---

① 《马克思恩格斯选集》第四卷，人民出版社2012年版，第187页。

第 四 章

基于产权使用的"扛抬人"权威及其治理

产权是人们围绕产权物的使用而形成的相互认可的行为关系。"这种关系包括了谁具有何种权利,谁要履行何种义务才能享有这种权利,以及这些义务履行者必须遵从的一系列机制。"① 所谓产权使用是指使用者依据一定的规则对产权加以利用的行为。如果静态归属物权和动态利用物权集于一体由同一个经济主体所享有,则物权主体兼具归属权人和利用权人双重身份;如果静态归属物权和动态利用物权相分离,分别由不同的经济主体所享有,则两者分别形成独立的物权形态,归属权人和利用权人并列存在。② 就土地产权而言,土地与占有者、使用者的关系是整个农业文明社会关系着农业社会成员生死存亡的关系。③

传统时期,家户是产权使用的基本单位,佃户独立进行生产经

---

① David L. Weimer, *The Political Economy of Property Rights* [M]. Cambridge: Cambridge University Press, 1997, p.3. 转引自申静、王汉生《集体产权在中国乡村生活中的实践逻辑——社会学视角下的产权建构过程》,《社会学研究》2005 年第 1 期。

② 肖卫东、梁春梅:《农村土地"三权分置"的内涵、基本要义及权利关系》,《中国农村经济》2016 年第 11 期。

③ 徐勇:《非均衡的中国政治——城市与乡村比较》,中国广播电视出版社 1992 年版,第 112 页。

营，不受地主的干扰。由于对土地的长期使用，加上村落社会关系的支持，佃户获得相对有利的地位，并分享附着在土地上的其他产权权利。"只有劳动才能使土地的耕作者对自己耕种的土地上的产品拥有收归己有的权利，因而也使他至少在收获以前对土地本身也拥有权利。"[1] 由于土地的独立经营，形成相对稳定的产权使用领域，这一领域是与村落公共领域相重叠的经济关系，"扛抬人"在其中发挥权威作用，对关系进行调节和平衡，保持产权使用的延续与稳定。

第一节 产权使用领域的形成与权力运作

从一定意义上讲，产权实质是附于物之上的权利结构，产权分置意味着权利在不同主体之间配置，进而形成不同的权利领域。在土地集中占有的情况下，大部分湖村村民需要租田耕种。居于主导地位的地主，根据地方性规则、次序选择佃户。租佃关系的确立，意味着产权使用领域的形成。在这一领域中，"扛抬人"作为治理主体，扮演关键角色，引领权力运作；地主以产权占有者的身份，行使其经济权力，并受到"扛抬人"等主体的制约。

一 规则、次序与佃户选择

出租土地意味着让渡土地的使用权，选择什么样的对象让渡土地使用权，关系到土地占有权、收益权等权利的实现。对使用者的选择是占有者经济权力的体现，其选择受到很多因素的影响，在不同情况下差异很大。在某种程度上可以说，是各方所处的社会结构和权力关系共同作用下的产物。就作为经济权力主体的地主而言，是否在村居住对佃户选择标准影响很大。一般来讲，在村地主身处

---

[1] ［法］卢梭：《论人与人之间不平等的起因和基础》，李平沤译，商务印书馆2015年版，第98页。

村落关系网络之中，选择佃户时除了考虑收益外，往往还受宗族、亲戚、朋友、邻里等关系的影响；而不在村地主较少受村落社会关系制约，选择佃户时更多地基于经济利益的考量，选择纳租能力强的佃户出租土地。湖村地主选择插田户主要采用纳租能力的经济标准，同时也受到产权属性等因素的约束。

由于田土资源极为有限，且为地主集中占有，地主和插田户之间形成了一种单向的选择关系。所有农户都想从田土中谋生兴家，因此都愿意从地主那里获得尽可能多的田土。据戴宗信老人讲："以前家里有田的，也会插别人的田，不光是穷的人才插。越是有田的，越要想办法往上爬，把家业搞大。"但是，并非所有农户都能租到田土，尤其随着人口增长，人地关系持续紧张，插田户围绕租田的竞争明显增大。作为不在村地主的老板，在插田户选择中居于有利地位。

在湖村，想要租种地主的田不用请地主吃饭，不跟地主拉关系，就靠信用，地主根据某个人讲话算不算数，决定让不让租种。"讲信用，不讲关系"，讲信用的，能够保证按时交租谷的，地主就同意租种；不讲信用的，地主就不让租种。所有的农户都想尽可能多地租种田土，而他们与地主之间没有亲戚、朋友等社会关系，只是由于田土纽带而联结起来，因此地主出租田土时，不受人情关系束缚，主要看农户的信用情况，即"讲话作不作数"。

"老板都不住在村里的，他们本身的田是在我们这里，要插他们的租田，直接同他们本人讲；找不到他们本人，就同'托付人'讲。插田要有个介绍人，一般都是自己有田的或者是老板相信、合适的人，也不请吃饭，不拉关系，就靠信用，老板根据你这个人讲话作不作数，决定让不让你插。讲信用就（让你）插下去，不讲信用就没得你插的。"①

地主评价一个农户"讲话作不作数"，主要根据两个标准。首

---

① 来自甘胜喜老人的访谈。

先，家庭有没有收入。如果农户家中一点儿收入都没有的话，地主往往是决不会同意插田的。传统时期，水稻生产需要很大的投入，要有农具、耕牛、稻种、粪肥等，家庭没有收入的话根本种不起田。因此，没有一定收入的农户，往往租不到田。其次，看家里有没有劳力。家里没有多少收入，但是有劳力的，也可以插到田。家里没有劳力，地主是不会租给田的。家里的劳力去世了，没有了劳力，田里没有人做活，就没有能力交租谷，地主知道后会把田收回，不让继续租种。

"我们屋里插了老板四五亩租田。我有一个婆婆，公公就是死得早，屋里没有做事的人了，一下就垮了，然后租的田别人要收回去，后来我们好不容易才得到，好高兴的。"①

地主在选择插田户时，除了主要考虑插田户的纳租能力外，也会受到其他一些因素的制约。"由于没有一个享有特权的封建庄园的传统，中国的地主和佃农之间的关系就包含了很强的商业契约成分。但是，这种契约始终是一种前工业时代的商业契约，依靠浓重的地方习俗来进行制约的"②。在湖村，具有制约力的地方习俗首先是合作性的产权属性。湖村的田土是租佃双方合作开垦的，地主的田土他们也是有"份"的，这种"份"的重要体现就是租田时的有利地位。因此，越早过来开荒的插田户，在租田时相对更有优先权；而后来的插田户，尤其没有参与田土开垦的插田户，就没有太多的优先权。迁入较早的插田户，即使后来家庭困难，或是家中缺少劳力，地主一般都会让他们插一些田，更不会轻易夺佃。

地主对插田户的选择不是随意的，也会受到村落空间的制约。田土不能搬动，固定在村落之中，插田户也是固定居住在村落里。插田户的房前屋后就是其所租种的田土，田土和插田户的距离要远

---

① 来自史小妹老人的访谈。
② [美]巴林顿·摩尔：《专制与民主的社会起源——现代世界形成过程中的地主和农民》，王茁、顾洁译，上海译文出版社2012年版，第194页。

"近于"和地主的距离，地主虽然拥有所有权，但是受到插田户的制约。因此，当插田户为租田而竞争之时，因为大家都要吃饭，且都是本地方的人，地主会让他们都租种一些，让所有农户都能吃上饭。地主选择这样做，绝不是人情上的照顾，更多的是利益上的考量。

此外，土地存在于特定的地理空间之中，空间范围决定了土地及其使用的边界性。"社区的成员身份和土地利用的权利在传统上是合一的。"[1] 村落成员的使用权作为一种地方性共识，嵌入在以土地和地缘为纽带的社会关系网络中。村落和聚落范围内的田土，村民视之为本村落或聚落的田土，本村落或聚落的农户有权优先租种，而外村人的到来，会夺占本村人的租田机会。历史上，基本上没有外村人到湖村来租田，这意味着排除了外村人的佃田资格。不仅如此，本聚落的村民一般只能租种本聚落地主的田土，无法租种其他聚落地主的田土，这在湖村也是约定俗成的习惯。同样，湖村村民也没有到外村或外乡租田的。湖村临近毛家滩，那里有很多大地主，拥有大量田土，但是没有村民过去那里租田，因为基本租不到田。因此，在湖村，尽管地主有更替，但是插田户基本上没有什么变动。

从一般意义上讲，对佃户的选择，就是建构产权使用领域的过程，"所体现的不但是人与物之间的使用和被使用的关系，还能够界定人们借助社会资源过程中的彼此经济地位与社会关系，是一种特殊的制度安排"[2]。选择佃户是地主的经济权力，但是受产权属性及村落社会关系的约束，拥有选择权的地主并不能完全随意，而要遵循特定的规则、次序。在实际运行中，市场规则往往受制于村落社会规则。就村落规则层次而言，市场规则属于较低层次的规则，而产权规则及其上的村落社会规则属于较高层次的规则。正如埃莉诺·奥斯特罗姆指出的，所有规则都被纳入规定如何改变该套规则

---

[1] ［英］谢林：《乡民经济的本质与逻辑》，载［英］沃尔夫《乡民社会》，张恭启译，台北：巨流图书公司1983年版，第176页。

[2] 剧宇宏：《农村土地产权变革与乡村振兴》，《河南社会科学》2018年第2期。

的另一套规则中，不同层次的规则是嵌套的，该层次上的规则受制于较高层次上的规则。"一个层次的行动规则的变更，是在较之更高层次上的一套'固定'规则中发生的。更高层次上的规则的变更通常更难完成，成本也更高，因此提高了根据规则行事的个人之间相互预期的稳定性。"[①] 也就是说，对使用者的选择是一种权力与权利的配置行为，在规则和次序的制约下，形成了一种特殊的秩序。

二 联结与调节："扛抬人"的中间角色

产权本质上是一种经济关系，关系内生权力。围绕产权的使用，形成一个新的权力运作领域。这一领域会形成相应的权威性角色，主导或参与该领域权力的运作。就土地而言，土地使用权的让渡会形成一个租佃事务领域，并有特定的权力主体在该领域发挥作用。具体说来，这一主体要在占有主体与使用主体之间建立联结，并对双方的关系进行调节。

在湖村的租佃事务中，"扛抬人"发挥着中间角色。"扛抬人"是湖村村民对能在租佃事务中担当角色的一类人的习惯称呼。"扛抬人"具有几个特点，第一，本身也是插田户，租种了地主的田土，这样既与地主有联系，也与其他插田户有共同之处，地主和插田户双方都认可；第二，插田比较多，几个"扛抬人"，如宋海棠、江清明、祁丰亭等，宋海棠插田30亩，江清明插田16.4亩，祁丰亭插田22亩，这些人农业生产经验丰富，对田土、对生产十分熟悉；第三，有能力，嘴巴会讲，为人强势，尤其是敢于出头，这一点很重要，他们在村民看来属于是蛮"狠"（厉害）的人，他们不怕地主，反过来地主有些害怕他们。湖村有四五位"扛抬人"，他们的经济条件一般，也没有读过太多书，是插田户的挑头人。"扛抬人"在与租佃双方相关的事务中扮演关键角色，代表插田户与地主交往，地主

---

① [美]埃莉诺·奥斯特罗姆:《公共事务的治理之道：集体行动制度的演进》，余逊达、陈旭东译，上海译文出版社2012年版，第61页。

也往往与他们商量纳租、挑堤等事务，不过他们并非整齐划一，也不是所有人始终倾向插田户。

在租佃关系形成中，"扛抬人"主要担当介绍人和见证人的角色。在湖村，要想插地主的租田，可以直接去跟地主讲明，或者通过"扛抬人"同地主联系，由于三个地主很少在村里，因此通过"扛抬人"进行联系的比较多。而在安家湖聚落，地主安仲庭父子委托"扛抬人"黄金阶作为"托付人"。插田户关于租田的事情，一般由他在中间跑腿办理。黄金阶的屋场挨着安仲庭专门用来存放租谷的仓库，安仲庭父子信任他，插田、收租等相关的事情都托付给他。安家湖聚落农户想插安仲庭的租田，要先跟黄金阶说一声，由他向老板介绍。

农户在租种地主的田土之前，往往需要提前看看田土情况。在湖村，看田的时候，农户自己去看就可以了，地主是不会陪同的，关系好的"扛抬人"会一起去看；在安家湖，"托付人"黄金阶有时候也会出面一起看。农户看田主要是看田土的高低，看田土的好坏，看用水是否方便等。看田主要是为确定租谷时讨价还价，高田、好田需要的租谷要多一些。不过在湖村，农户对聚落范围内的田土非常熟悉，很多时候农户在同地主讲之前，他们已经看过田土，对田土很熟悉，想插哪坵田，心中已经有数了，就不去看田，直接协商租谷。

"扛抬人"担当的中间角色主要体现在议定租谷数额以及写"佃纸"方面。农户看过田土之后，就要跟地主协商租谷。前面提到，湖村地主收取定额地租，每亩田的租谷为1—1.5担。农户跟地主讨价还价，对田土百般"挑剔"，希望能够少出租谷；地主一般不会为农户的说辞所动，往往坚持自己所定数额。此时，"扛抬人"居中说和就十分必要，但大多数时候是农户让步，地主对每坵田收多少租谷，这是所有农户都知道的事实，农户按照这一标准租种即可。同地主商量定下租谷之后，就要写"佃纸"。即使同老板关系好的农户，一般也要写"佃纸"。地主特别相信的农户或是只插了一两亩田的，不写也可以。但是，插的田多，必须写"佃纸"。宋海棠家插了安仲庭几十亩的田，请了几个人来写"佃纸"。

写"佃纸"需要会写字的人，还要请见证，而"扛抬人"恰好满足这些要求。这些人由插田户来请，一般不只请一个。写"佃纸"人必须由插田户自己来请，请他信得过的人，插田户大多不识字，他自己请人避免担心被骗。写"佃纸"时，写字好的"扛抬人"执笔，其他几个人作为见证。地主和该农户先在各自名字上压下手印，然后"扛抬人"也压下手印。"佃纸"一式两份，地主和插田农户各保存一份。插田农户的经济条件都不太好，大家彼此都是插田户，写"佃纸"也比较简单，因此插田农户不必支付费用，也不用请吃饭。

问："插老板的田要不要写个契、写个文书之类的？
答：那还是要的，要写个东西，写个"佃纸"，跟而今的合同一样，关系好也要凭文字，有个东西就不怕出麻纱（纠纷）。
问：写"佃纸"跟写"田契"是不是差不多？
答：插租田不比卖田，卖田写得仔细，一个字都错不得的，插租田就是好多田、出好多租谷，车哪个洞的水，请何人做见证，写清白就行了。
问："佃纸"上写插多少田、交多少谷就行了？
答：我小的时候，还见过我们家立的"佃纸"。我爹爹死得早，哥哥十几岁就当家，他同老板写的。我记得写的是：立佃纸人张克长，请凭介绍人黄金阶，插到安仲庭名下圆圫田七亩，言定每年纳租七担，租谷于秋收车付上仓，不得短少。恐后无凭，立此为据。[①]

在"扛抬人"的帮助下，"佃纸"会写得比较全面。在"佃纸"

[①] 来自张崇华老人的访谈。

中，一般要写明插田农户的名字，插哪个地主的田，插哪坵田，多少亩，一亩田交多少租谷，什么时间交租，用哪个港、哪个洞的水，谁是见证人等。插地主的租田，都要用地主的水，水的使用权要在"佃纸"里写清楚。比如安家湖内港属于安仲庭的，港里的水插田户都可以用，只要插安仲庭的田，都可以用。比如跟某一插田户共用地主某个洞里的水，必须写明能用多少水，不然共用的插田户有可能不让用水，容易出现纠纷。此外，在"扛抬人"的见证下，插田户对地主的一些要求也会写入"佃纸"。比如，插田户可能要求地主把某坵田附近的旱土附带归自己使用等。此外，地主的一些特殊要求，同样要写进"佃纸"里。比如有些田的地势高，地主会要求在"佃纸"中写明，插田户不能从田里挑土，不能破坏田以及田中间的路等。

在土地租种过程中，地主与插田户之间需要调整租谷，或是需要双方合作整修田土，或是双方发生分歧与争执等，都需要"扛抬人"出面处理。他们是地主与插田户之间关系的调节者。比如，为了兼顾租佃双方的利益，尤其是插田户的利益，"扛抬人"往往建议不在"佃纸"中写明租期。租期可以写进"佃纸"，也可以不写。由于经常有水灾，插田户不愿意租期定太长，以免因灾交不起租谷。只有那些家庭特别困难，或家中没有劳力，地主担心交不起租谷，要求写明"租期"，在这种情况下，租期都不长，一般是一年或两年。同时，地主也不愿意定太长，若租期太长，万一插田户交不起租谷，就会影响自己的收益。

使用权让渡意味着产权使用领域的形成。产权使用领域本质上是围绕产权使用的一种经济关系，权力会从该领域中形成并持续运作。"在人类的社会治理史上，权威总是与权力联系在一起的，往往是权力生成了权威。"[①] 就产权使用领域而言，主导权力运作的是"扛抬人"，"扛抬人"即是该领域的治理主体。任何权威都有其合

---

① 张康之：《论合作治理中行动者的独立性》，《学术月刊》2017年第7期。

法性来源，"扛抬人"之所以能够获得并在产权使用领域行使权力，在于其特殊身份。他们一方面是本村的村民，另一方面又是地主田土的使用者，因而能够在地主和佃户之间建立联结，获得双方的认可。就"扛抬人"的中间角色而言，其主要是在租佃关系达成及调节中发挥作用。"扛抬人"见证下的契约的合法性，来源于租佃双方对其所代表的产权关系共同纽带的认可；对于租佃关系的调节，同样依靠"扛抬人"所坚持的产权惯习。因此，支撑"扛抬人"权威地位的主要是产权规则，产权规则成为"扛抬人"治理活动的基础性资源并为其提供有力的支持。

三 地主的有限经济权力

在湖村，插田户只是按习惯租种土地，此外与地主之间几乎毫无联系。地主由于让渡土地使用权而获得对插田户的影响力和支配力，不过这种经济权力是有限的，局限于产权使用领域。地主与插田户之间更多的是一种身份平等的关系，插田户对于地主依赖而非依附，没有人身依附关系。

在日常生活中，人际交往是从见面打招呼开始的。就插田户对地主的称谓而言，只是按照辈分、年龄称呼，没有特别的尊称，更不会称地主为"老爷"之类的。地主到村里来"看租谷"时，村民也只是碰到他们时才同他们打招呼，不用主动前往迎接，更不用请吃饭。由于三个地主都不在村，插田户平时与他们几乎没有什么交往，关系很一般。在湖村，插田户不仅逢年过节不去拜望，而且红白喜事均不来往。正如马若孟对华北的研究发现一样，"（地主与佃户）两者之间的社会关系极为松散，与德川时代和近代日本的佃农与地主之间的关系不同，地主没有特别的地位能迫使佃农送礼，或让佃农用尊敬的语言称呼他"[1]。

---

[1] ［美］马若孟：《中国农民经济：河北和山东的农民发展，1890—1949》，史建云译，江苏人民出版社2013年版，第60页。

"租佃关系中的经济权力仅仅限于经济领域，地主只是土地的主人，而不是租佃者人身的主人。"[①] 三个地主没有特殊的地位迫使插田户做人情工、义务工，没有额外的权力要求插田户给自己做事。湖村的插田户从来没有被迫为地主做过事，地主也从来不会要求插田户为自己做事，他们最多是要求插田户把租谷送到自己存粮的地方。地主找插田户干活，相当于请工，需要按照工价支付报酬。地主周献章住在汉寿，每年收了租谷之后，需要用船运回汉寿。租谷往船上装卸需要劳力，他就从插田户中雇人，根据谷子的多少，给每个人支付6—8升米。有些年份周献章自己的船不够，还要雇插田户的船，同样需要付钱。

以地主安仲庭为例，他本人住在常德，老家在围堤，在围堤有几百亩的田土。安仲庭在为围堤修建有大院，湖村的插田户要走二三十里路把租谷送到他家里。送粮之时，大部分插田户是自己花钱雇船，在安家湖把租谷装船，先运到沧港，在沧港把租谷卸下来，把船从内河拖到外河，然后再把租谷装船，行船送到围堤安仲庭家里。到了20世纪30年代，安仲庭在安家湖盖起几间瓦屋，瓦屋既可以居住，也是仓库，临时存放租谷。

当时建租屋时，安仲庭从外面雇了2个瓦匠，又从湖村雇了8个劳力，每个劳力每天支付3升米的报酬。而如果是村民建房，也会请"边近"的村民过来帮忙，不同的是，他们不用给工钱，只管吃饭就可以，做工时准备点茶和烟。在村民那里，村落内部建屋、修屋帮忙是相互的，自己给别人帮了忙，别人将来也会给自己帮忙。但是给安仲庭做事不同，村民从未把他视作本村落的人，跟他没有什么交往。他要想让村民给他做工，就必须支付工钱。

"盖房请人帮忙，请亲戚、本家、边近，帮一两天忙，也不给工钱。别人盖房我去帮了忙，我几年内不盖房，他不会来给我帮忙，

[①] 徐勇：《"关系权"：关系与权力的双重视角——源于实证调查的政治社会学分析》，《探索与争鸣》2017年第7期。

我不会觉得吃亏,因为他早晚要还的。"①

"插田户是插老板的租田,按时交租谷就行了,不用替老板做事。以前插田户也为老板干活,那是给工钱的,就是请工。安仲庭堤上挑的那个屋场,就是找的本地方的插田户,一天给3升米,不给工钱何个干的。老板就是收租谷,他没得权力叫插田户做事。"②

日常生活中,插田户平时跟安仲庭家极少有来往。插田户除了交租谷时到围堤安仲庭的老家外,其他时间是不会去他家的,过年过节也不去拜望。安家湖聚落的农户基本都是安仲庭家的插田户,从安仲庭的父亲开始,到安仲庭,再到安仲庭的儿子安又梅,祖父孙三代人一直占有安家湖的田土。插田户几代人与安家三代人都没有太多往来。安家有红白喜事,插田户们都不去参加;插田户家里有红白喜事,安家也从不参加。后来,安仲庭娶小老婆,以及他的小老婆生儿子,除了黄金阶之外,村里其他插田户都没有过去吃酒。安仲庭的小老婆曾经在安家湖租屋住过一段时间,但是平时跟插田户是没有来往的。

湖村的插田户普遍贫困,都没有和地主拉关系的。三个地主有钱有势,插田户感觉低人一等,因此很少跟他们往来。相比之下,在村地主与插田户的关系更加密切,而且交往也较多。在湖村周边的村落,一些地主在村居住,他们与插田户之间有着频繁的往来。村落中想插田土的人很多,竞争比较激烈,加上村落社会关系的制约,在村地主往往选择把田租给跟自己关系好的农户来耕种,而不仅仅看种田和交租的能力,那些家里困难、没有劳力,但是跟地主有关系的农户,也能插到租田。因此,要想插到地主的租田,就必须要跟地主搞好关系。平时,插田户与地主之间有人情往来,参加地主家的红白喜事,去地主家里帮忙;过年时候,插田户还要带上

---

① 来自李小坡老人的访谈。
② 来自宋九林老人的访谈。

肉、甜点等礼物，过去给地主拜年。显而易见，在村地主与插田户之间除了经济关系之外，还存在其他的社会关系。

权力是一种影响力和支配力，表现为权力主体与权力客体之间的一种支配关系。地主作为占有主体，由于让渡了土地的使用权，得以在产权使用领域行使一定的经济权力。"权力是一种网络，其结点蔓延到任何一个角落。因此，权力的分析应该从权力的应用出发。"[1] 地主的经济权力是有限的，佃户不受地主超经济的控制和剥削，地主的经济权力无法扩展到其他领域，无法在其他领域获得支配地位。不在村地主没有进入村落的社会关系之中，佃户与他们没有太多交往，双方形成了一种松散联结。湖村的佃户与地主之间围绕土地使用建立联系，双方形成了相对平等、单纯的市场关系，没有形成丰富多样的社会关系。这种状况使得地主不受人格化纽带束缚，"在总体上限制了地主对地产耕种、佃户福利以及乡村事务的参与"[2]，同时也让佃户获得更多的生产经营独立权。

第二节　使用权扩张下的经营秩序维系

由于合作性的产权属性以及村落社会空间的制约，湖村村民获得了相对有保障的田土使用权。在费正清看来，水稻耕作的性质有利于小块土地的经营者，"在水稻栽培方面，耕种者比在其他谷物的培植方法上占有更关键的地位"[3]。产权的家户使用，强化了插田户的自主权，使得对等与自由的经营秩序得以维系。同时，自主权也

---

[1] ［法］福柯：《权力的眼睛——福柯访谈录》，严锋译，上海人民出版社1997年版，第273页。
[2] ［美］白凯：《长江下游地区的地租、赋税与农民的反抗斗争：1840—1950》，林枫译，上海书店出版社2005年版，第321页。
[3] ［美］费正清：《美国与中国》，张理京译，世界知识出版社1999年版，第31页。

增强了佃户的独立性,"地主并不能因为是土地的主人可以为所欲为,农民并不只是被动的服从者。农民在缴纳租金的同时,也会取得独立经营权甚至长期的经营权,也会因为天灾而要求减少租金"[1]。佃户从自身利益出发,通过集体共谋等策略行为,与地主进行权力博弈;当生存面临威胁时,他们还会根据自身和村落社会认同的生存逻辑,进行权利表达,并作出抗争。

一 对等与自由:不受干扰的经营权

在占有权与使用权分置的情况下,产权权利分离为占有者的权利和使用者的权利,这是两个相互独立的权利领域,使用者拥有相对独立的使用权。就土地耕种而言,湖村的地主几乎不参与生产活动,主佃之间除了经济上的契约关系之外,并无其他关系,插田户拥有很大程度的独立经营权。正如马若孟所说的:"(租佃)双方在整整一年间从不聚在一起讨论怎么样使用或开发土地,也不讨论如果佃农用肥料改良了土地,怎么样返还地租。土地所有者不提供任何资本,也没有任何条款规定如果佃农改良土地就削减地租。"[2]

在田土使用上,湖村的插田户同样拥有不受干扰的经营权。三个地主只出租田土,不提供种子、农具、耕牛等。在生产中,地主只关心插田户能否按时交租谷。只要插田户不把田土转租给其他农户,或是没有破坏田土,地主不干涉具体生产活动,"在任何情况下,耕种者受法律和惯例的保护,使其不离开土地,不受所有权者的干扰"[3]。至于租种田土是否全部耕种,如何耕种,地主不会干涉。插田户可以自己劳动,也可以请长工、月工耕种。家里劳动力不足的插田户,农忙时还要请短工,插秧、车水、割稻等环节都要

---

[1] 徐勇:《"关系权":关系与权力的双重视角——源于实证调查的政治社会学分析》,《探索与争鸣》2017年第7期。

[2] [美]马若孟:《中国农民经济:河北和山东的农民发展,1890—1949》,史建云译,江苏人民出版社2013年版,第60页。

[3] 费孝通:《江村经济》,上海人民出版社2007年版,第56页。

请人做工。有些插田户虽然劳动力并不充足，租的田比较多，地主也不会因为该插田户劳力不足而限制，只要能交得起租谷，租田数量由插田户自己决定。

在湖村，插地主的租田，每亩只需支付1担或1.5担的租谷，不用额外支付东西。传统时期，洞庭湖区的熟制是一年一熟，每年的4月到8月种植水稻。插田户种植一季水稻之后，还可以再种植一季荞麦，荞麦的生长期是8月至10月，有些农户在荞麦收割后，还会在10月至第二年4月之间种植油菜。荞麦是重要粗粮，在稻谷不够吃的情况下用来充饥。同样，收了荞麦以后，大多数插田户选择种植绿肥，冬天水田泡水，绿肥腐烂后作为肥料。插田户是否种植荞麦或油菜，完全取决于自己，收成也完全归自己所有，不用向地主缴纳。另外，插地主的水田，往往附带一块小面积的旱土，这些旱土不纳入租田面积，归插田户支配，插田户可以种菜，或者种棉花、芝麻、黄豆等，收获完全归自己所有。可见，除规定的租谷外，地主无权对插田户的收成提出额外要求。正如白凯指出的，独立经营权"加强了佃户对土地的控制，又巩固了佃户对土地上任何新增产出的权力"[①]。

"以前插老板的田，他不干涉生产，不管的，自己想种什么就种什么，他不过来问，只要把租谷给他就行。如果遭了灾淹到了的，就请老板来验租，少交一点。"[②]

插田户不想继续租种，要提前跟地主打招呼。一般水稻收获交了租后，就要跟地主说一声，说自己不再继续插了，让他把田转给别人。插田户必须要提前跟地主说，因为收了水稻以后，要耕田、灌水，下半季要种绿肥等。不继续租种的话，就提前跟地主打招呼，通知地主把租田给别人，由接下来租田的农户耕田、种绿肥，否则

[①] ［美］白凯：《长江下游地区的地租、赋税与农民的反抗斗争：1840—1950》，林枫译，上海书店出版社2005年版，第322页。

[②] 来自戴宗信老人的访谈。

就会影响接下来的耕种。

"插老板的田呢，有佃纸的，一般都是租一年，如果你先年不交租谷，那第二年老板就不会把田租给你了，就把田租给别人了。安仲庭也不能突然说我不让你插了，签了契就不能随意不让插田户插的。"①

插田户不主动向地主提出不再租种，就可以一直耕种。同样，地主若想从插田户手中收回租田，也要在收租谷时告知插田户。水稻还没有收割，还处在生长过程中，地主不能突然提出不让继续租种，必须要等水稻收了之后，才能收回田土。在插田户看来，地主不能太霸道，也不能不讲信用。地主不能随意剥夺插田户的承租权，插田户年年按时交租，地主不能轻易不让继续租种，不能随随便便把田土收回。正如托尼所说："在中国的某些地区，佃农的权利是有保障的，在佃农交付了地租时，地主不能辞退佃农，不能增加地租。"②

"以前插老板的田，他不能突然说不让种了，除非没有按时交租谷的；如果年年按时交了租谷，不能平白无故地不让种。你是老板你权大，你也要讲道理。我插你田，我没有交租谷，你可以收回；但是我交了，你不能随便收回。我不想插了，可以不插。"③

插田户从地主那里租入田土，获得了田土的使用权。这种使用权在生产中体现为相对独立的经营权，经营权可以通过分家、继承等形式，在父子之间进行纵向转移。在分家时，插田户承租的田土，如同自有土地一样，分配给儿子们继续租种。租田分配的原则同家产分配的原则一样，在儿子们之间平均分配。插租田比较多的农户，若儿子们都愿意插田，就按亩数平均分配，每个儿子分得一份；插租田比较少的农户，租田太少无法平分，就把田分给某一个或两个

---

① 来自甘胜喜老人的访谈。
② ［英］理查德·H. 托尼：《中国的土地和劳动》，安佳译，商务印书馆2014年版，第104页。
③ 来自戴宗信老人的访谈。

愿意插的儿子，由他们向地主纳租；没有分得的儿子，另向地主租田。

安家湖黄金阶、黄金权是两兄弟。在分家之前，家中没有田土，靠插地主安仲庭24亩租田为生，每亩田缴纳1.5担的租谷。分家之时，两兄弟平分了父亲的租田，哥哥黄金阶分得14亩，弟弟黄金权分得10亩。分家之后，两兄弟没有同地主重新写立"佃纸"，仍然使用原来的"佃纸"，"佃纸"由黄金阶保管。每年水稻收割之后，两兄弟根据各自的租田面积，各自准备相应数额的租谷，由黄金阶统一向地主缴纳；后来由于黄金阶跟安仲庭的关系很好，有时候就不收他的租谷。像黄家兄弟这种因分家造成的使用权转移，在插田户中很普遍，安仲庭从不过问，他只是根据"佃纸"收取租谷。当兄弟之间出现互相推诿等情况威胁到租谷时，他才会要求与分家后的兄弟们重立"佃纸"。

通过上述分析可知，湖村佃户在经营中拥有相当大的自主权。从本质意义上讲，任何权力和权利都是人为建构的产物。佃户拥有的不受干扰的经营权，同样是一种权力建构与权利表达，是地主与佃户之间利益、权利与权力均衡的结果。佃户和地主之间的博弈，形成了一种相对有保障的权利。一方面，由于产权权利分置，佃户分享田土使用权，这巩固了佃户的地位和权力，强化了其对田土的控制；另一方面，佃户的经营权建立在双方共同履行义务的前提下，是一种对等权利下的自由。这种均衡的权力与权利关系，构成了经营秩序的基础。当租佃双方因田土经营而发生争执或纠纷的时候，作为治理主体的"扛抬人"同样依照对等权利的原则进行调节，调节的目的在于纠正失衡状况，使双方的权力回归到对等状态。

二 "看租"中的权力博弈与策略行为

产权分置使得权利分属不同主体，不同主体的权利诉求差异必然存在张力甚至对立。在生产经营中，插田户使用田土的过程，同时也是租佃双方权力和利益博弈的过程。恰如白凯所指出的："在外地主与自己的土地及其耕种者存在肉体上的隔阂,既不能作为耕作的监督者,也不能作为种子、农具、耕畜的提供者而参与农业生产。……地主和佃户之间的关系不仅变得越来越没有人情味,而且当双方都在百般维护自己在增长的产品中的权利要求时,双方关系更是吵个没完没了。"[1] 租佃双方经营中的博弈很多,而"看租"是集中展现。

湖村的"看租"与通常意义上的看租、验租有所不同。湖村的地主出租田土采用定额租制,租谷数量是租佃双方提前商定好的,根据田土等级,决定租谷的多少,无须每年重新确定,故而正常年份是不"看租"的。"看租",也叫看"标谷",是在遭了灾的年份,农历七八月间,快到收租的时候,由于遭了灾,地主自己前来或是被插田户邀请而来,到田里查看收成情况。在这一过程中,地主是被动的,因为"看租"很可能意味着减少租谷。

地主在"看租"中有自己的评判标准。有些年份,降雨多涨了大水,堤垸溃决,田土完全被淹,没有了收成,地主"看租"后,就决定不收租谷。有些年份虽然涨了大水,但是没有造成庄稼绝收,只是减产,地主看过后,不会同意减少租谷。在地主看来,丰收多产的年份,他们并没有向插田户加收租谷,插田户享受了丰年收益;因此在遭灾情况下,只要有收成,哪怕很少的一点儿,也要按约定数额交租,不会作出让步。除非之前连续几年收成不好,地主才会答应减租。这种情况下,地主看"标谷",根据收成决定减租数额。

也就是说,地主"看租"其实是插田户维护和谋求自身利益的机会,因此插田户有强烈冲动把握和运用这样的机会。在这一博弈中,作为插田户中权威人物的"扛抬人"发挥主导作用,邀请地主前来"看租"往往由他们出面。如果是普遍遭了大灾,粮食减产很

---

[1] [美]白凯:《长江下游地区的地租、赋税与农民的反抗斗争:1840—1950》,林枫译,上海书店出版社2005年版,第27页。

多甚至绝收,"扛抬人"主持插田户们商议,一起接地主过来看"标谷"。地主来到村里以后,在"扛抬人"的陪同下,到田间察看灾情。确实水灾十分严重,就同意"扛抬人"的请求,不再收取租谷,或是只收取很少一点儿。在这种情况下,一般只要一个地主同意不收租谷,另外两个地主也会同意不收租谷。因为即使不同意,插田户也不会听从。

有些年份,不是全村普遍遭灾,只是一户或几户的低田遭了灾,但是收成损失惨重,就要单独或几户联合,请地主来"看租"。请地主"看租"的想法通常要先告知插田户里的"扛抬人",获得他们的支持,然后才能付诸实施。就安家湖聚落的插田户来说,要先告知地主的"托付人",把他"哄住",然后请他同地主讲受灾的情况,接地主来看"标谷"。前面提到,"扛抬人"不是整齐划一的,不是始终偏向插田户,尤其是同时身为"扛抬人"与地主"托付人"的黄金阶,他本人跟地主安仲庭父子的关系很好,深得他们的信任,因此必须要获得他的默许或者支持才可以,获得他们的支持才能请来地主"看租"。"看租"后,申请减租的插田户备下酒菜,招待地主,并请一两个"扛抬人"作陪。尤其安家湖聚落的插田户,必须要请黄金阶参加。在饭桌上,插田户提出减免租谷的请求,"扛抬人"在旁边说一些好话。"扛抬人"嘴巴会讲,在租佃事务中很有分量,地主不会轻易驳回他们。这种情况下,地主往往一开始拒绝,后来会表示看在"扛抬人"等的面子上,多少减免一些。

"遭了灾,老板还是要的,就算我们发大水什么都没有得到,他也多少要一些的。没的东西交,就要跟老板讲好话。我们这里的老板,他有个'托付人',就是黄金阶。他本人'扛抬',老板相信他。先跟他讲,把他给哄住,你搞不好他就不会跟你讲呀。讲了以后他就跟老板讲,还接老板吃饭。一边到饭桌上讲,田里今年淹了受了灾,没有得到起来。"[①]

---

① 来自姚必达老人的访谈。

表面上看,"看租"后是否减租,由地主根据受灾作出决定。但是问题在于,地主只是在"看租"时才来到村里,且看完租就走,他无法完全掌握真实的受灾情况。这种信息的不对称使得插田户有"机"可乘。比如,有些年份水灾严重,整个田全部被水淹了,确实没有了任何收成;不过,有些年份虽然水也很大,但是降雨比较晚,水稻不会完全淹死,只是减产。但是这两种情况比较难区分,很难说庄稼是绝收了,还是仅仅减产。而插田户利用这种情况,在地主看"标谷"上面做文章,谋求自身利益。

关于"看租",湖村有一个流传很广、为插田户们津津乐道的故事。1947年,下了风暴雨,降雨持续了很长时间,西边的山水也下来了,整个外河都涨满了水,湖村所有的田被淹了。当时地主到村里看"标谷",看到一片泽国,到处都是水,已经看不到庄稼了,于是认为这一年肯定是没有收成了,于是扭头离开,租谷不再要了。但是地主走了以后,插田户把外河河堤挖开,把田里的水排出去了,产量并没有受到太大损失。但是地主不知情,他那一年就没得搞头,没有得到租谷。所以,宋九林、甘胜喜等老人回忆起这件事时,都会不无兴奋地说到,那个时候地主不住在村里,不能盯着插田户,怎么可能搞得赢佃户佬,佃户佬几得名堂多!

通过上述案例,我们可以发现,佃户虽然租种地主的田,但并不是完全处于被支配的地位。围绕着产权使用,佃户拥有申请减免租的权力,地主拥有作出减免租决定的权力。在通常情况下,这两种权力是对等的。但是由于距离经营活动远近的差异,使得双方的地位关系在一定情况下失去平衡。当出现水灾等情况时,这种失衡就表现出来。经营过程中租佃双方有各种博弈,佃户并不是始终处于不利位置,在"扛抬人"的组织或支持下,他们利用自身信息、经验优势和村落关系网络的庇护,通过各种"名堂",在"看租"等行动中实现集体共谋,使地主处于不利境地,不得不作出让步,从而扩张自身权利和利益。由于不在村,地主拿佃户没有办法,很多时候被佃户欺骗,即使后来知道了真相,也无可奈何。

三 生存危机下的抗争

纳租是插田户道义上的责任，也是继续获得田土使用权的前提和基础。正常情况下，插田户因为某种原因不交租谷，就要向地主提出请求，请求地主宽限时间或同意第二年补交租谷。地主好说话，且插田户信用好，一般会答应；地主不好说话，或是插田户信用不好，就不同意。地主不同意请求，插田户只能想办法凑齐租谷，否则地主就会提出收回田土。地主作为产权占有者，拥有让渡或收回田土使用权的经济权力。在插田户不交租的情况下，地主收回租田天经地义，该插田户不能说什么，其他农户也无法对地主的行为提出质疑。

但是由于特殊原因，纳租之后，插田户及其家人的生存面临威胁，插田户有理由要求延缓或拒绝纳租，同时不丧失田土的经营权。这是插田户在生存危机下的抗争，而地主无法从插田户手中收回田土。"佃户不交租是由于遇到了饥荒、疾病等灾难，佃户对这些是没有责任的。"[①] 同时，这种情况下，无论是插田户的个人行为还是集体行为，一般都能获得村落社会的支持，村落支持或集体认可使得欠租行为获得正当性支持。"地主与佃农的关系一般就是此种契约关系。只有当整个社区公众一致认为收成不能保证付清地租时，特殊的义务和责任才可免除。"[②]

基于生存逻辑，插田户在分配收成的时候，首先是满足自家糊口的需要，其次才考虑向地主交租。地主要靠插田户插田才能有收入，插田户不插田就没有了收入，地主往往拿插田户没办法。地主的租谷有时候也难得收齐，经常的情况是，插田户总想着少交租谷。插田户把地主接来，说田被淹到了，没的收成了，就不交了，其实有时还是得了一些谷子。尤其那些田不好的农户，有些年份收

---

① 费孝通：《江村经济》，上海人民出版社2007年版，第149页。
② [美] 罗兹曼主编：《中国的现代化》，国家社会科学基金"比较现代化"课题组译，江苏人民出版社2003年版，第161页。

成很少，交了租谷全家就没有吃的了，干脆就不交了。

而有些困难的插田户，态度比较强硬，自家粮食不够吃，就不向地主交租，地主也没办法。"我吃粥的还怕你吃饭的"，插田户以生存不下去为由拒不交租，地主也无计可施，更无法强行收回田土。因此，插田户一般不怕地主，反过来地主有时候不得不顺从插田户。因此，虽然湖村大部分农户都没有自己的田，租种地主的田，但是因为分享了田土权利，不会过分担心地主把田收回去。此外，插田户因为开垦了田土，所以也很理直气壮，认为自己插地主的田是有底气的，还参加挑堤护垸，不然田土也保不住，因此地主不能太过分。

"受了大灾害的，可以同老板讲要他减租，减不减看他，不减也有，遭了大灾的，都是要减的。要是绝收了，好比断了堤的，田里没得一点儿收成，就不交了。我吃粥的还怕你吃饭的，我穷得很，老子没得办了，你能把我怎样？"[1]

插田户江清明家里没有一点儿田土，全靠租种安仲庭16.4亩水田养活全家。他本人比较厉害，又是"扛抬人"，安家父子两代人都有些怕他。有一年，发了大水，他插的田被水淹到了，但是没有完全绝收，只收获了不到一千斤的粮食，根本不够一家6口人接下来一年的口粮。当时安仲庭前来"看租"时，只同意减免一些，还是要求江清明交租。江清明坚决不干，气恼地说，"有你吃的，就没我吃的"，硬是不交。安仲庭没有办法，那一年就没有找江清明要租谷，后来也没有补上。

不仅安家湖出现过上述行为，周家湖的插田户也有过这样的经历。周家湖的李正富与李担富是两兄弟。李家早先的条件不错，因此两兄弟分家时各分得10亩水田。李正富十分勤快，还租种周宪章7亩水田，每年按时纳租。但是哥哥李担富喜欢赌牌，有一次押宝把田土全部输掉了，一家人没有田土无法生存。无奈之下，李正富

---

[1] 来自游先云老人的访谈。

只好与哥哥合起来经营自己的田土,两家人一起生活。但是,由于哥哥欠赌债太多,李正富的积蓄和一年的收成也差不多全部用光,没有能力支付租谷。等到周献章前来催讨租谷的时候,李正富无力缴纳,提出逐年补交,周献章不同意,还要收回租田。李正富不愿意交回,因为交回后一家人只能去讨米。村里其他插田户知道后,纷纷出面制止,在"扛抬人"的号召下,甚至以集体罢租相威胁,周献章只得作罢。

以上案例显示,湖村地主的经济权力是有限的,尤其是当插田户的生存面临威胁时,对于插田户掌握的经营权,地主是无法随意收回的,受到很大的限制。这种限制来自于插田户所坚持的生存逻辑,地主也不得不作出妥协和让步。正如斯科特所指出的,生存逻辑是插田户评价地主盘剥生产剩余物的标准,插田户的标准是"交够了外部的索要之后还剩余多少——够不够维持自己的基本需要"[1],如果地主的索要加剧了生存危机,没有尊重其作为消费者的基本需要,那么就违背了插田户认可的行为规范,他们就会作出相应的反抗。

同时,还有一个很重要的原因是,如果田土不让本村落的农户耕种,外村的人又不能过来耕种,那么田土只能荒起来。费孝通先生在江村的调查同样发现,"根据法律,如果佃户连续两年交不起租,地主即可退佃。但该法律并不适用于惯例至上的地方。逐出佃户的实际困难在于寻找一个合适的替换者。不在地主自己不耕种土地。如果由外来人来挤掉本村人的位置,那么这些外村人也不会受到本社区的欢迎"[2]。"失去佃权的恼怒有时是对地主而发的,但更

---

[1] [美]詹姆斯·斯科特:《农民的道义经济学:东南亚的反叛与生存》,程立显、刘建译,译林出版社2013年版,第37页。

[2] 费孝通:《江村经济》,上海人民出版社2007年版,第146页。

多时候是对更易于攻击的靶子——新佃户而发的，他被指控为'夺种'。"①

地主不让本村的村民插田是办不到的，三个地主都不是本地人，他们在村落中没有"帮衬"，得罪了插田户，结果只能是孤立了自己，到头来还是自己蒙受损失。曾经有一次，安仲庭把从插田户手中收回的田租给了一个外村人，这个人住得离湖村较远，在湖村没有亲戚朋友，生产中得不到村落人的帮助，庄稼也无法照管，该人只耕种了一年，就匆匆把田退给了安仲庭。

第三节 附着在田土上的水权使用

产权是协调各方关系的利益边界，规定了各方在利益分配中的权利和范围。基于合作性产权，湖村村民不仅能够获得田土的使用权，而且能够分享到田土附属物的权利。这种附属物分享主要体现在"水份"和水的衍生权益两方面。"对以耕种土地为主要生产活动的乡村地区来说，土地制度对其他相关制度有很强的决定作用。"② 在村落中，依照权责对等与公平原则，形成了公认的分配规则，在"扛抬人"的主导下，在协作中兼顾彼此利益，自主处理分配纠纷，维持基本的秩序与平衡。

一 "水份"与协作秩序

"水的调节是栽种南方代表性谷物水稻的基本条件。"③ 前面分

---

① [美]白凯：《长江下游地区的地租、赋税与农民的反抗斗争：1840—1950》，林枫译，上海书店出版社2005年版，第51页。

② 熊万胜、毕菲荣：《论地权的基本内涵与地权模式的时空差异》，《南京农业大学学报》（社会科学版）2018年第1期。

③ [英]理查德·H.托尼：《中国的土地和劳动》，安佳译，商务印书馆2014年版，第40页。

析过湖村的水权，水不存在独立的产权，水权附着在地权之上，归属地主占有。水是农业生产的关键，无法用水的田是没有人愿意耕种的。"水随田走"，地主在让渡田土使用权的同时，也要让渡水的使用权。

"一般插田户在插田前都要看一看，田好插不好插，水便不便，水不便的价钱就便宜一些，水便的就贵一些。有的田靠天，根本就不会去插。安家湖没有完全靠天的田。"[①]

就港水的使用而言，主要指安家湖内港水的使用。内港大部分时期属于安仲庭，凡是租种他的田土，都可以使用港里的水。内港的水比较充足，因此插田户在写"佃纸"时，只是写明使用港水灌溉，而无须写明用水量。在"佃纸"中写明用水来源，是对插田户用水资格的认定，这一点至为关键。内港中的水，插田户随时都可以使用，使用前不必征求地主的同意。内港是安家湖聚落插田户重要的灌溉和生活用水来源。灌溉主要是水车车水，插田户在内港边上架上水车，各有各的车部，且水足够使用，因而不会出现争执。插田户在日常生活中吃水、种菜、洗衣等都是使用地主的水，不受限制。即使插田户不再承租田土，或是因无力纳租而被剥夺了承租资格，也同样可以使用地主的水满足生活需要。这也意味着，插田户分享的使用权其实包括灌溉用水权和生活用水权，前者随田土使用权的变动而变动。

"外河放不进来水，有碏，一百多年了，水车踩水，车部通过碏过水。也可以到内港里踩水，那是老板的港，碏是插田户一起，加上老板修的。插田户要到内港里踩水，天干的时候，也有抢水，但是没有因为抢水发生纠纷的，因为没有特别干的，水也多。"[②]

与港一样，洞虽然是地主的，但是插田户可以使用。洞的面积比较小，最多只能几户插田户使用。在租田之时，需要在"佃纸"

[①] 来自甘胜喜老人的访谈。

[②] 同上。

中写明洞水使用权以及洞水使用量,尤其是当几户插田户共用一个洞水的时候,这是插田户围绕洞水形成清晰使用关系的关键。就安家湖瓦窑洞而言,面积5亩,是湖村面积最大的洞,该洞为周先柏、周香山和宋海棠3户承租的田土所包围,故3户共同拥有洞水使用权。虽然3户的田土面积不等(宋海棠田土最多,田土加起来30亩;周先柏有5亩,周香山有8亩),但洞水使用采用平均方式,3户各家享有三分之一的"水份"。就瓦窑洞而言,只有这3户有权使用,其他农户是不能使用的。插田户不再耕种地主的田土,就不能继续使用地主的洞车水,洞里面的水也就没有份了(见表4—1)。

表4—1　　地主占有的港、洞及相应的使用插田户(部分)

序号	所在聚落	所属地主	名称	面积	使用插田户姓名
1	安家湖	安仲庭	内港	300多米长,20多米宽	江清明、黄金权、黄金阶、要金堂、姚柏堂等
2	安家湖	安仲庭	瓦窑洞	5亩	周先柏、周香山、宋海棠等
3	安家湖	安仲庭	刀把洞	1.5亩	甘海斌、高绍堂
4	周家湖	周献章	圆洞	3亩	李正富、宋习堂等
5	周家湖	王运前	三角洞	2亩	祁丰亭、祁老四等

注:资料来源于田野调查。

使用同一个洞的插田户,形成一个利益共同体,都可以车水灌溉。天干的时候,插田户在洞边架上水车。车水没有先后顺序,各自在各自的车部车水。若洞里的水不多,有些共用洞水的插田户事先商量一下,或是尊重公认的用水规则,即按照共享"水份"的要求,根据洞水量,自己有多少"水份",就相应地车多少量的水,从而保证每户都能车到水,实现公平用水。在洞水不足的时候,共享"水份"的插田户会采用特定的方式衡量用水量。测量用水量有两种方式。第一种是在水车前面放个坛子、桶、罐之类的容器,水车踩起来后,会向容器里溅水,容器里的水滴满了,就换一个新的容器,或是把容器里的水倒掉。容器里的水滴满一次,是一个时间单位,各户车相同单位的水。第二种是将一轮线装在水车上，水车转的时候，线跟着转，一轮线转完了，作为一个时间单位，各户同样车相同单位的水。

有些共用洞水的插田户没有协商或没有达成一致，在洞水不够用的情况下，就会出现抢水。抢水之时，强调公平竞争，遵循"谁先车，谁就用"的原则，一般谁开始得早，谁就先车；后车的农户就没有足够的水用，不过这种情况较少。在湖村，用水规则建立在农户长期实践基础上，是自发形成的，在规则面前，农户都是平等的用水参与人；同时，农户协作比较多，通过协作兼顾彼此的利益，体现机会公平和竞争公平，自主用水的效果比较好。

不过，正如费孝通先生指出的，小块田土"如果不属同一个家，那里耕种者之间常常因灌水发生争执"[①]。由于水的使用权具有不可分割性，插田户共同用水，尤其是共用洞水的情况下，也会出现纠纷和冲突。除了上述提到的，因为"水份"分配导致的纠纷外（各户田土数量不均，田多的插田户与田少的插田户很难在水量分配上始终达成一致），还有一些纠纷是由于过水引起的纠纷。这种纠纷不是由使用权直接引起的，但是与水的使用密切相关。在几户共用洞水的情况下，有些田离港、洞有一定的距离，需要从别人田里过水，包括引水和排水。引水是从别人的田里过水，如果双方没有提前协商好，一方不让过水，另一方硬要过水，就会发生纠纷。同样，天上落雨，水往低处流入洞里，高田需要通过低田排水，低田插田户不同意，也会引起纠纷。有时高田的水渗入低田中去，也会造成两家关系紧张。

"那时候游月卢家有一坵田在上面，别人的田在他下面，一车水的时候都是从上面放到下面啊，他就不让别人从他田里过水，不仅这些，他拦水不让过，还挖下坵田的泥巴，下坵田是一个穷人，游月卢明显的就是欺负他啊，他还对那个人说，'你去告我啊，你告

---

① 费孝通：《江村经济》，上海人民出版社2007年版，第127页。

我，我就请你吃耳巴'。那个人也不服气，就阴阴地说，'我几的怕你，我个吃粥的还怕你个吃饭的啊。'"①

"我们这里有一个人充积极当贫农代表，因为他家的田在我们家田的下面，他硬要说我们家放了水到他们家田里，实际上就没有放，本来上坵田就高些，下坵田就低些，容易流水到下坵，就这样有点恨我们家，所以在划成分的时候，那个人硬要划高我们家成分。"②

在湖村，水权使用冲突的解决不是依靠国家、不是依靠法定权力所界定的权威，也不是邀请地主来作出裁决。地主从不出面，除非是涉及"佃纸"本身的问题，否则地主是不会参与的。用水中发生了纠纷，要请村落中的"扛抬人"出面讲公道。"扛抬人"本身是水权的使用者，他们按照通行的用水规则，依照权责对等与公平原则，对纠纷进行调解。只要调解人讲得有道理，双方一般都会服从。要是纠纷一方无理不听从，就调解不下去；比较强硬的"扛抬人"，会对不听话的人进行"制裁"，要求村民孤立他，限制他用水，从而保证用水秩序。不过，调解毕竟没有强制力，也有插田户不听从调解，有的甚至还打官司。

二 衍生权益的分享与边界

与土地不同，水权不是单一的，而是内含多层次产权的复合体系。在水域之上，会衍生出一些新的产权物。就湖村而言，鱼、藕等作为水权基础上的新的产权形态，其权属是清晰的。这些鱼、藕虽然是自然生成的，但是由于港水、洞水是属于地主的，因此这些衍生产权物自然归属地主所有。在现实中，地主放弃了对这些衍生物的产权主张，而是将其与水权一道，让渡给插田户，由插田户掌握，插田户可以有保证地分享到鱼、藕等水生产品。

在村民那里，"份"用来形容某方面的资格，有"份"就是有

---

① 来自李菊山老人的访谈。
② 来自王万宝老人的访谈。

资格，意味着可以获得或分享某方面的权益。因此，除了前述"水份"之外，还有"鱼份"、"藕份"。"鱼份"和"藕份"附着在"水份"上，插田户在获得"水份"同时，也得以分享部分"鱼份"和"藕份"。就地主拥有的港、洞中的"鱼份"而言，只有相应的插田户有资格获得，非插田户则不能分享，而外村人更无权分享。同时，"鱼份"和"藕份"随"水份"而变动，没有"水份"也就没有"鱼份"，当插田户不再承租地主的田土，或是因没有能力交租而被剥夺了承租资格，自然也就不能继续分享。

就内港而言，相关的插田户都拥有"鱼份"，随时可以过去打鱼，但是村内的专业打鱼户和外村人不能擅自进入内港打鱼。也就是说，内港野生的鱼在一定程度上成为相关插田户的"共同财产"，插田户对这些水产享有平等的权利，而其他农户则被排除在外。内港平时只是个别农户，尤其是小孩子在里面摸鱼，集中捕鱼则是在冬季。到了冬季，插田户用水车把内港里的水抽干，然后下去抓鱼。捞起来的鱼，除了给地主一部分之外，其他的全归插田户。这也是地主允许插田户分享内港"鱼份"的原因，地主离开插田户得不到鱼，因此必须让插田户分享到一些鱼他们才肯出力。而有些年份，内港里的鱼比较少，地主就不要了，任由插田户自己去"起鱼"，捞出来的鱼插田户平分。

插田户享有的"鱼份"是有保障的，不受其他插田户的侵犯。插田户投入劳动而捕获的鱼，在一定程度上属于其专有财产，受到村落的认可与支持。某插田户自己从内港中捞起的鱼，属于他所有，其他插田户无权索要，该插田户自己有权进行处置。同时，插田户捕获的鱼在一定程度上也不受地主的侵占。有一次，安家湖聚落的一个插田户从内港中捞到了一条17.1斤的柴鱼，安仲庭听说后想要夺走。但是后来其他插田户都出面抵制，安仲庭只得作罢。同时，冬季"起鱼"之时，凡是相关的插田户都可以分得一定数量的鱼，但前提是必须提供劳力参与。按照相对公平的原则，出力多的插田户比一般插田户分得的多一些。

洞里有自然生长的鱼,还生长的有野生藕。就洞而言,"鱼份"与"水份"相对应,归属相应的插田户。与港相比,洞的排他性更明显。两户插田户共享"水份"的,就两户共享"鱼份",其他插田户则无权分享。洞里的鱼比较少,地主不会索要洞里的鱼。在平时,插田户家里来了客人,或是其他时间需要吃鱼,都可以从洞里捞鱼。根据默认的规矩,插田户只能在靠近自己田土的一侧捞鱼,不能到别人的一侧捞鱼。而到了冬季"起鱼"之时,同样是共享的几户共同出力,得出的鱼平均分配或是按照"水份"等进行分配。就藕而言,每户享有的"藕份"与其享有的"水份"一致,有多少"水份",就分享多少的"藕份"。每户应得的权益应该得到尊重,同时也不能侵犯别人的"藕份"。到了冬天,共享洞水的插田户合作把水车干,一起下泥挖藕,或将洞分为几份,与自己田土相接的一份归自己挖,不能从别人那里挖;或是几户合作,共同出劳力,将藕全部挖出后,按照"份"进行分配。

对于贫困的插田户来说,鱼和藕是他们重要的日常消费品。1949年之前,湖村村民生活极其艰难,经常是食不果腹,更没有多少肉食。因此,港、洞里的鱼、藕,既能用来填饱肚子,又是难得的"奢侈品"。因此,村民对"鱼份"、"藕份"看得很重,视作是一项重要的权益。张克长的父亲去世得早,全家8口人就靠张克长做长工、插租田养活,日子特别苦。张克长有时候去洞里挖野藕,到河里戳虾子,搞到之后,大部分拿出去卖掉换钱,一小部分留在家里。一听到哥哥要挖野藕,弟弟妹妹们就特别高兴,终于又有东西吃了。从这个意义上讲,租佃共享既是一种产权安排,更是一种社会安排。否则,共享资源的欠缺就会使一部分插田户跌入生存线之下。

"我小时候,我们在洞里挖的藕,挖到藕了就挑到沧港啊、毛家滩去卖。我自己都去过好多回。那时候起得好早,我早上把藕挑到毛家滩了天才亮,到那里就卖些钱。"[1]

---

[1] 来自李小华老人的访谈。

插田户分享的鱼、藕，除一小部分留下自家使用外，大部分挑到沧港、汉寿或常德等地卖掉，换取一些微薄的收入，而地主是不会进行干涉的。对于插田户而言，藕是一项重要的收入来源。冬季是农闲季节，此时湖村不少插田户就做起藕生意。从洞里挖一些藕，他们挑出去卖掉，然后用卖藕得到的钱作为本钱，从外地购买姜、盐等生活必需品，再回到本地贩卖。这样一趟生意往返需要三四天，最多能挣得四五十斤谷子。对于插田户来说，这是养家糊口的重要补充。因此，插田户对属于自己的"鱼份"和"藕份"十分看重，不会轻易作出让步，当地主或其他农户对自己的权益提出挑战时，他们会毫不犹豫地进行反抗。

产权是不同主体之间权力关系的体现和反映，衍生权益及其分享即是这种权力关系的产物。就湖村村民而言，他们在获得田土使用权的同时，获得了附着在田土上的用水权和衍生权益分享权。这种分享权是不同产权主体之间权利分配的制度安排，是产权在村落社会的特殊实践规则。作为村落中的一种基础性安排，衍生权益的分享是与产权权利分置的状况相一致的，是村落的一种社会安排。"具体来说，在一个社会之中，产权的实践规则与一个社会总体运行的价值规则之间具有内在的相通性，不仅产权制度所输出的产权界定逻辑与社会自发的土地产权界定逻辑相互一致，而且产权制度背后的价值意涵与社会中充盈的意识形态逻辑也具有一致性。"[①] 村民将分享衍生权益作为一项重要的产权权利，并获得"扛抬人"所代表的村落社会的支持和认可。这样一种逻辑和机制，将产权占有者和使用者个体层面的水权使用实践上升为村落层面的共同行为，并使衍生权益分配秩序得到有效运行。

[①] 黄鹏进：《产权秩序转型：农村集体土地纠纷的一个宏观解释》，《南京农业大学学报》（社会科学版）2018 年第 1 期。

第四节　互惠与强制：产权维护中的合作治理

"土地权利不是自然赋予的，而是由社会创造的，如果没有对权利的保护，权利就不存在。"① 产权创设出来之后，需要不断进行维护，以确保产权的存在、使用和延续。托尼曾不无夸张地说："中国比任何国家（包括荷兰在内）更甚的是，在中国，土地是由人工'制造'出来的。"② 在湖村，地主和插田户通过挑堤护垸、生产合作、求神保田等方式，对田土产权进行维护。这一过程是双方共同参与完成的，依靠互惠与强制的方式，在合作中实现治理目标。

一　"保垸"中的联合

"夫滨湖之民，虽有沃壤，非堤障不生。"③ 由于地处河湖之间，每逢降雨过多，堤垸溃决，洪水会将湖村的农田、房屋等全部淹掉，居民生命受到威胁。湖村人"以堤为命、以垸为生"，为了保护田土，挑堤护垸成为村民农业生产外的一项重要活动。每年的冬月、腊月、正月以及春上的一个月，主要就是挑堤。有些月份降水过多，村民不管有多大的事，都要停下来，日夜挑堤，以免河堤发生意外。每到雨季，村民都提心吊胆。挑堤护垸是基础性的产权维护活动，需要租佃双方合作完成，合作的方式是"地主出钱，佃户出力"。

湖村的三个垸子构成一个防范水灾的单元，居民协作进行治水。

---

① Alchian A. A., Demsetz H., The Property Right Paradigm, *The Journal of Economic History*, Vol. 33, No. 01, March 1973, pp. 16—27. 转引自刘守英、路乾《产权安排与保护：现代秩序的基础》，《学术月刊》2017 年第 5 期。

② ［英］理查德·H. 托尼：《中国的土地和劳动》，安佳译，商务印书馆 2014 年版，第 41 页。

③ 汉寿县志编纂委员会：《龙阳县志》，汉寿县印刷厂，1986 年，第 113 页。

期间水患日益严重,堤垸常遭溃决,尤其是 1931 年及 1935 年的大水倒溃达三分之二以上。自 1931 年以后,开始并垸合修。1949 年之前,湖区堤垸有专门管理机构,一般小垸无常设机构。湖村所在垸子属于护城大垸的一部分,归护城大垸堤务局管。1935 年,湖村三个小垸子设立修委会,修委会一般有 3—5 名成员,包括督修、收放(工程员)、监工等,负责修堤护垸。除常规加固堤垸外,在汛期之前,修委会准备木料、器材等,出现险情组织劳力、分配任务(见图4—1)。

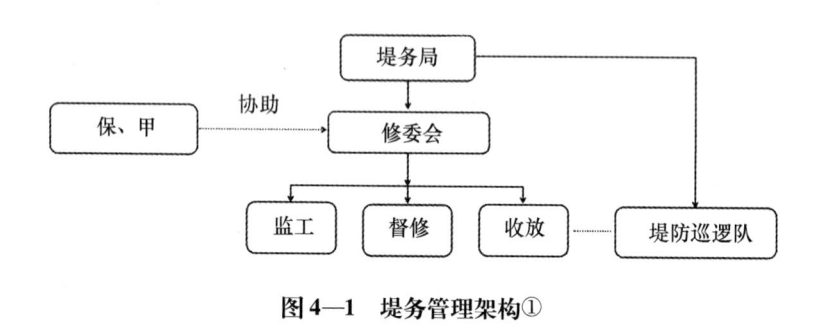

图 4—1　堤务管理架构①

堤垸的修防管理要向垸内居民收取经费,也就是"保垸费"。据《汉寿县志》记载,清朝时期,堤防修筑"按亩出夫、照夫派土",堤费按亩均摊谷物或纹银;民国时期,堤垸经费的来源和管理,与明、清时代无异。修堤费用皆出自收益业民,每亩每年摊费视工程大小而定。

"保垸费年年都收,一个垸内有多大面积,根据有多少田土,比如这次修堤可能花费多少钱、材料,然后有田的就平摊,一亩出多少。没有田的不出保垸费,要出力挑堤。挑堤一般是冬天,也有稻子收了以后就开始挑堤,年年都要挑堤,年年修补。"②

"保垸费"分为堤费(防汛管养)、土费(挑堤工资)两种,都

---

① 根据田野调查绘制而成。
② 来自戴宗信老人的访谈。

是按照受益田土摊派到户。堤费用于防汛管养，按受益田亩摊派，一般收取现款，后期征实，每亩一年通常负担4—5斗稻谷；土费由挑堤的土方作抵，依工程大小，"按亩出夫，照夫派土"。保垸费的收取以垸为单位。湖村所属之垸属于小垸，因此垸费数额不多，垸内有受益田土者承担，没有田土的插田户不必承担。既不挑堤又不交费者，堤工局出具兰票，招民工挑堤，向欠费户取款①。保垸费由修委会派人收取，不由保甲长征收，但是甲长需要协助配合。

"湖乡居民，水为大敌，夏涝为虐，只要锣声一响，便家家出动，各带锹锄撮箕，共同防汛。如堤垸发生溃烈，首先要奋力堵住缺口，其次顾及家中财产。故在抢险抗洪中，只要用得上的家具、农具、房屋、木材等，可以随便搬用、拆卸，业主不加干涉。如有人畏缩不前，或逃避不去，则遭到全村人指责，重者驱逐出村。"②

湖村租佃双方在挑堤护垸中的分工是由产权权利的分置状况决定的。由于地主占有田土，所以堤费由地主来出，插田户不必缴纳这部分费用。地主出的堤费，除了一部分事务开支外，大部分用来购置木料、撮箕等器具。田土由插田户经营，土费自然由插田户出，也就是挑土方，而地主不需挑土方。根据每次修堤需要的工数，核算每亩田应担工数，由插田户轮流出工。租了多少田，相应的就承担多少的工。通过租佃双方的这种合作方式，共同完成挑堤，从而保护田土。有些年份，比如之前连续几年收成较好，地主愿意额外拿出一部分钱和物帮助插田户修堤。因为堤修得好，田土有保障，对双方都有好处。在一些发生大规模水灾的年份，如民国20年（1931年）、民国24年（1935年）等年份，特大水灾使得堤垸完全倾溃，田土全部被淹。大水退去后，地主出资购置大量的木料、器具等，连同插田户一起重修堤障。

---

① 湖南省水利志编纂办公室：《湖南省水利志》，湖南省水电厅机关印刷厂，1985年，第128页。

② 常德地区志民俗志编纂领导小组：《常德地区志·民俗志》，中国社会科学出版社1994年版，第65页。

"以前要挑堤,都是有安排的(修委会),出保垸费,按田出的,没有田的不出;挑堤按田出钱、出粮;没有田的不出。插地主的田,地主不管工的,插田户出劳力。"①

"挑堤的时候,安仲庭出钱,插田户出力。安仲庭出保垸费,一亩田出多少钱,安家湖的插田户都不出钱,插田户出劳力,但是没得工钱。"②

地主和插田户的合作主要是在"出钱"与"出力"方面,而挑堤护垸过程中,主要是插田户之间的合作。首先,垸内的村民作为水利受益者,基于共同的利益和规避水灾的共同需要而进行合作。因此,需要挑堤时,只要发出了挑堤通知,不需要任何的动员与要求,凡是需要出劳力的村民,不管多大的事,都会停下来,以挑堤为主。其次,修委会的成员来自本垸内部,由本垸的人推选,而非官方下派,与一般村民之间是平等的关系。修委会的成员必须是本垸的人,只有本垸的人才熟悉本垸子的情况。这些成员由垸子里的人推选,由县里任命。如果干得不好或不公道,村民可以向上级提意见,甚至要求换人。在多数情况下,被推选为成员的往往是有能力、懂生产、敢于出头的"扛抬人",他们是能够协调地主和插田户的人,挑堤护垸本就属于生产事务的一部分,由他们主持较为合适。修委会既是护垸的主持者,又是护垸的参与者和受益者,从而能够引导村民积极主动投入到护垸中去。

"一个垸子一个修委会,安家湖、范家湖和周家湖一起出劳力,按田面积挑土。范家湖、周家湖、安家湖原来一个垸子修的,组合拢来修的,都出劳力。八合垸那个堤两边都挑,挑堤的时候,各边挑各边的,我们这边的人挑我们这边的,岭湖的人挑岭湖那边的。"③

---

① 来自李小坡老人的访谈。
② 来自宋九林老人的访谈。
③ 来自游先云老人的访谈。

湖村村民以修委会为主导保护堤垸，这种治理活动是自主进行的。修委会与村民的互动较多，在挑堤安排、分配土方、监测验收等决策中，能够融合村民的意见和建议，从而协作进行挑堤护垸。这种协作体现在很多方面。比如，费用、土方自由灵活处置。不愿意挑土或是家里没有劳力的农户，可以自己花钱请人，或向垸里交费，由垸里雇劳力挑土。当时许多家庭贫困的村民经常替一些相对富裕或是缺少劳力的农户挑土方，一天可以得到3升米的报酬。又如，挑堤中村民自愿组合。每户需要完成的土方数量和地段分配下来后，某一农户发出倡议，地段相邻的农户一般都会响应，然后把任务合起来，各自用各自工具，共同挑完一段堤。合作挑堤的都是关系好的农户，没有人耍滑头，能够又快又好地干完。挑堤护垸将同一垸内分散居住的各个聚落联系起来，促进了以产权维护为基础的、聚落间的联合。

　　在湖村，堤垸是田土产权的保障，因而挑堤护垸成为产权使用中的重要事务，自然也成为村落治理的重要事务。这一事务在"扛抬人"主持下，由占有主体地主和使用主体佃户共同完成。地主和佃户的合作以产权权利分置为基础，双方通过自愿、协作完成挑堤护垸。出于共同需要，地主和佃户自愿参与到护垸中，自愿达成护垸共识，地主与佃户之间、佃户与佃户之间基于自愿形成相对平等的关系，自主参与护垸行动，并提供持续的动力。同时，护垸是各方协作实现的。自愿基础上的协作无须外力干预，村民共同作出决策，共同创造规则和组织来管理各方之间的关系，根据权责对等原则出工出力，共享收益。[1] 哈耶克指出："良好的制度、利益共享的规则和原则，可以有效引导人们最佳地运用智慧，从而可以有效引导有益于社会目标的实现。"[2] 无论是从"扛抬人"中推选管理主

---

[1] 史亚峰：《自主性治水：基层多单元水利治理的内在机制研究——基于洞庭湖区湖村的深度调查》，《学习与探索》2017年第11期。

[2] ［英］弗里德里希·冯·哈耶克：《自由秩序原理》，邓正来译，生活·读书·新知三联书店1997年版，第9页。

体、分配挑堤任务，还是护垸规则的形成、护垸纠纷的处理，都是按照公平与权责对等的原则，自主进行治理。

二 田土使用中的规制与合作

在湖村，田土产权的维护也体现在生产经营过程中，同样是通过合作进行的。经营型的产权维护主要体现在合作保护田土、道路以及合作兴修水利设施上。

在生产经营过程中，无论地主还是插田户，都不能随意破坏田土。地主将田土租给插田户后，插田户获得的是独立使用权。从地主的角度讲，不破坏田土，意味着尊重插田户独立且完整的经营权，不影响插田户的生产经营活动。比如，地主将田土出租给插田户后，不能随意分割田土，以免影响插田户正常使用。湖村的田都是以坵为单位的，地主将某一坵田租给了某个插田户，在该插田户承租过程中，地主不能随意对该坵田进行改造，也不能提出将该坵田分割出一部分租给其他人。传统时期，田土买卖、租佃都是以坵为单位进行的，很少分割开来。一方面田土珍贵，分割后就要在田土中新筑田埂，浪费田土；另一方面，田土分割会给插田户的生产带来不便。除非征得插田户同意，否则地主不能随意进行变动。

从插田户的角度讲，同样不能破坏田土。叶祥松将"使用权"界定为"使用者按照物的性能用途并不毁损其物或变更其性质而对物加以利用的权利"[1]，也就是说，插田户有权使用田土，并根据生产需要对田土进行改造，比如平整田土、开挖水沟等，但是不能破坏田土的生产功能。在湖村，插田户不能因挑屋场等从田里挖土，损害田土的完整性。前面第二章曾专门论述湖村村民挑屋场的情况，屋场地基是村民挑土筑起的，而这些土都是从自己耕种的田土中挖取的。因此，除非经过地主本人同意，不能从田土中挖土，尤其不能随意从水田中挖土。挖土会破坏水田的质量，比如，有些田本来

---

[1] 叶祥松：《论马克思的产权理论》，《社会科学家》2000年第4期。

是高田，产量高，不易积水，插田户如果从中挖土，高田就可能变成低田，低田容易遭到水淹，且插田户一般都不愿意承租。未经地主的同意，插田户更不能私自在田土中挖"洞"，这是地主不能容许的。

在生产经营中，除了插田户从田土中挖土外，挑堤护垸也会从田土中挖土。农闲时加固堤垸，从哪里取土，都是提前商量好的，一般从无法开发的荒地中取土，较少伤及良田。在雨季紧急挑土护堤的情况下，往往必须从河堤附近的田土中挖土。传统时期，堤垸溃决带来的后果是毁灭性的，故而在紧急情况下，"只要用得上的家具、农具、房屋、木材等，可以随便搬用、拆卸，业主不加干涉"。因此，需要从某坵田中取土，该田土的所有者不能阻拦，因为田土在本垸中，护垸就是为了保护田土，而且他的田土紧邻河堤，所以不论本人是否愿意，肯定是要挖土的，不过挖之前需要同田主商量。就地主的田土而言，需要地主和插田户双方同意才可以，地主或插田户任何一方不能单独决定。从取土后留下的坑，积水成为"洞"，归地主所有；承租的插田户有权使用洞水，但不能破坏或私自扩大"洞"。

"挑堤的土从田里挖，这段堤要挑，就从附近的田里挑，挖一个洞，田里的洞，好多都是挑堤挖出来的。挖了谁家的田，是有补助的，他少出点堤费，不给补助他怎么会干呢？在谁家田里挖的洞，就归谁所有。"[①]

无论地主还是插田户，都不能擅动田间道路。一方面，路是产权边界。在湖村，一坵完整的田，一般只有四周有路，内部是没有路的。这些路是一直存续下来的边界，除非特殊情况，否则路是不能擅动的。另一方面，田间道路是农业生产的主要通道，也是稻田储水的屏障，不能随意破坏。田土相邻的插田户，为了方便生产，需要整修田间道路时，必须征得地主同意。插田户不继续租种或地

---

① 来自游先云老人的访谈。

主收回田土时候，地主要查看田土、道路、"洞"等有没有被毁坏，发现有损坏的地方，会让"扛抬人"出面协调，要求插田户进行赔偿。因此，田间道路的共同维护，本质上是租佃双方权益和利益协调和互动的过程。

在田土经营中，地主与插田户还要合作兴修一些水利设施。"为了帮助佃农获得较好的收成，地主对良好的灌溉系统有着浓厚兴趣"①，兴修水利设施是维护田土产权、提高农业产出的重要举措，地主和插田户都可以从中获益。在湖村，一方是占有大量田土、拥有经济实力的地主，另一方是户数众多、生活贫困而又孤立分散的插田户。单靠其中任何一方，都无法完成水利设施的修建和维护。安家湖内港是插田户主要的灌溉水源。内港最早是自然形成的，围垸垦荒时候留了下来，当初面积比较小。为了确保灌溉，地主和"扛抬人"商定，每年加固堤垸时从内港中挖取一部分土，这样内港慢慢变大，有更多的水供灌溉之用。

"内港有碴，挨到外河堤边，就在堤上按个石碴，跟猪槽一样的，从外河里面进水。水车车水，要通过石碴过水，但是也不是水闸，水多的话就通过碴向外河排水。内港跟北河通的地方，装的有碴。那个碴是插田户一起，加上老板修的，插田户都能车水。"②

当内港或洞中的水无法满足灌溉之需时，就需要从外河中车水。从外河车水灌溉，需要在河堤上安装石碴，水车车水通过石碴进入垸内。在湖村，石碴的安装是由地主与插田户共同出资的，地主出大部分，插田户出小部分，由"扛抬人"出面请石匠制作，并组织一些劳力进行安装，凡是需要用水的插田户，只要"扛抬人"招呼一声，都会自觉出劳力。石碴主要用来进出水，凡租种地主的田，都可以使用。内港中的水过多，也通过石碴排水，避免田土被淹。

---

① ［美］巴林顿·摩尔：《专制与民主的社会起源——现代世界形成过程中的地主和农民》，王茁、顾洁译，上海译文出版社2012年版，第171页。

② 来自甘胜喜老人的访谈。

石磅安装后一般不用维护，没有专门的负责人，插田户共同看管；石磅年久发生损坏，仍由受益者共同整修。

上面我们分析了湖村田土使用过程中的规制与合作行为。租佃双方围绕田土产权的使用，形成了既相互对立又彼此一致的主体间关系。在产权使用过程中，对双方的行为加以规范，进一步明晰双方的权责关系。规制的目的在于避免对田土产权的破坏，减少干预产权使用的行为。合作是通过双方的共同投入，维护和提高田土产权的价值和收益。无论规制还是合作，其目的的达成需要租佃双方之间的权益平衡。在湖村，这种平衡的维系除了公认的产权规则外，还依靠"扛抬人"的权威。"扛抬人"的角色主要体现在两个方面，一方面是监督约束双方的行为，当双方的行为偏离既有规则甚至发生冲突时，进行干预和调节；另一方面是促进合作的开展，兴修水利设施等行动，都需要"扛抬人"组织实施。

三 求神保田与一致性行动

在湖村，除了前面两种类型的产权维护活动外，面对充满危机的生存环境，以土地为生的人们还寄希望于超自然的力量，祈求神灵来维护田土。湖村村民十分信仰土地菩萨，认为土地菩萨是陪风水的，"敬土地得谷"，希望通过神灵祭拜，保佑田土财产的安全。"求神保田"成为产权相关方共同参与的一项重要行动，也是"扛抬人"在产权使用领域的一项重要治理内容。

对土地的神灵崇拜是人与土地关系的特定体现。当田土开垦和移民落居之后，就有了祭拜土地菩萨的需要。湖村的土地屋就是聚落形成过程中修建的。祭拜土地菩萨是为了保佑田土财产，作为祭拜土地菩萨的场所，土地屋不能离开田土，也不能离村民的屋场太近。离开田土就无法保佑田土，而离屋场太近容易引起火灾。在一般的村落，土地屋所占土地多是无主地或荒地。而在地主占有田土的聚落，土地屋所占土地大多是地主的。安家湖土地屋即是如此。土地屋占地很少，且修土地屋对自己有好处，地主都乐意提供这部分土地。

土地屋的空间位置选择，是产权关系、租佃关系、祭祀关系等多重关系的产物。在汉寿农村，土地屋一般修建在田土的边缘位置，不在田土的中央，具体位置是地主和插田户商量选定的。安家湖的土地屋，修建在北河河堤附近，所占土地属于安仲庭。土地屋之所以修建此处，既不影响农业生产，又便于村民进行祭拜，而且地势较高，不容易被水淹。土地屋的修建由地主和插田户共同出资，主要以地主为主，插田户出一小部分。当时出资的主要是安仲庭，其他两家地主田土略少，出资也少。插田户出资完全自愿，但全部都有参与。正因为如此，土地屋修建在安家湖地域范围内，离安家湖村民的距离近于离周家湖村民的距离。

"土地菩萨是管本地方的神。土地菩萨很多，有的一个村落一个土地屋，有的两三个一个土地屋。土地屋也是有钱的人修的。老话说，'敬土地得谷，敬老人得福'，敬土地，就得谷；敬家里老人，你尊贵他，孝顺他，就得福。土地菩萨就是保田土财产。"[1]

"祈求者与神灵之间的关系，是靠祈求者的供奉而建立起来的。"[2] 地主和插田户都可以去土地屋祭拜。地主不在村居住，只是偶尔过去祭拜。每年的农历二月初二，或收租谷之时，或过年之时，地主会来到村里祭拜一番。作为田土经营者，插田户对土地菩萨的祭拜较多。传统时期，只有本土地屋"管辖"范围内的农户才会祭拜，而外村的人是不到本村来祭拜的。在村民看来，土地菩萨的管辖是"属地主义"的，本地方的土地菩萨只保佑本地方的田土，不是本地方的田土和村民，土地菩萨是不管的，因此拜了也是没用的。由此可见，在神灵崇拜上，农民有着明确的边界，这种神灵边界与产权占有边界、田土出租边界大体是一致的，神灵崇拜的边界意识

---

[1] 来自彭庆安老人的访谈。
[2] [法] 劳格文、科大卫：《中国乡村与墟镇神圣空间的建构》，社会科学文献出版社2014年版，第2页。

在无形中强化着其他两种边界意识。

为了搞好祭拜活动，地主与插田户合作，从地主的田里拿出3亩作为"公本田"，这是农历二月初二土地会得以进行的经济基础，但地主几乎是不具体参与的。就安家湖土地会而言，插田户中的"扛抬人"主持，从中推选两个人作为管事，操办整个土地会活动。在祭拜的当天，管事带领全体村民，向土地菩萨祷告，祈求保佑田土平安，然后安排一起聚餐。传统时期，这是湖村唯一的公共性活动，建构着村落的地域空间与秩序。在整个活动中，"扛抬人"发挥关键性的角色，这种角色进一步强化了其在租佃事务中的地位和影响力。

除了常规性的祭拜之外，插田户在生产经营中，经常祭拜土地菩萨，祭拜的时间点与在生产经营的关键点相一致。有些年份农历二月初二不办"土地会"，但是一定会举办"收虫子"的仪式，这种仪式主要是通过玩"草龙灯"，预防或消灭虫灾。当日，管事人先祭拜土地菩萨，祈求土地菩萨保佑庄稼消灾免难，然后开始玩灯。水稻丰收之后，第一餐吃新米饭叫"尝新"，满怀喜悦的村民往往要准备荤菜酒醴，前往酬谢土地菩萨。此外，土地菩萨对于田土财产的保护，延伸到了其他领域，凡是与土地相关的一些事务，比如插田户从地主手中购置了几亩田土，自己建了新屋，甚至是买了一头耕牛等，都要祭拜土地菩萨。

此外，产权具有经济实体性，存在于特定的空间之中，因而具有空间属性。土地之上的产权物，其产权附属于土地，受到土地产权属性的制约，具有空间叠加性。在湖村，土地屋因为附着在土地之上，因此其产权属性受到土地属性的影响，同样是合作性的。故而，无论地主还是插田户，都可以祭拜土地菩萨，祈求保佑田土平安，都要参与土地屋的维护，但单独都没有土地屋的支配性权利。湖村过去有句话，"卖家神，当土地"，意思是说，"卖家神"和"当土地"都是欺神、卖祖的大逆不道行为，任何人都没有权利支配土地屋，更不能进行买卖。

上述案例显示，为了维护田土产权，租佃双方在求神保田上形成一致性行动。求神保田是村民间的一种自愿合作，合作的基础是产权权利分置。作为占有主体，地主希望田土完好无损，以便顺利获得租谷；作为使用主体，佃户希望获得收成。虽然双方的利益根本是对立的，权力是不平衡的，但是协调一致的目标促成双方的一致性行动。正如李怀印指出的："对农民行为的理解，不能离开这样一个社会情境，即惯行、共有观念和权力关系总是交织在一起，激发并制约着村民追求自身利益和集体目标的活动。"① 在产权规则和共同观念的支撑下，村民们在惠及各方的事务中展开合作。这种合作在"扛抬人"主导下完成。通过组织和控制求神活动，"扛抬人"更加为各方所认可，权威地位进一步巩固。

第五节　小结

从产权形态来看，在产权分置基础上，湖村村民通过租佃关系获得土地的使用权。作为产权关系基础上的租佃型村落，围绕土地使用的租佃关系是村落经济关系的核心，在一定程度上就是村落的公共事务。在以产权基础的村落社会，"……对同一片土地的利用也造成一种与血缘关系无关，而且强于血缘的社会团结。……这个单元的纽带不是亲属关系，而是同一地段同一块土地上的权力共同体"②。基于产权使用形成的经济关系以及村落社会，就是经济上的"权力共同体"。在这一领域中，自发生成的权威"扛抬人"发挥主导作用，在租佃关系建立、租佃关系调节中扮演关键角色，促进村落经济治理。

---

① ［美］李怀印：《华北村治——晚清和民国时期的国家与乡村》，岁有生、王士皓译，中华书局2008年版，第3—4页。

② ［法］阿·德芒戎：《人文地理学问题》，葛以德译，商务印书馆1993年版，第10页。

人们通常认为，土地占有的集中会带来权力的集中，进而带来地主的控制。米格代尔就认为："地主通过控制包括土地在内的关键性稀缺资源来对农民施加限制。由于土地是生活中最重要的资源，它决定着地主制裁力量的强度，地主掌握的制裁力量的强度构成其权力的核心。"[1] 但是在现实中，"财产关系只产生'财产权'而无其他权力。其他关系中的权力构成对财产关系中'财产权'的影响。在租佃关系中，地主占据主导地位，其权力有可能扩展到其他领域。但其他领域的'关系权'也有可能反制地主"[2]。村落社会关系会对地主的经济权力构成制约。不少学者如费孝通、巴林顿·摩尔、黄宗智等，都曾认识到村落社会关系制约占有土地的地主的行为，但是他们都没有从产权角度进行考虑。实际上产权是十分重要的影响因素，产权属性及其权利分置状况同样会制约地主的行为。

实际上，产权分置本身就是权利领域的分开，必然带来权力的分散。"在权利分离的情况下，例如，在所有权和使用权分离以后，财产权已不再是完全的权利，而是分离为两个独立的部分，两类独立的权利；一是所有者的权利，二是使用者的权利。所有者享有所有权以及由所有权引起的其他权利，但不享有使用权以及由使用权引起的其他权利。同样，使用者享有使用权引起的其他权利，但不享有所有权和由所有权引起的其他权利。"[3] 占有权和使用权的分置，形成了相互独立的权利领域，佃户享有使用权，地主享有占有权，地主不能因为占有权而随意支配佃户，佃户按习惯缴纳地租，此外与地主没有其他的联系，这从权利结构上构成了对地主权力的限制。

---

[1] [美] 米格代尔：《农民、政治与革命——第三世界政治与社会变革的压力》，李玉琪、袁宁译，中央编译出版社1996年版，第31页。

[2] 徐勇：《"关系权"：关系与权力的双重视角——源于实证调查的政治社会学分析》，《探索与争鸣》2017年第7期。

[3] 吴易风：《马克思的产权理论与国有企业产权改革》，《中国社会科学》1995年第1期。

同时，这种权利分散的状况，又由于产权共同维护带来的合作性产权属性而强化。在湖村，尽管田土归地主所有，但是基于合作性产权的认知，地主对佃户的优势地位并不十分突出，因为地主需要佃户的合作才能维护产权，持久拥有田土。由于合作性产权的存在，佃户与地主之间形成了相对平等、单纯的市场关系，不受地主超经济的控制和剥削，在产权维护中形塑了合作性的治理关系。因此，合作性产权基础上形成的地主经济权力，是一种有限经济权力，无法像拥有完整产权的地主权力那样无限扩张，无法扩展到其他领域。

第 五 章

基于产权收益分配的保甲权威及其治理

所谓产权收益权，是指产权主体依据自己享有的相应权能而获得一定收益的权利。在产权分置情况下，参与产权收益分配的除了地主和佃户外，还有一个重要主体——国家。国家是一种行使暴力而规定和强制实施产权的组织。国家在产权界定、保护和实施中的作用，使其拥有参与产权分配的权力。"国家的土地税收和政策使得土地具有了国家的政治权属，附加了土地的政治产权（主要表现为国家对土地享有处分权和收益权）。而土地政治产权的改变（如税制和税收政策），会影响到土地的经济产权的改变（如土地流失和转移）。"[①] 产权占有、使用以及由此形成的村落关系，可以在绅士父老、"扛抬人"等权威的调节下自我运行。但是土地产权以及其基础上形成的村落社会，并非在"自然状态"中存在，而是在"政治社会"或曰国家中运行。传统时期，国家通过参与产权收益分配，进入乡村社会。

"捐税体现着表现在经济上的国家存在。"[②] 国家的赋税汲取是

[①] 张小军：《复合产权：一个实质论和资本体系的视角——山西介休洪山泉的历史水权个案研究》，《社会学研究》2007年第4期。

[②] 《马克思恩格斯全集》第4卷，人民出版社1958年版，第342页。

通过特定征税系统实现的,在民国时期,这种征税系统就是保甲制。一方面,肩负行政使命的保甲制,打破了"皇权不下县"的传统,"把自上而下的政治轨道建到每家门前"①;另一方面,榨取赋税又是保甲体系的中心任务。保甲制既是国家的赋税征收系统,又是国家的基层政权组织。也就是说,"国家权力对乡村的社会控制,正是在征税体制中建立的,甚或基层的行政组织建制与征税组织系统高度重合"②。国家权力依托保甲深入乡村社会,参与并形塑着乡村社会的权威结构;作为国家政权的代理人,保甲长成为村落社会中的重要权威主体。

第一节 保甲制:嵌入村落社会的政权体系

国家是典型的地缘组织。"政治社会是按地域组织起来的,它通过地域关系来处理财产和处理个人的问题。"③ 国家对基层社会的整合与控制通过特定政权体系实现。虽然从表面上看,保甲制以"自治"之名进入乡村社会,但其制度实践却以"控制"和"汲取"作为中心任务。

明清时期,汉寿县境人口稀少。据相关记载,明朝洪武十四年(1381年),全县仅有5939户,设5乡37村。至明朝嘉靖年间,全县5乡27村。明朝以征税为目的的里甲制延伸至基层,当时的"里"与障相对应,全县29障,编户29里。清初,沿明制,全县定20里。至咸丰、同治年间,设总障、岸头,每总编区,每障编号。

---

① 费孝通:《乡土中国与乡土重建》,风云时代出版社1993年版,第150—156页。

② 张佩国:《地权分配·农家经济·村落社区:1900—1945年的山东农村》,齐鲁书社2000年版,第218页。

③ [美]路易斯·亨利·摩尔根:《古代社会》,杨东莼、马雍、马巨译,江苏教育出版社2005年版,第6页。

民国初年，全县设东、南、西、北四乡，乡下设总，全县设 31 总。湖村属于沧港总。民国 12 年（1923 年），湖南全省推行自治，改"总"为乡。民国前期，湖南处于军阀交替统治时期，全省地方体制变更频繁，汉寿的基层政权体系尚不健全，直至保甲制的推行，才建立了完备的基层政权体系。这一过程的出现不是偶然的，它是自清末开始的国家权力向乡村社会渗透的继续。伴随着现代国家建构以及军事开支的增加，国家政权有必要加强它的税收机构。

一　保甲设置与村落产权边界

民国时期，湖村所在区域的政权架构基本是"乡—保—甲"（1938 年湖南省废除"区"一级机构），县下设乡，乡下设保、甲（见表 5—1）。湖村属于护城乡第三保第二甲，乡的建制时而有调整，但是保甲建制基本上没有变动。自民国 24 年（1935 年）汉寿县开始实施保甲制度起，湖村大部分时间隶属于护城乡，中间有一短暂时间护城乡与别的乡合并。民国 36 年（1947 年）7 月，汉寿全县并为 15 乡镇，护城乡与辰阳镇合并；民国 37 年（1948 年）8 月，乡镇建制再度调整，汉寿全县并为 8 乡 1 镇，护城乡与福陶乡合并。尽管所属乡镇在民国后期持续变动，但是湖村所属的保甲建制没有发生改变，一直是第三保第二甲。

表 5—1　　　　　　　民国时期湖村的基层政权架构

政权等级	名称	职务设置	办公场所
第一级	护城乡	乡长、副乡长、乡丁等	乡公所
第二级	第三保（岭湖保）	保长、副保长、文书、保丁	没有办公地点
第三级	第二甲	甲长	没有办公地点

注：表格信息来源于田野调查。

汉寿县所在的湖南省，是较早推行保甲制的省份。民国 24 年（1935 年）6 月，实行区乡保甲制，全县成立 6 个区公所和一个县直属乡公所。民国 26 年（1937 年）3 月，汉寿全县推行保甲制，划为 497 保，6436 甲，平均每个保辖 13 个甲。后来经过保甲整理，民国 32 年（1943 年），汉寿全县有 245 保 2498 甲；民国 35 年（1946 年），汉寿全县有 237 保 3001 甲。

"保甲需按照户口习惯地势及其他特殊情形依左列方法编组之。一，各保应就该管区域内原有乡镇界址编定或并合数乡与镇编组一保，但不得分割本乡或本镇之一部编入他乡镇之保。二，各户由各甲之一方顺序比邻之家屋挨户编组。三，编余之户不满一甲者，六户以上得另立一甲，五户以下并入邻近之甲；编余之甲不满一保者，六甲以上得另立一保，五甲以下并入邻近之保。四，保甲内之住户有因避匪全户逃亡者，应暂时保留其甲位之顺序，俟归来时编组之。"①

根据民国 24 年 7 月颁布的《修正剿区内各县编查保甲户口条例》的规定，保甲之编组以户为单位，户设户长；十户为甲，甲设甲长；十甲为保，保设保长。不过，在实际的建制划分中，并没有严格按照上述规定编组。保不仅管辖范围大，而且户数多。这一点可以从湖村所属护城乡的总体情况中得到证实。民国 32 年（1943 年），全乡平均每个保 228 户；民国 35 年（1946 年），全乡平均每个保 246 户（见表 5—2）。可以看出，护城乡各保户数远超过 100 户定制。同时，甲的编排也没有严格按照 10 户定制，湖村构成的第二甲就有 44 户之众。

表 5—2　　　　　　　　民国时期护城乡保户数、人数情况

年份	保数	户数	人数	平均每保户数
民国 32 年（1943 年）	15	3425	19320	228
民国 35 年（1946 年）	15	3691	18744	246

注：数据来自汉寿县档案局民国档案资料。

---

① 资料来源于许昌市档案馆《修正剿匪区内各县编查保甲户口条例》。

汉寿大半处水乡泽国，经围垸垦荒渐成村落。因此，无论是明清时期的"总"制，还是基于"总"制的"里甲制"，都以堤垸作为行政单元或征税单元划分的基础，保甲设置延续了这一惯例。就保的划分而言，湖村所属第三保管辖范围相当大，包括现在的张家冲、游家湾、范家湾、周家湾、伍家湾、茶那湖、岭湖、野猫高、古堤、安家湖、范家湖和周家湖12个聚落，各个聚落本就是自成一体的小垸子，彼此之间相距甚远，且中间有"北河"相隔，往来需要渡船，日常交往也不频繁。把缺乏内在联系的众多聚落置于同一保下，纯粹是行政划分的结果。

与保不同，作为政权体系的最低层级，甲的设置较好体现了"按照户口习惯地势及其特殊情形"的原则。在湖村，甲的设置首先与产权边界相一致。安家湖、周家湖和范家湖本身以产权关系而形成的，产权主体的不同形成了不同的聚落。安家湖和周家湖田土都为地主所占有，聚落之民最初均为插田户，村民将聚落内的田土视作本聚落的财产，将聚落边界视为产权边界。在保甲制实施初期，以聚落为单位设置甲，安家湖、周家湖和范家湖三个聚落各为一甲。也就是说，政权单元与产权单位大体重合。通过甲的设置，将产权关系地域化，地主与插田户在同一个行政（征税）单元内，这样既便于管理，也便于赋税征收。

后来，随着1937年抗日战争的全面爆发，湖村所在洞庭湖区是重要粮仓，常德地区又是湘北重镇、云贵门户，国民党军队与日寇在此地区进行了大规模的会战和反复争夺。国民政府因而需要进一步加强对乡村的控制，保甲承担的榨取税赋的任务进一步加重，致使越来越多的人不愿意担任甲长职务。于是，安家湖、周家湖、范家湖三个甲合并为一个。

问：安家、周家、范家一直就是一个甲吗？
答：刚开始呢，还是分开的。安家湖一个甲，周家湖一个甲，范家湖一个甲，都有甲长的。后来并成一个，一个甲长都给管起来。

问：当初为啥合起来了？

答：早先没有好多户，甲长不比保长，保长有权能抓人，甲长没得权力，耽误生产，都不爱当，找不出来愿意当的，所以就三个聚落合起来，只找出一个甲长就可以了。①

甲的合并不是随意进行的，而是以村落为边界进行调整。前面第二章提到，自从围垸垦荒形成聚落以来，安家湖、范家湖、周家湖三个聚落的联系最为紧密，基本上形成了一个交往圈、人情圈、互助圈，比如三个聚落关系好的农户之间红白喜事互相"吃酒"，家中成员去世三个聚落出劳力抬棺等，形成了稳定的村落社会。就保甲制的制度初衷来看，其目的就是利用"画地为牢"的地域关系，通过连带责任，达成政权的目标。因此，作为政权体系的最低层级，甲的范围与村落边界相契合，有助于利用村落社会关系，完成政权任务。就湖村来看，这一效果是明显的，合并后的甲得以一直维持下去，直到1950年6月新政权取消保甲为止。

通过上述分析可以发现，虽然保甲制被视作"强加的行政体制"②，但是保甲的设置并非完全脱离乡村社会，也并非完全如杜赞奇所说，"地域划分有时也可以不考虑乡村社会所有的内部联系"③。实际上，包括湖村在内的洞庭湖区，保甲设置会从成本和效率角度出发，选择贴近实际的方式嵌入乡村社会，尤其是甲的设置，与产权基础上的村落关系结构互嵌，从而"给予人类一种以土地而不是以亲属关系为基础的地方政府的手段"④。

---

① 来自游先云老人的访谈。

② 费孝通：《江村经济》，上海人民出版社2007年版，第88页。

③ [美]杜赞奇：《文化、权力与国家：1900—1942年的华北农村》，王福明译，江苏人民出版社2003年版，第79页。

④ [法]阿·德芒戎：《人文地理学问题》，葛以德译，商务印书馆1993年版，第11页。

二 "蛮狠"的保长与"雇来"的甲长

在保甲体系中，保长和甲长是两个主要角色，两者的任职资格、产生方式以及权力地位都有很大的差别。在湖村村民那里，保长是"蛮狠"的角色，他们手中握有权力，对一保的村民逼迫勒索，让村民感到畏惧；而村民花钱雇来的甲长，则没有多少权力地位。

根据当时保甲条例的规定，保长由本保内各甲长公推。汉寿县也是这样执行的，保长由各保内推选、上级任命。不过，推选的方式前后时期不同。保甲制实施的早期，由于披着乡村"自治"的外衣，保长一度由各户代表亦即户长投票选出；但是到了后期，保长就不再由民众选出，而是由绅士父老、富户等推选。虽然名义上符合条件者均可参选保长，实际上普通村民是当不上的。

从第三保历任保长的情况看，当选保长的人具备几个方面的条件，首先是本人有经济实力，拥有较多田土，不靠工资生活；其次，本人有一定势力，并且获得上级信任和支持，这是很重要的条件，能否成为保长，最终取决于上级，没有上级支持很难当选，即使当选，也很难坐稳位子；再次，本人在地方上能说上话，读过书，具备一定办事能力。第三保的几任保长，游桃山、游月满、邓家资、伍济时等，都是家庭富裕、在地方上有影响的人且这几个保长所属姓氏在其聚落中均属大姓。而以插田户为主的湖村，没有人担任过保长职务。

就"民选"保长而言，一般先是由护城乡公所提名人选，之后采用投票方式选出当选之人。在选举之前，甲长通知各户派代表参加投票。投票一般在乡公所的大屋进行，不过有些年份也会选择其他地方。据受访老人们讲，保长选举会议要求各户都参加，至于是否是户主本人参加，没有明确要求，成年男子都可以代表该户参加。村民一般有时间都会参加，因为选举当天中午保上免费提供一餐饭；家里有事或外出打小工等，不参加投票也可以。一般情况下，保长选举的投票率只有60%。保内各户代表齐聚乡公所，乡公所官员主持选举。选举有选票，户代表在选票上打圈圈、叉叉。为了彰显

"民主"，现场公布票选结果。

　　作为基层政权单位保的负责人，保长拥有很大的权力。在湖村村民看来，"保长是当官的，当了保长就是当权人，就有势力了，一般人就惹不起了"。保长管理一保之事，凡是上级的派粮、派款、抽壮丁等事务都由保长掌握。保长从乡公所领受任务，回到保里安排甲长等办理。在保一级，除保长外，还有副保长、文书（经济干事）、保丁等，这些人由保长任命，没有多少权力，只是在保长手下做事。副保长参差不齐，大多是经济条件较好的人；也有个别穷人担任，这种人往往喜欢斗狠，不怕得罪人，替保长做不讨好的事。保丁的地位最低，就是给保长跑腿的人。保丁二三十岁，多是一些无赖，家里比较穷，好吃懒做，跟着保长混吃混喝、搞点油水。保丁对村民十分凶恶，抓壮丁、催粮催款都是他们干的。

　　1949年之前，尤其是民国中后期，保甲沦落为从乡村抽取壮丁、征收税款的"抽水机"，这些任务严重损害了村民的利益，村民本就生活困难，难以承受日甚一日的沉重负担。村民对于保甲的征抽、催讨无力满足，甚至想方设法抵制，保长的工作愈发需要依靠强制手段进行，踢开乡村社会人情关系的束缚，保长成为两头不讨好的工作。如同全国大多数地区一样，保甲的榨取角色使得乡村中正直人士避之唯恐不及，不愿出任，而出任保长一职的，往往是那些与上级官员有勾结、喜好争强斗狠之人。这些人为人凶狠，不顾情面，成为保长的"理想人选"。而比较符合这一条件的游月满，得以长期担任第三保保长。

　　在村民的记忆中，历任保长中，只有伍济时为人较好，在摊派、抽丁中比较温和，为村民称道，其他的保长都是比较蛮横的人，村民对这些人普遍比较害怕和不满。此外，民国时期湖区土匪横行，不少保长暗通土匪，相互勾结抢夺村民的财物，从中分得好处，这更加剧了村民对保长的反感甚至痛恨。所以1949年之后，很多保长都受到新政府的惩罚。

　　与保长不同，甲长没有多少权力和地位，因此没有太多任职资格条件限制。在保甲制实施早期，甲长也是经由选举产生。保长认为某村民有能力、嘴巴会讲，就提名安排选举，甲内村民就选他。在这种情况下，甲长无论穷富都可以当，不过本人要有一定的能力，一般人当不起，甲长要管理很多事务，没有报酬，还耽误生产。因此，一般中等条件以上的农户才能当得起甲长。甲长虽然是选出的，但不是投票选举，而是推选。甲内各户代表开会，推选保长指定人选担任即可。选出来的甲长有任期，任期是3年，连任的也有。

但是，民国中期开始，甲长承担的事情越来越多，尤其是抓壮丁、派粮派款等，没有人愿意出任。于是保长就直接任命，指定某村民担任甲长。保长施加压力，一些村民只得被迫担任甲长，贴钱贴力。不过很多时候，即使保长指定，也还是没有人愿意当，就只能采用一些变通方式。一种方式是甲内村民轮流担任甲长。比如有的农户家中有三四个儿子，本来需要出壮丁，但是不愿意出，家里又穷买不起壮丁，保长安排该户出一人做"值班甲长"，免除该户"壮丁费"，几户这样的家庭轮流当甲长，每人干一年即可。轮流的"值班甲长"没有任何地位，因此充任之人必须强硬才能替保长做成事，否则保长是不会同意的。

"范远开跟别人的关系不好，绿得很，他其实没有一点狠，他还在别人面前说自己有多狠。在别人那里显摆得很，别人都不喜欢他，那还是我们这里盛行甲长和保长，我们这里的甲长没人愿意当，都只轮流当的，轮到他时，他就特别地显摆，摆调子，六月份，他手上拿一根拐棍，脚上穿丝袜，还戴着一顶礼帽，你说那个甲长又不是固定一个人当的，都是轮流的，他当时还觉得很了不起一样，他不讨人喜欢。"[1]

民国后期，合并后的第二甲采用"摸坨"方式产生甲长。民国29年（1940年），甲长范远开卸任，无人愿意接任，轮流制搞不下去。无奈之下，保长游月满与甲内农户商量，采用"摸坨"方式产

---

[1] 来自李菊山老人的访谈。

生甲长。"摸坨"就是在纸团上写"当"或"不当"字样,各户代表一起摸,摸到"当"字的就出任甲长。甲长没有报酬,且耽误生产,为了让摸到之人同意担任,农户每天向其支付 3 升米报酬,一个月有几斗米的收入,于是才有人勉强答应担任。

三 产权关系制约下的保甲权力

农业社会中基于土地权而形成的对于农业剩余的分配,不仅形成乡村中复杂的土地关系,也围绕着土地赋税形成统治阶层与农民之间的诸种制度和关系。① 这种关系体现为国家嵌入乡村社会,实现形式为保甲制,即"乡民的政治经济将社会关系和统治的网络连结于土地"②。作为产权收益分配的主体之一,保甲权力必然受到其他权利主体的影响和制约。

在湖村,由于土地产权权利分置,产权占有与产权使用主体不同,形成了绅士父老、"扛抬人"等不同的村落权威主体,这种结构成为国家嵌入村落社会必须面对的。而保甲长作为从外部强加的权威力量,要想在乡村社会中立足并发挥作用,不能忽视这一权力空间中的关系网络,减少权力运行的阻力。同时,在一定程度上,保甲长也必须依托村落社会关系来行使权力,以便更好地履行职责。

首先,就保甲与土地占有者地主的关系而言,传统时期,三个不在村地主占有湖村大多数田土,保甲与他们的关系至关重要。一方面,地主拥有的田土很多,经济实力往往超过了保甲长,他们不怕保甲长,而是选择与保甲长维持较好的关系。一般情况下,地主虽然比较有钱,但是他们一般不会得罪保甲长,他们需要依靠政权的力量来保护自己的田土,有时候还要奉承当官的。尤其是土匪经常抢夺他们的粮食,他们要依靠保长来保护自己。地主的粮食充足,

---

① 张佩国:《从社区福利到国家事业——清末以来乡村学校的公产及经费来源》,《学术月刊》2015 年第 10 期。

② [英]谢林:《乡民经济的本质与逻辑》,载[英]沃尔夫《乡民社会》,张恭启译,台北:巨流图书公司 1983 年版,第 179 页。

正常情况下，他们会按时缴纳田赋，以获得保长等的好感。除了田赋外，地主还要向修委会和甲长缴纳保垸费。不过，地主一般不会直接出面把保垸费交给甲长，因为甲长往往是他们的插田户。比如安仲庭父子每次都是通过"托付人"黄金阶缴纳保垸费。另一方面，保甲的中心任务是汲取赋税等资源，而地主则是主要的征收对象，没有他们的协助与配合，保甲根本无法完成征收任务。因此在湖村，保长、甲长等都会尽量与地主维持良好关系。民国后期的"随赋征购"，是保甲长十分头疼的差事，要完成大批量的征购任务，就必须与地主协商，动员他们承担分摊数额。作为回报，保甲长尤其是保长，越来越多地介入租佃关系中，对租佃双方的行为进行干预。此外，保甲的其他工作同样需要地主的支持。比如，大水导致堤垸溃决，保甲会动员地主多出一些钱财和材料，以修复堤垸。

其次，就保甲与绅士父老的关系而言，双方可以说是互相影响。保长手里有权力，管着一保之事，因此他的权力和地位比绅士父老要高一些。保里的事情保长说了算，绅士父老一般不参与保里的事，但是绅士父老不怕保长，不与保长打交道，他们互不干涉；绅士父老是有实力、有地位的人，不多事但是也不怕事。保长知道绅士父老的势力，不会找绅士父老的麻烦，派丁也不派他的，实在推脱不掉，绅士父老就花钱买丁，但是保上不会上门抓丁。虽然绅士父老不主动参与保甲事务，但是有时候会被请求替村民说话，保长也要照顾到他的面子。

有一个叫彭向成的人很凶恶，做事总是针对湖村一个祁姓村民。有一年，彭向成向第二保保长诬告说姓祁的人是土匪，但实际上他不是土匪。由于姓祁的人拖欠过田赋征购和几次摊派，保长对他的印象不好，于是就下令把姓祁的人抓到乡公所关了起来。那个时候快要过年了，姓祁的人家里很穷，几个孩子和妻子在家里等着他回来过年，家人就找到绅士父老游月华，请求他帮助把人要回来。游月华就出面找到保长，告诉保长抓错了，并担保该人不是土匪。之后，游月华又去到乡公所，向乡长说明情况，乡长立马就放姓祁的回家了。

与甲长相比,绅士父老的地位要高一些。甲长本就没有多少权力,在经常轮换、没有人愿意当的情况下,甲长的地位就更低。在很多事情上,甲长需要绅士父老的支持和帮助。遇到难处理的事情,比如征收杂费摊派等,就向绅士父老征求意见。同时,绅士父老也会向甲长提出建议,比如减少困难村民的征粮数额等意见,甲长往往都会听从。

问:绅士父老怕不怕保长?

答:绅士父老屋里富裕,有钱,一般没有当官,不怕保长、甲长,但是有势力,上面有人当官或是县里认识的有人。

问:就是说,绅士父老有势力,没得权力?

答:绅士老爷爷在村落生活,他们在县里有人,一般都晓得他的势力,不会惹他,不然脱不了户(脱不了干系)。他们就是玩、打牌,不干活的。

问:绅士父老管不管保甲的事?

答:不管,他没有好多权力,保长管一保的事,权力大一些。绅士父老在村里也愿意多嘴,他们一般是捧场,凑热闹,他没得权力。保长甲长知道他的势力,也不去惹他。[①]

再次,"扛抬人"作为权威主体之一,其发挥作用的空间仅限于产权使用领域,亦即租佃事务,与保甲长没有多少交集。他们本身就是插田户,与一般村民没什么不同,保长是不会受到他们影响的。湖村村民中没有人曾担任过保长,保长都是由其他村落的人担任,且有"北河"相隔,保长除与绅士父老等个别农户有交往外,与一般村民没有任何往来。一般的村民只是知道保长是谁,但是平时难得见到保长。保长不管湖村村落的具体事务,村民有矛盾、有

---

① 来自彭庆安老人的访谈。

纠纷的，保长也是不管的；不管是干旱还是水灾，找保长都是没有用的，他都不会管的。保长对一般的村民比较霸道，一般人都还是怕保长的，对保长也比较反感。

就整个保甲制而言，保甲权威不是乡村社会内生的，其权力不产生自村落社会的内源结构，在很大程度上与乡村社会是脱离的。虽然从制度上讲，保甲承担的职能很多，包括所谓"管""教""养""卫"①等多个方面，实际上在湖村，保甲只是履行征税、征兵等任务，以及极少的纠纷调解、服务等社会功能，并没有承担其他职能，因此很难获得村落社会的认同，并在村落中扎下根，只是保甲背后代表的国家权力令人生畏。正因如此，尽管村落内生的权威主体能对保甲构成一定的制约，但其约束力是有限的，尤其在国家权力的强制之下，其他权威只能纷纷躲避，向保甲作出妥协和让步。

不过，尽管随着国家权力的渗透，保甲可以不受村落社会的制约，但是也不得不兼顾村落社会关系，有时候还要依托村落的关系网络。一些只知使用强制性手段的保甲长，虽然能够完成上级交派任务，但是无法获得村落社会的认同。而那些既能完成上级交派任务，又能获得村民赞誉的保甲长，恰是能较好处理、利用村落社会关系的人。比如，第二甲甲长宋海棠，本人嘴巴会讲，说话算数，办事公平。他本人比个别保长还有能力，能处理问题，保长很多时候也要听从他的意见。就宋海棠而言，并不是甲长职位给他带来荣耀，而是因为他作为"扛抬人"，能够处理租佃之间、插田户之间等各方关系，从而拥有一定的地位。

---

① 公安部户政管理局编：《清朝末期至中华民国户籍管理法规》，群众出版社1996年版，第228—231页。转引自邓大才《复合政治：自然单元与行政单元的治理逻辑——基于"深度中国调查"材料的认识》，《东南学术》2017年第6期。

第二节　赋税征收中的权力关系结构

赋税的目的物是产权。就田赋而言，征税的对象是土地，纳税主体是土地占有者，因此国家参与产权收益分配，首先与土地占有者发生关系；"粮从租出"，土地使用者也会由此而感受到国家的存在。赋税是传统时期国家与乡村社会关系的一个重要内容。征收赋税成为国家政权统治乡村社会的主要体现，国家政权与农民大众在这一领域的接触最深。[①] 随着赋税的超额汲取，地主与插田户之间、村落与国家之间的权力关系相应地发生改变。

一　赋税承担与权利失序

在产权权利分置的情况下，作为不同产权权利主体的土地占有者和土地使用者，他们的经济利益是相互独立的。"耕种者拥有土地但有一个附带的条件，即与持所有权者分享部分产品"[②]，占有地租是所有权借以实现的经济形式，国家再以产权收益分配参与者的身份从地主那里获得赋税，地租形式与赋税负担密切相关。在权威的调节下，不同产权主体之间形成了相对稳定的权利秩序与权力格局，这是正常的治理状态。但是由于国家的过度汲取，既有的权利秩序发生改变，陷入相对无序的状态，既有的权力格局亦随之发生变动。

1949 年之前，随着赋税的加重，湖村形成"顺租"和"倒租"两种地租形式，这两种形式交租时间不同，交租的数量不同。尽管"税随田走"，但是由于地租形式的差异，在赋税承担方面，尤其是伴随赋税的附加、征购方面，租佃双方承担的负担是不同的。

---

　　① ［美］杜赞奇：《文化、权力与国家：1900—1942 年的华北农村》，王福明译，江苏人民出版社 2003 年版，第 24 页。

　　② 费孝通：《江村经济》，上海人民出版社 2007 年版，第 56 页。

所谓"顺租",就是按照正常的佃田流程,即"先插田,后交租",插田户先耕种地主的田土,等水稻收获之后再纳租谷。在"顺租"情况下,插田户缴纳的租谷比"倒租"时要少。1亩中等的田,支付1担租谷;1亩差田支付8斗租谷;1亩可以产3担谷的正田,支付1担5斗的租谷。租谷在8斗及以下的情况下,插田户还要承担20%的田赋。

这里的20%不是固定的数额,而是根据每年田赋征收额度浮动;如果该年有新增田赋附加或征购,地主会将这些都计算进去,然后告知插田户20%具体是多少数量的谷。交租时候,插田户将租谷及20%的赋税,一起交给地主,由地主统一交税。租谷在1担及以上的情况下,插田户不承担田赋。此外,"顺租"中插田户虽然不承担"保垸费",但是要替地主出力,参加挑堤护垸。湖村插田户生活贫困,大都选择收获后才纳租的"顺租"。

所谓"倒租",就是颠倒佃田次序,即"先交租,后插田",插田户在承租之前先把全部或一半左右的租谷交给地主,然后再种田。采用"倒租"形式的,往往是质量比较好的正田,这样的田地势较高,不易被水淹,产量稳定,插田户的收成相对有保障。在"倒租"情况下,1亩田的租谷都在1.5担左右,没有低于1担的。

相比之下,"倒租"缴纳的租谷比"顺租"要多,但是田赋由地主承担,插田户不需支付;新增田赋附加或征购,也完全由地主负责。并且,插田户还不用支付"保垸费",也不必出劳力挑堤护垸。在湖村,有一定经济实力的插田户才能选择"倒租",比如甘海斌承租的7亩水田就采取这种方式,类似甘家这样的农户有能力在插田前交租;另外,由于家庭条件好一些,他们也不愿意替地主出力干活。

"顺租"与"倒租"的一个重要不同在于是否承担赋税,赋税是导致两种地租形式的重要原因。传统时期,赋税征收依据土地等级,不同等级的土地交税不同。民国中期以前,田赋计征银圆。1934—1937年,汉寿县进行土地清丈,并对土地厘定等级,这是国家确保赋税征收的重要步骤。将土地分为二等六级,正供税率一等上则银圆六分二厘,一等中则五分八厘,一等下则五分四厘,二等上则四分三厘,二等中则三分五厘,二等下则二分七厘。[①] 从1942年开始,田赋征收实物,实物以稻谷为主。每一元折征稻谷二市斗。这一时期,湖村产量低的田(亩产水稻1.5—2担),一亩缴纳三斗或三斗三的税,税率在15%—20%;产量高的田(亩产水稻2担以上),税率为"三置一",一亩缴纳近100斤的税。

租率与税率相一致,税率的提高带来租率的攀升。在湖村,无论何种地租形式,在分配产品时,插田户都要缴纳产量的50%以上;而承担田赋负担后,租率就更高。以李小华家为例,他家当年租种地主7亩租田,采用的是"顺租"形式。这7亩田都是好田,每亩田正常年份可产2担谷,这几亩属于"三斗三"田,也就是每亩需缴纳0.33担的田赋,税率为16.5%。在正常年份,他们家一年可以收获14担稻谷,每年要向地主交担租谷9.5担,另支付20%的田赋,也就是0.462担。他们家每年需要向地主交10担左右的谷,如果把所负担的20%的田赋也算作地租,地租率达到0.71(见表5—3)。

表5—3　　　　　　　　部分插田户土地收益分配表

户主	李小华	祁腊春	宋海棠	甘海滨
地租形式	顺租	顺租	顺租	倒租
租田亩数(亩)	7	22	30(含10亩土)	7
亩均产量(担)	2	1.5	2.2	2.2
总产量(担)	14	33	44	15.4
亩均租谷(担)	1.5	1	1	1.5
总租谷(担)	9.5	22	30	10.5
承担田赋(担)	0.462	1.32	0(常遭水淹)	0
租率	0.71	0.71	0.68	0.68

注:数据来源于田野调查。

[①] 袁志主编:《常德地区志·财政志》,中国科学技术出版社1991年版,第21—22页。

收租之时，地主只接受经过风车后不带壳子的谷，尤其田赋征实之后，国家要求田主上交"干燥纯净谷物"，故而地主要求插田户缴纳的租谷必须是"标准谷"，否则要求插田户更换质量好的租谷。除此之外，地主不能对插田户提出其他要求，也不能因为租谷差而要求多交，当初约定下多少租谷，只能收多少。同样，保甲长找地主收粮、收钱，地主自己不想出，也不能让插田户出，明目张胆往插田户身上转嫁很难。因此，地主往往通过"顺租"或"倒租"的形式，期望通过这种方式，在无形中转移赋税负担。

民国后期，国民政府的军事需求急剧膨胀，导致田赋急剧攀升。1942年，汉寿县执行湖南省政府颁布的《湖南省战时田赋征实实施办法》，在1941年的赋额基础上增加1倍征收。需要注意的是，持续增加的赋税以及随之出现的"随赋购粮"，不仅面向占有产权的地主，而且把触角伸向本就贫困的插田户。插田户纳租之后，所剩粮食满足一家糊口之需尚且困难。因此，当保甲长以强硬手段强令插田户缴售时，必然引起他们极大的不满。

"在田赋征实的同时随赋购买余粮，不论公私田亩，均按田赋册亩计算，以每石15元的价格向田东'公买'，山田每亩上等谷5斗，水田每亩上等谷7斗，外籍田东1石，佃农3斗。民国32年（1943年），将'公买'余粮改为随赋购粮。采取'征一购一'和'征一购三'的办法，即照上年田赋正附税总额，山田每元随赋带购稻谷4斗，水田每元随赋带购1石2斗。随赋所购粮食，均由田主缴售，湖田按东六佃四比例分摊缴售，有典权的田亩由承典人缴售。"[①]

赋税承担主体的变化，带来产权秩序结构的变化。在湖区，历来的传统是，地主作为田土占有者承担赋税，佃户无须纳税。"土地产权秩序意指一个社会的产权规则嵌入社会结构之中，是一个社会

---

① 袁志主编：《常德地区志·财政志》，中国科学技术出版社1991年版，第25页。

已经形成且正在发挥作用的道德规范和伦理习俗等的等价物。"① 正因如此,产权相关方会形成特定的行为预期,在这种预期下,人们遵循较为确定的产权规则进行产权的占有、使用及收益分配。但是赋税增加后,新的地租形式要求佃户承担部分田赋,这必然引起佃户的反感。传统的习俗被现实的利益考虑压倒,佃户直接感受到的不是强大的国家权力,而是地主从自己手中拿走更多的粮食,双方变得日益对立。"地主—佃户关系的淡化,为双方因为土地及其产出而加剧冲突创造了条件。这也促使国家从总体上更多地干预乡村事务,特别是地租关系。"② 国家越来越深地介入产权收益分配。同时,国家向佃户的"征购",使得佃户直接面对国家权力的掠夺,孤立而分散的个体农户根本无力应对,村落持续分化并趋于瓦解。正如黄宗智指出的,在一个大部分小农都已经无产化的村庄,面对外来压力时,更加容易分裂,也更容易为外来势力所摆布。③

二 保甲与催税收粮

民国时期,催税收粮是保甲制的主要使命。与绅士父老、"扛抬人"一样,保甲长不过问其他事务,其权威地位主要在赋税征收这一特定的权力领域,遵循的是国家权力的运作逻辑。保甲催税的依据是田册。保甲制实施后,土地登记以保甲为单位。1934—1937年汉寿县土地清丈之后,保甲掌握了本辖区内土地的数量。登记土地的田册,掌握在甲长手中。本甲的田土数量、占有、分布情况等,田册中有明确登记。田主的变动也记录在田册之中。田土买卖被视作私人之事,不交税也不向政府报告,但是无论地主还是一般农户

---

① 黄鹏进:《产权秩序转型:农村集体土地纠纷的一个宏观解释》,《南京农业大学学报》(社会科学版)2018年第1期。
② [美]白凯:《长江下游地区的地租、赋税与农民的反抗斗争:1840—1950》,林枫译,上海书店出版社2005年版,第11页。
③ [美]黄宗智:《华北的小农经济与社会变迁》,法律出版社2013年版,第233页。

第五章 基于产权收益分配的保甲权威及其治理　197

买田,都要向甲长通报一声。卖田者要"削田",在甲长那里登记销册,此后不再交税。

由于每年实际征收田赋及其附加数额会有变化,所以每年赋税征收之前,保甲长需要根据田赋粮食征收处给出的标准,通知保甲内农户纳粮数额。据宋九林老人回忆,每年水稻收获后不久,他的父亲甲长宋海棠,就要到保长家中开会。保长将赋税标准以及交粮时间、地点等通知甲长,然后甲长通知本甲农户。通常,只有地主以及为数不多有田土的农户需要纳税。就地主而言,甲长将赋税标准通知地主本人。一般情况是,通知地主数额即可。地主收取租谷之时,甲长就可以通知他们。而安仲庭父子,甲长将数额通知他们的"托付人"黄金阶即可。就普通农户而言,甲长需要挨户通知。在"随赋购粮"时候,包括插田户在内的所有农户都要承担相应的数额。"购粮"带有临时性和强制性,甲长需要将征购数额通知到所有农户。

"田是老板的,国家需要收税的话,就是找老板要。以前国民党的时候,每个地方都有甲长、保长,国家要求每个甲需要交多少税,那甲长就会计算下,每个田的主人需要交多少税。那一般就是屋里有田的,还有老板屋里有田就是他们交的,没有田的不交。"①

在保甲制下,保甲长只是通知赋税标准以及交粮的时间、地点,并在农户迟迟未交的情况下进行催缴,而不直接负责征收。交税需要村民自己送过去。在"田赋征银"阶段,田主需要先将粮食卖掉换为银圆,然后自行送去缴纳。在"田赋征实"阶段,田主需要将粮食送往征收处。汉寿县负责田赋征收的是田赋粮食管理处,并在各乡镇设有经常或临时的田粮办事处。就护城乡而言,没有专用的政府粮仓,田粮办事处不是在乡公所,而是临时租用私人的大屋,要求全乡的人把粮食送过去。因此,不同的年份,交税的地点往往不同。交来的粮食堆积在那里,并由众多乡丁以及雇佣人手看管,

---

① 来自宋九林老人的访谈。

等到田赋征收完毕，一起运走。

根据1941年湖南省颁布的《田赋征收实物实施办法》，各县田赋征收实物，征收时一律用市制标准量器，并以本年所产干燥纯净谷物为合格。[1] 田主把粮食挑到交粮的地方，负责验收粮食的是田赋办事处以及乡公所的人。送粮人报上户主的名字，田赋办事处有专门粮册，登记有每户需交田赋的数额。农民把粮食交给他们，他们要验看粮食质量，粮食水分有多大、是否干净、是否掺杂等。田赋征收处不收质量较次、霉坏的粮食，且会对送来的粮食进行挑剔，以便压低粮食等级，从而要求田主多出粮食。尤其在"购粮"情况下，如果被压低等级，交粮者要蒙受更大损失，因此会进行辩解，不过很多时候是不起作用的。

交税有时间限制，所有田赋须在规定期限内缴纳。否则，还要征收田赋滞纳息金。缴税限期一直存在，随着税赋的攀升，追催更加迫切，滞纳息金也不断提高。1932年田赋改为一次性征收，每年田赋征收自9月1日开始至次年1月底结束。凡在12月末还未完纳的，从次年1月1日起由征收机关派人追催，并按应完正赋税额的5%收取追催费，凡次年6月底尚未完纳的，从7月1日起，将正赋、附加一并征收追催费。逾期越长，加息越重。[2]

田赋征实以后，面向所有农户征购粮食。这对于湖村贫困的插田户来说，无异于雪上加霜。插田户纳租之后，本就没有多少剩余，糊口尚且"一年要欠两个月"，根本没有剩余粮食"卖"与政府。因此，很多插田户无力承担征购而拖延。根据规定，征购（借）的期限一般为三个月，从1944年起，一律以当年12月31日为结束日期。滞纳由限满之日起，第一个月内完纳者，照欠额加征5%；第二个月内完纳者，照欠额加征10%；逾期两个月以上者，追传、强制

---

[1] 覃道统、铁光辉、周德纯编：《石门县粮食志》，黄山书社1992年版，第111页。

[2] 袁志主编：《常德地区志·财政志》，中国科学技术出版社1991年版，第26—27页。

提取其收益，拍卖欠赋之地及其他实物抵偿，仍按欠额加征10%。①

如果误期，除了需交滞纳金外，还要向保甲付费。对于拖延未交的农户，保上会派人上门来收，有时候保丁、甲长等人员要往返多次催缴。对于催缴多次仍不缴纳的农户，乡公所和保上会派一干人前来强制征收。迟交农户家里的粮食会被挑走，而且还必须要向来人支付工钱。凡是前来的催讨人员，每人都要支付一个小工的工钱，也就是4升米。

"当时自己屋里的田交国税。大概一亩百八十斤谷，交的粮食。以前有一个地方专门收的，国民党要盯着你交粮食嘛，交了的就打收条，交过去就可以了，保甲长不管的。通知你这一户去交粮，过了日子你没交，保长就派甲长到你屋里催，赶紧交过去。要是还不交，保上还有乡里的人就来了，到屋里来要。派人来把粮食挑走，来的人你还出工钱。"②

面对沉重的田赋以及征购任务，湖村许多农户无力承担。尤其在遭灾年份，这些农户交税之后一家人生计没有着落，往往拒绝交税。不交赋税的话，保甲就不停上门催讨，甚至派人强制征收。为了躲避催迫，拖欠的农户全家躲出去，粮食带走或藏起来，家里不留人。等甲长再次来催讨时，发现该户家中已经没有人，甲长就会询问该户的兄弟、叔伯、"边近"（邻居）等，一方面询问该农户的下落，另一方面也动员这些人催促该农户交粮。若是一直得不到该农户的下落，保甲长就不再来催了。本人跑外面躲避以后，他的兄弟、叔伯等是不负连带责任的。因为谁欠缴的田赋谁自己承担，兄弟、叔伯等没有义务代替缴纳。即使保甲长找不到躲避者本人，也不能强迫其兄弟、叔伯等缴纳，他们也会强硬地拒绝缴纳。

---

① 袁志主编：《常德地区志·财政志》，中国科学技术出版社1991年版，第28页。

② 来自彭庆安老人的访谈。

而那些家庭特别困难的农户，根本无力完成征购，保甲无论怎么催缴，他们家里确实没有粮食交，更没有值钱的东西，干脆也不出去躲避，任凭保甲前来催讨。保甲长拿这类农户也没有办法。因此，民国时期的田赋往往难得收齐。田赋负担及征购过于沉重，远超农民的承受能力，因此田赋征收历年均有尾欠。尤其到民国后期，农民已没有余粮可供征缴，加上频繁水灾致使减产甚至绝收，田赋尾欠更加普遍。据记载，汉寿县1941年应征稻谷7.98万担，实征4.42万担；1942年额征稻谷增至16.41万担，实征12.75万担。①

上面分析了民国时期，尤其是保甲制实施阶段的赋税征收情况。这里，有必要将视线拉长，进行纵向对比，以便更加深入地理解保甲制的运行。同样以赋税汲取为中心任务，民国时期的保甲制与之前的里甲制明显不同。里甲制是将人口、户籍与土地捆绑在一起的组织形式，以"丁粮多者为长"。亦即以纳税能力强的人作为乡村权力主体，借助其内生权力和身份，并承担连带责任，进而保证赋税的征收。"里甲制度将权力与赋税联系在一起，寄寓基层社会之中，谁有能力承担更多赋税便可以获得乡土社会中的权力"②。而保甲制与纳税能力相脱离，只要求保甲协助完成征收任务。但是，保甲长仅是依靠外部的国家权力，更缺乏内生权力的合法性支持，其本身亦不承担连带责任，因此汲取功能也受制约。

三　国家介入与分配关系平衡

在以租佃关系为主的滨湖地区，国家参与产权收益分配、获得赋税的能力取决于地主收取地租的能力，即所谓"粮从租办"。由于每年的收成大体固定，因此"赋税和地租关系说到底就是对农产品

---

① 汉寿县志编纂委员会：《汉寿县志》，人民出版社1993年版，第242页。
② 白雪娇：《血缘与地缘：以家、房、族、保为单元的宗族社会治理——以粤北福岭村陈氏宗族为个案》，华中师范大学，博士学位论文，2017年。

第五章　基于产权收益分配的保甲权威及其治理　201

的竞争关系"①。随着国家持续强化赋税汲取，地主和佃户的负担普遍加重，租佃关系也变得紧张。"对于国家来说，地主和佃户之间紧张状况的升级对自己的主要收入来源构成了直接威胁。"② 地主加强了对租谷的控制，而插田户交租能力弱化，甚至欠租。面对佃户的欠租问题，为了确保税收，国家权力介入租佃关系，维护地主对于地租的主张。

产权占有者地主、使用者插田户与收益分配参与者国家三方之间的关系，在冲突中表现得最为明显和充分，而三方关系也因国家深度介入而变得更加紧张。我们可以通过地主和插田户围绕租谷的诉讼事件了解当时三方之间的关系。这一纠纷事件发生在民国37年（1948年），但是起因却在七年前，原告是地主王运前，被告是湖村插田户宋习堂。民国30年（1941年），宋习堂三兄弟分家，分家之后，从地主王运前那里租入水田三斗，也就是1.5亩。当时议定宋习堂每年向王运前支付租谷二石四斗，由同属王运前的插田户、"扛抬人"祁丰亭作为中人，于农历三月初五日订立佃纸。

由于宋习堂是分家后第一次独立耕种，种田的经验不足，当年的水稻产量不高，收获很少，秋收后只支付一石七斗租谷，欠了七斗。因为交了大部分租谷，王运前同意他下一年补交。但是所租水田地势不高，容易受水灾，产量低且不稳定。第二年又遭了灾，宋习堂不仅没有能够补交上年所欠的七斗租谷，该年又欠了九斗。这一年是1942年，战争需要致使田赋猛增，该年全县额征稻谷增至16.41万担，是上年应征稻谷的2.05倍。也就是说，地主的田赋负担增长了两倍。宋习堂不足额缴纳租谷，使得王运前极为恼火。紧接着，从民国32年（1943年）开始，按照"东六佃四"征购粮食。根据这一要求，王运前需要承担一石一斗左右，宋习堂需要承担七

---

① ［美］白凯：《长江下游地区的地租、赋税与农民的反抗斗争：1840—1950》，林枫译，上海书店出版社2005年版，第9页。

② 同上书，第322页。

斗左右。租佃负担的共同加重使得欠租问题进一步恶化。这一年，宋习堂缴纳了征购后，家中没有剩下多少粮食，于是干脆一点儿租谷也不再支付。

面对拖欠，王运前先是让作为中人的祁风亭出面，帮助自己索要租谷，但是无效。有一次，王运前到村里"看租"，与宋习堂发生争吵，并威胁收回水田。宋家在周家湖聚落有三兄弟，且在湖村还有几位堂兄弟等亲属，算得上"人多势众"。虽然王运前很有实力，而宋家十分贫困，但是却无法强制收回田土。这次冲突之后，王运前以没有足够收入为由，拖延并抵制田赋征购。王运前的田土比较多，他和另外两位地主，是第三甲以及整个第二保田赋征购的承担主体，没有他们的配合和支持，保甲承担的田赋征购任务将失去着落。

于是，在当事双方没有提出要求的情况下，保甲主动介入进行调解。先是甲长宋海棠出面，他利用宋姓本家身份，劝说宋习堂缴纳部分租谷，但是宋习堂拒绝听从。之后，保上又派人多次进行劝说，但都无济于事。保长甚至以抓捕相威胁（宋习堂与宋海棠是本家，宋海棠本人有能力，能说会道，交往面广，有他的面子在，保长不会真正抓捕宋习堂），但是同样没有成功。

到了民国36年（1947年），也就是宋习堂租田的第六个年头，这一年没有水灾，产量较好，加之前两年收成还算不错，王运前再次向宋习堂催交租谷，宋依然拒绝。于是，在保长游月满的建议下，王运前于第二年一纸诉状，向汉寿县司法处状告宋习堂，要求宋给付所欠租谷一十三石六斗。汉寿县司法处民事庭接受了原告王运前的诉讼请求，按照当时的法律程序，派人到湖村对事件进行了调查，并三次传唤、一次公示送达，要求被告宋习堂到庭对质。但是宋习堂始终拒绝出庭。通过对佃纸的核查，以及中人祁丰亭到庭证明，司法处民事庭于该年五月二十七日作出判决，照准原告王运前给付租谷的请求。

官司虽然结束，但事件并未就此平息。为了缓和双方矛盾，在甲长宋海棠调停下，各让一步，宋习堂承诺给付租谷，并缴纳了去年应付租谷，王运前同意他逐年付清。此后，过了一年时间，汉寿解放，并于 1950 年进行了土地改革，宋习堂所欠租谷也就不了了之。

民国时期，国家权力依靠参与产权收益分配汲取资源，以维持政权稳定，并满足军事及现代国家建设的需要。产权占有者、使用者和收益分配参与者之间的平衡有序关系，是这一切得以延续的关键。当占有者和使用者的关系恶化威胁到收益分配时，国家权力会毫不犹豫地介入产权权利关系中。国家权力的过度汲取和介入，使得地主、佃户和国家的关系失去平衡。同时，这一事件也从侧面反映了民国后期日益增长的赋税使得租佃负担加重，但是通过提高地租转移负担的直接方式实行困难，地主于是在租谷收取、减租方面更加强硬，让步越来越小，租佃关系趋于紧张。

第三节　额外的收益汲取与村落控制

传统时期，国家主要从土地的收益分配中汲取资源。"围绕土地权利每一个层面的控制权与收益权，实际上决定了政府可以征什么税、向谁征税以及征多少税。"① 在产权权利分置的情况下，国家除了有赋税形式的收益分配外，还有其他类型的收益分配，也就是名目繁多的额外征收，并且随着财政需求膨胀，这种收益分配越来越多，占比越来越重。

与黄宗智笔下长江三角洲地区将各项杂费摊派等加诸城居不在地主而非佃户的情况不同②，湖村的各类额外征收大都加诸插田户。

---

① 胡荣明：《地权与税制：抗日根据地农业税的结构性分析》，《中国经济史研究》2017 年第 1 期。

② ［美］黄宗智：《长江三角洲的小农家庭与乡村发展》，法律出版社 2013 年版，第 133 页。

湖村的插田户在土地关系上，不仅通过地主与国家权力打交道，而且越来越多地直接与国家权力打交道。国家依靠保甲这一资源汲取体制，通过强制方式进行额外征收，并在此过程中实现对村落社会的渗透与控制。

一　保甲开支

保甲制是自清末以来开启的中国现代国家建设的延续。现代国家建设的目标就是推动国家的一体化，即国家通过现代行政机器改造和整合社会。由于中国现代化发展的不平衡，工业发展落后，因此"国家化所需要的巨大行政成本，却不得不由农村和农民承担"①。民国时期，国家基层政权建设的首要行政成本是保甲运行开支。杜赞奇对华北的研究发现，20世纪上半叶地方政权的现代化建设成本完全由乡村社会承担。② 于建嵘对湖南衡山县的研究也发现，保甲经费按规定要列入县预算由县政府拨给。但在事实上，许多地方均采用摊派办法筹措。③ 汉寿县亦是如此，自保甲设立以来，其开支就成为一项重要的常规征收。

与乡一级不同，汉寿县的保一级普遍没有办公场所。湖村所属的第三保同样没有办公场所，保长在自己家中办公。遇有事务，保长就把副保长、经济干事、保丁、甲长等找来自己家中商议。因此，保一级并非严格意义上的政权体系。这也体现在另一个重要方面，那就是保一级没有固定的、专门的办公经费。随着保甲承担事务的增多，文书、登记、报送等开支剧增，保一级的开支需求强烈。根据规定，保甲经费以地方原有公款及财源拨充，其在无公款及财源

---

① 徐勇等：《中国农村与农民问题前沿研究》，经济科学出版社2009年版，第5页。

② [美]杜赞奇：《文化、权力与国家：1900—1942年的华北农村》，王福明译，江苏人民出版社2003年版，第38页。

③ 于建嵘：《转型期中国乡村政治结构的变迁——以岳村为表述对象的实证研究》，华中师范大学，博士学位论文，2001年。

或有而不足之地方，得向保甲内住民征集之。① 也就是说，保甲运行经费完全由地方负担。汉寿县其他的一些保，主要是依靠保所拥有的"公本田土"等公产收入作为办公之用，但是第三保除了渡船拥有的为数极少的公本田外，没有多少公本田土。故而，大体从20世纪40年代初开始，经汉寿县政府允许，保内全体农户共同承担保甲办公开支。本保内农户无论有田与否，一律按户平摊，每年合出1.5担粮食，算是保里办公费用。

同时，在一些特殊年份，湖南省政府还会要求进行乡、保经费捐献，其实就是为乡、保筹措经费的一种临时摊款。比如，民国31年（1942年）开征自治户捐。自治户捐是根据家庭经济条件，以户为单位，将农户分为不同等级，按等级缴纳户捐。在湖村，由全体农户承担，因而主要就是插田户承担，三个地主不在村，故而没有承担。又如，民国36年（1947年），湖南省参议会三次会议议决，为筹乡、保经费举办一次捐献。此次捐率为每元赋额2斗，采用方式依然是随赋带征，即按照"东六佃四"的方式，向田主和插田户征收，由他们共同缴纳，用作保甲运行经费。

在保甲制实践中，随着保一级在资源汲取中凸显的重要作用，以及征收难度的加大，保一级人员设置逐渐增多，其中最重要的是增设了乡队与保队。所谓乡队与保队，指的是乡联队与保小队，其成员多是一些争强斗狠、地痞无赖之人，职责主要是确保乡公所和保甲能够顺利完成赋税征收、摊派、"抓壮丁"等棘手任务。当然，就湖区而言，增设乡队与保队的另一个原因是应对日益猖獗的土匪，土匪横行使得百姓深受其害，乡队和保队的设立意在维持地方治安。当时护城乡公所决定，乡联队成员的薪金由本乡各保均摊，保小队成员的薪金由本保住户筹出。

不过，"两队"增设之后，通过强制方式征收赋税等的目的实现了，但是在防匪方面基本没有发挥作用。乡、保两级从村民身上征

---

① 资料来源于许昌市档案馆《修正剿匪区内各县编查保甲户口条例》。

走了大量钱款，但是对于土匪的劫掠依然束手无策，徒然增加村民负担，村民们十分不满。此外，一些保长通匪，与土匪相勾结，分享劫掠所得，更是激起普遍的愤怒，村民对这些保长恨之入骨，保长们下达的这一款项被视为不合法而遭到抵制。所以，虽然乡队一直存在，但是保队只存在一两年就宣告解散。

"本乡增设联队副一名，每月薪金 4 元，此项款由本乡各保均摊。本乡每保内设小队副一名，每月薪金 3 元，保长负责由本保内筹出。"①

在湖村，除了保里办公费用及乡队、保队经费外，还有一项重要的费用是保长和甲长津贴。同办公经费一样，在保甲制度设计中，也是没有保长和甲长薪酬一项的，即"保甲职员均为无给职"。但是完全没有薪酬收益，是没有人真正愿意担任保甲职务的。故而，在保甲制运行中，各地都会通过各种方式让保甲获得一定的收益。少数地方由县财政负担保甲长津贴，多数地方由保甲内住户承担。湖南省对保长津贴的征收有官方核定，由于没有获得汉寿县相关的档案资料，这里我们以离汉寿县不远、同属湖南省的浏阳县为例进行说明。

保长津贴是专门征收用作保长薪酬的。据民国 26 年（1937 年）湖南省政府核定，每六个月就各该保内住户中有力负担者，由保长自行抽收保长津贴。根据住户经济情况，分 9 角、6 角、3 角三等，由县统一印制收据。② 可以看出，省县政府将津贴征收权力赋予了保长本人，每年度分上下两期，由保长自行抽收，住户缴纳后保长署名盖章，作为收据。这就使得保长拥有很大的自由度，为其上下其手留下了空间。同时，保长津贴的征收表面上是面向保内"有力负担者"，其实是面向全体住户的，在征收中不会顾及各户贫富

---

① 资料来源于汉寿县档案局民国档案。
② 湖南省浏阳县财政局税务局合编：《浏阳县财税志（1874—1985）》，内部印行，1988 年，第 33 页。

情况。

"查此项津贴业经本府呈奉。湖南省政府在核定二十六年度地方概算案内规定：每保月支一元五角，就地筹措等。因兹特规定每六个月就各该保内住户中有力负担者酌分九角、六角、三角三等，捐率由各该保长自行负责抽收一次，其收据每张载洋三角（缴捐九角者给收据三张，缴捐六角者给收据二张）。特此注明。"①

到了民国后期，由于没有人愿意充任甲长，第二甲开始向甲长支付津贴。甲内住户按户出米，由保里派人统一收取，凑起来每天支付3升米，雇请愿意的人担任甲长。前面多次提到的宋海棠，他是第二甲担任时间最长也是最后一任甲长，前后担任了七八年时间。宋海棠也是第二甲住户花钱雇请的，担任甲长期间，他每年可以获得两三担稻谷的报酬。

> 问：甲长有工资没有？
> 答：甲长3升米一天，请一个人当甲长。那个时候甲长都不愿意干，要选甲长，没得好多报酬，耽误自己的生产。
> 问：那个米是怎么出的，没有田也出吗？
> 答：一甲里每家每户都出米，但是都没有人愿意干。一甲有几十户人家，一个月能收几斗米。不论田少田多都要出的，保里派人来收。②

在湖村，保甲长津贴是以"烟灶费"的名义征收的。征收的标准是"烟灶"，有几个烟灶就收几份费，其实就是以户为单位征收。家里只有一个烟灶，就只交一份费；两个或三个兄弟分了家，不继续在一口锅里吃饭，有两个或三个烟灶，那就要交两个或三份费。

---

① 湖南省浏阳县财政局税务局合编：《浏阳县财税志（1874—1985）》，内部印行，1988年，附录。

② 来自黄才旺老人的访谈。

有些虽然分了家的，但是依然住在同一个屋场，甲长不知道已经分家或是不特别苛刻，就不会太在意，只收一份就可以；甲长为人比较刻薄，就不会答应，有几个烟灶就出几份钱。

保甲开支以及保甲长津贴都由保里统一征收。保一级拥有征收的权力，可以根据每年需要进行调整，因此有些年份征收数额少一些，有些年份征收数额较多，征收次数亦不固定。在征收之前，保长和各甲长商量好辖内住户需要缴纳的数额，然后由甲长带领保丁或其他人员，逐户进行收取。凡辖内住户，以户为单位，无论是否有田土，都必须缴纳。有些家庭特别贫困的插田户，往往交不起，保甲会同意宽限时间，但是最后还是必须要缴纳，即使借钱也必须缴纳。如果村民欠费太多，甲长的津贴就会受到影响，因此甲长不会因为人情关系束缚而放弃催讨。据老人的讲述，保甲的财务是从来不公开的，也没有向村民提供过征收凭证。至于每年总共收了多少，哪些户交了，哪些户没交，用在哪里，则无从知晓。

二 杂费摊派

在湖村，保甲制给村民留下的十分强烈的印象是收取各类杂费摊派，这是他们头上的一大负担。湖区民众流传一句话，"穷人头上三把刀，租子重，利钱高，苛捐杂税多如毛；穷人面前三条路，逃荒，上吊，坐监牢"。

一方面，杂费摊派的增加与民国时期动荡的局势有关。频繁的战争耗费巨大，在正常的田赋收入无法满足需求之时，摊派便成为应对财政问题的唯一办法。进入20世纪以后，杂费摊款越来越多。这一点通过历时性数据的对比可以看出。清光绪年间（1875—1908），汉寿县内平均纳银1.99万两。民国4年（1915年），改征银圆4.78万元。原地方附加并作正税，地方另征附加，私派倍于官征，杂项浮于正额。民国14年（1925年），北军贺耀祖师7次提取境内田赋、亩捐、验契税、教育经费等15.24万元，为民国4年征收捐税的3倍。民国25年（1936年），附加高于正税2.87倍，次年高3.65倍。民国26—30年（1937—1941年），赋税杂捐收入年平均法币23.96万元。民国30年（1941年），货币贬值，税负成倍增长，征收田赋及杂税96万元。民国35年（1946年）更是达到11.72亿元。①

另一方面，杂费摊派的主体是县级政府，因此征收与从清末开始的地方政权现代化建设有关。在清朝末期和民国初年，县财政收支由中央核定。但是随着地方政权现代化建设，开始建立县级财政。民国18年（1929年）汉寿县政府设财政局，民国24年（1935年）设税务局。民国26年（1937年），建立县一级地方财政，主要收入靠地方捐税和省款补助。②从年份上看，民国24年（1935年）是汉寿县保甲制开始推行的年份，而民国26年（1937年）恰是汉寿全县推行保甲制的年份。可以看出，县一级财政的建立与保甲制的推行相伴随，保甲制可以说是县一级地方财政的支撑。

"而地方机关林立，团防教育以及党政等项非费莫举。亩捐由一二升增至一斗，折洋至五七角不等，而保安有费，乡团有费，堤工有费，均取偿于田亩收获之内。一鬼在野，百人逐之；一金在野，百人竟之。官长增高不尽，农民血汗所入不止。嗟夫，天地生财只有此数斗……国省正税在所不计，专就地方行政经费岁筹款至三十余万之多，催征需索、围垸短浮犹不在内，哀我小民曷胜盘剥，农村破产夫岂待言。"③

杂费摊派具有临时性和随意性，县级及以下各级政权都可根据自身需要进行征收。当时湖村村民需要缴纳各种名目的派粮、派款，比如门牌费、烟灶费、修路费等，次数更是数不清。随着军事需要等各项开支的剧增，省款补助往往无法兑现，杂费摊款成为县级财

---

① 汉寿县志编纂委员会：《汉寿县志》，人民出版社1993年版，第241页。
② 同上。
③ 王熛编：《安乡县志》，成文出版社1975年版，第249页。

政的唯一来源，并很快成为农民头上极其沉重的负担。正如杜赞奇指出的："临时摊款很快成为农民一项最为繁重的负担，而且不可能得到监督和限制，对政府来说，它成为比其他税收更为重要的资金来源。"① 民国政府虽然也曾几次明令试图废止各类杂捐，但是都因为支出浩繁，没有真正废止。据统计，民国27年（1938年），各类杂捐就达23种之多，此后更是有增无减。

表5—4　　　　1936年洞庭湖区四县每亩常年税费情况②　　（单位：元）

县别	汉寿	澧县	安乡	华容
田赋	0.32	0.32	0.32	0.32
堤费	1.5	1.50	1.7	1.8
垸费	0.10	0.20	0.66	0.20
区公所月费	0.45	0.45	0.20	0.40
教育附加	0.20	0.15	0.10	0.24
义勇捐	0.10	0.20	0.10	0.10
团款	0.20	0.20	0.20	0.20
合计	2.87	3.02	3.28	3.26

表5—4是1936年洞庭湖区四县每亩田土的常年税费情况。就湖村的插田户而言，需要负担的杂捐包括区公所月费、教育附加、义勇捐和团款。以汉寿全县平均值来看，每亩田土的杂捐加起来有0.95元，差不多接近田赋的3倍，插田户负担之重可以想见。据访谈老人讲，民国31年至34年几年间，缴纳的杂捐尤其多。这几年正值抗日战争相持阶段，国民党军队与日寇在常德地区及湖南进行反复争夺。为了获得足够的资源，政府加大了对农村的汲取力度。

---

① ［美］杜赞奇：《文化、权力与国家：1900—1942年的华北农村》，王福明译，江苏人民出版社2003年版，第58页。
② 孟维宪：《洞庭湖滨之农民生活》，《东方杂志》1936年第33期，转引自陈向科《南京国民政府时期洞庭湖区农村经济研究》，湖南师范大学，博士学位论文，2013年。

为了抗击日军，国民政府修常德公路，除了向农户征收"筑路附加"外，乡、保还要求各户出劳力前往修路。而家中缺少或是没有劳力的农户，只能出米雇请别人代替。

"民国36年（1947年），征收标准提高，正、附税额每元征实2斗8升，征借1斗2升，带征县级公粮（实际是额外增加的地方附加）8升，带募稻谷5升，筑路附加3升，乡保经费一次捐献2斗，合计7斗6升。民国37年（1948年），田赋征实配额为每元征稻谷2斗8升，征借2斗8升，仍带征县级公粮三成，同时每元赋额还带征自卫饷8升，筑路谷2升，县一次捐献谷1斗2升，共计8斗6升。"①

下面我们着重介绍一下湖村两种较为典型的杂费摊派。首先是壮丁费。征兵、抽壮丁是民国中后期保甲的重要任务。据《汉寿县志》记载："民国26年抗日战争爆发，县内开始征集义务兵，凡年龄在18—45岁之间的男子，均有服国民兵役的义务。各乡、保、甲按事由适龄壮丁登记造册，经体检合格的壮丁，按时到'抽签事务所'抽签，按抽签号码顺序应征入伍。"② 抽壮丁的原则是"三丁抽一，五丁抽二"，凡是需要出壮丁的，统一采用摸签的办法确定出丁顺序。但实际上，壮丁的轮派是不公平的，有走后门、托关系的，保甲长可以借机上下其手，从中捞取好处。比如，某年本甲需出两个丁，有五户符合出丁要求，这时某户给保长、甲长送点礼和"人情钱"，就能隔过去一年，可以暂时先不出丁。

壮丁费也叫"丁伙费"，名义上是支付壮丁补贴及其他相关开支，但实际上是榨取民财的一种方式。抽壮丁之时，出壮丁的农户不必支付壮丁费，其他没有抽中、但是家里有壮丁的农户都要出壮丁费。壮丁费是一种典型的以甲为单位的摊款，它以有壮丁为原则。

---

① 袁志主编：《常德地区志·财政志》，中国科学技术出版社1991年版，第26页。

② 汉寿县志编纂委员会：《汉寿县志》，人民出版社1993年版，第337页。

家里有三四个以上儿子的,每次的壮丁费都要出;家里有一两个儿子的,一般出一次就可以;家里没有儿子、只有女儿的,壮丁费就只出一点,有时候也可以不出。甲内各户儿子都比较少的情况下,就每户都出一点儿壮丁费,凑起来交给保长买个丁,各户都不出壮丁。壮丁费是按耕种田亩派的,计算本甲中需要出壮丁的农户耕种的田土数量,核定每亩田应出的额度,耕种多少亩田,出相应额度的粮食。比如,甘海斌家有四个儿子,当时四个儿子都没有达到征兵年龄,没有出壮丁,但是因为儿子多,还是要出壮丁费,每年大约要出一担谷。

除了有壮丁农户均摊的壮丁费外,大部分农户还要花钱买壮丁。所谓买壮丁是指,轮到自家出壮丁,但是不愿意去,就出钱找一个人代替,或是把钱交给保长,由保长找人代替。买一个壮丁是笔巨大开支,少的要二三十担谷,多的要四十担谷。因此,只有家庭条件相对不错的,才有能力买壮丁;家庭条件差的,不想出壮丁就只能通过卖田土才能买一个壮丁。湖村自耕农本就很少,拥有些许田土的村民往往因为买壮丁而卖掉田土,完全靠租田为生。壮丁费和壮丁的抽取完全是强制性的,如果村民不按时出丁、出费,乡丁、保丁就会到村里来抓人,而被抓的往往是没有势力的穷人。正如贺萧指出的,有权势的家庭则居保甲单位之首,征兵模式反映了农村的金钱和权力关系。[①]

"以前出壮丁,家里没钱的,只有自己去。不去的就要买,买的话就把谷交给保长,保长从村里、外面请人来替,交给保长就有保护力量,自己就脱了户的,自己买就没有保护力量,保长也可以从中捞点好处,不然保长吃什么。"[②]

壮丁费和买壮丁是湖村插田户头上沉重的负担,而且随着民国

---

① [美]贺萧:《记忆的性别:农村妇女和中国集体化历史》,张赟译,人民出版社2017年版,第71—72页。

② 来自戴宗信老人的访谈。

后期战争的扩大,抽壮丁演变为抓壮丁,壮丁费也成倍提高,村民深受其苦。这一点也可以通过陈向科对洞庭湖区9个典型乡81户农户的研究得到证实。他通过对比发现,1936年,户均承担的壮丁费为33.41斤稻谷;1948年,户均承担的壮丁费为149.49斤稻谷,是1936年4.47倍。①

"门牌费"是湖村插田户十分痛恨的另一项摊款。保甲的一个基本职能是清查户口,"清查户口应按编定各户挨次发给门牌,令其照填张挂户外易见之处,不得遗失毁损"②。发放门牌成为保甲获取收入的重要途径。门牌费属于保上的摊派,所得收入没有上交政府,而是供保上的人办公、吃喝用了。

"那个时候甲长保长非常狠,这样的费那多,人多,要收门牌费,都要收。门牌费,烟灶费,都要收。"③

凡是保甲内住户,均需缴纳门牌费。到了民国中期,湖村村落已经形成,保甲已经建立起来,此时门牌费成为落居湖村的手续。凡迁入的插田户,因为村落中亲戚的介绍迁入湖村佃田落居,其当家人需要去找甲长。甲长若同意入后,就带领该当家人去找保长,保长、甲长都同意后方可迁入;没有经过保长、甲长的同意,是不能住进湖村的。在保长、甲长处登记上册,发放门牌,缴纳了门牌费,才算正式落居。因此,从某种意义上说,缴纳门牌费成为获取村民资格的一个重要条件,也就是说,"摊款促进了村民资格的认定"④。

保甲以户为单位发放门牌,一户一个门牌;门派费同样是按户征收,以保甲登记之户作为征收对象,一个门牌收一份门牌费,大约要交一二十斤的谷。不过,当时门牌更新很不及时,很多农户虽然分了家,但是只有一个门牌,甲长要是不追究,只交一份门牌费

---

① 陈向科:《南京国民政府时期洞庭湖区农村经济研究》,湖南师范大学,博士学位论文,2013年。
② 资料来源于许昌市档案馆《修正剿匪区内各县编查保甲户口条例》。
③ 来自姚三妹老人的访谈。
④ 从翰香编:《近代冀鲁豫乡村》,中国社会科学出版社1995年版,第107页。

就可以了；要是保里催问，或是甲长不同意，分成了几个家庭，就要交几份门牌费。

为了躲避门牌费的征收，不少插田户虽然已经分了家，但是不重新立户，甲长不知道的话，就可以少出门牌费。不过，甲长是本村落的人，时间久了，他还是会知道的，甲长知道后，如果不计较，会睁一只眼闭一只眼，但是大部分会要求补交门牌费；如果不交，甲长又比较狠，就会上报保长，保长就派保丁前来催讨。有些家庭为了不出门牌费，干脆一直不分家。这也是导致当时湖村户数较少的一个原因。这一点，也可以从土改前后湖村户数的巨大变动中看出。1949年之前，湖村只有44户；但是1950年土改后，由于不再缴纳门牌费等杂费，并且分到了田土，湖村的户数一下子增加到71户，比原来多出27户。

总之，作为额外征收的杂费摊派，主要由作为产权使用者的插田户承担。国家的过度汲取，导致以插田户为主的村庄社会结构发生变迁。派粮、派款任务分配下来以后，甲长就把各户户长叫一起开会，安排摊派分配。多数情况下，各户同意采取的方式是按户摊派，以经营田土多少作为额度依据，耕种田土多的多出，耕种田土少的少出，这引起一部分插田户的不满。以插田户为对象的摊派，极大地恶化了他们的生活，加剧了无田的插田户和有田的地主利益对立，而且使得同属插田户的富裕者与贫穷者的分化，促使村庄更加分散。

同时，杂费摊派也影响了村落间的关系。当时保长向甲长分派任务，甲长霸道些的，本甲就可以少摊派一些。因此，不同甲之间的杂费摊派往往会有差异，有的甲多一些，有的甲少一些，不同甲的成员杂派负担不同，强化了村民的村落成员意识。也就是说，国家权力的渗透创造出不同的摊款方式，使属于哪个村庄对农民来讲具有切身的利害关系。[①]

[①] ［美］杜赞奇：《文化、权力与国家：1900—1942年的华北农村》，王福明译，江苏人民出版社2003年版，第162—163页。

第四节　小结

　　从国家治理来看，判断一个国家政权对基层社会权力渗透程度的标准有两个：一是对基层社会的政治控制能力，二是对基层社会的赋税征收能力。故而，提取能力被视为国家能力的重要组成部分，提取能力是指国家从社会中取得人力、物力和财力的能力，集中体现在征兵和征税方面。国家的渗透能力与提取能力相关，提取能力的提升能加强国家对社会的渗透程度。① 国家不是外在于产权的，国家参与产权收益分配体现为特定的赋税制度等，"当制度和政策作为政治资本进入产权时，税制一旦实施，本身就是地权的一种存在形式——政治地权"②。正如马克思指出的："'权力也统治着财产。'这就是说：财产的手中并没有政治权力，甚至政治权力还通过如任意征税、没收、特权、官僚制度加于工商业的干扰等等办法来捉弄财产。"③

　　传统时期，村落社区虽相对封闭，但仍与国家权力发生十分密切的联系。"在多数古代帝国，压倒性地参与地方互动小型网络的广大人民还卷入了另两个网络：远方国家飘忽不定的权力所预备的网络，以及半自治贵族的比较稳定但仍薄弱的权力所预备的网络。"④ 产权收益分配即是国家与农民以及村落之间的主要纽带，正如孙中山先生指出的："人民对于皇帝只有一个关系，就是纳粮，除了纳粮

---

① 张长东：《国家治理能力现代化研究——基于国家能力理论视角》，《法学评论》2014 年第 3 期。

② 张小军：《复合产权：一个实质论和资本体系的视角——山西介休洪山泉的历史水权个案研究》，《社会学研究》2007 年第 4 期。

③ 《马克思恩格斯全集》第 4 卷，人民出版社 1958 年版，第 330 页。

④ ［英］迈克尔·曼：《社会权力的来源》第一卷，刘北成、李少军译，上海人民出版社 2015 年版，第 21 页。

之外，便和政府没有别的关系。……人民不管谁来做皇帝，只要纳粮，便算尽了人民的责任。政府只要人民纳粮，便不去理会他们别的事，其余都是听人民自生自灭。"[①] 传统时期国家虽然汲取赋税，但是乡村社会只是极其有限地被纳入村庄之外的政治体系，国家政权没有完全渗入自然村落。而保甲制则不同，为了超常规的汲取，保甲体系将政权带到农民的家门口。国家通过参与产权收益分配渗透乡村社会，将保甲制强化成为一个稳定国家税源的政权单位。

保甲制的建立改变了既有的村落权威结构。在"绅士父老""扛抬人"等权威主体之外，增加了保甲长这一权威主体。与前两种由产权关系内生的权威不同，保甲长是国家从外部强加的，其权力来自于国家权力，而没有产权关系和村落社会关系的支持。同时，国家介入不深，仅限于产权收益分配，几乎不参与其他产权事务，也不参与村落事务。由于不存在宗族等组织化的乡村权力网络，国家权力得以依托保甲制长驱直入，在超限度参与产权收益分配的同时，实现对村落社会的控制。就村民而言，没有宗族等乡村社会权力网络的支撑和庇护，孤立、分散的家户面对强大的政权力量，显得孤立无援，因此，他们普遍且强烈地感受到保长的"狠"。

以保甲制为代表的国家政权建设，是中国现代国家建设的重要组成部分。国家政权向乡村社会的延伸，一方面为了加强对基层社会的控制，另一方面为了加大对乡村社会的汲取力度。[②] 国家通过参与产权收益分配强化对乡村社会的控制，不过这种控制是表面的。繁重的征收，使得公正人士纷纷逃离保甲长这一角色，保甲权威缺乏社会根基。国家对乡村的榨取造成村落社会断裂、衰退，农民与国家政权离心离德，国家无法有效整合乡村。

[①] 孙中山：《三民主义》，九州出版社2011年版，第82页。
[②] 徐勇等：《中国农村与农民问题前沿研究》，经济科学出版社2009年版，第170页。

第 六 章

产权变迁中的村落治理

前面分析了传统时期湖村土地产权占有、使用和收益分配状况及其治理影响。这些是在国家对乡村社会介入不深的情况下发生的。1949年之后，国家权力前所未有地深入乡村社会，深刻改变了湖村的产权与治理形态。在国家权力的主导下，构造了集体产权。集体产权的占有、使用和收益分配权利高度集中，导致权力高度集聚，依托国家权力的干部成为唯一的村落权威，形成了集权式的治理。从社会发展的角度看，一个社会在其长期演变中形成的制度底色，构成了社会向前发展的影响和制约因素。"地权市场的活力与个体农户经营的生命力，构成中国传统经济的两大根本性特征，并相互关联与彼此强化，与西欧传统经济相映成趣。"[1] 在集体化时期，产权家户使用的底色传统与高度集中的集体经营存在内在张力与冲突，使得集体经营陷入困境，并最终导致了集体产权分置与治理变革。

第一节　高度集中的集体产权与村落治理

产权是治理的基础，产权及其权利结构的变革，能够从根本上

---

[1] 张湖东、彭波：《〈地权市场与资源配置〉出版》，《中国经济史研究》2013年第1期。

改变既有的权威结构和治理方式。经过土地改革和集体化改造，传统的产权关系不复存在，新的集体产权和治理方式确立起来。集体产权的建立，不仅是从经济上组织农村，也是国家权力继续渗透农村，从根本上改造基层社会。"这个政权远不只是个征税者；它意在控制农村的商业，并掌握每家每户的经济抉择权。为了达到这些目标，新政权不仅把触角纵向地伸入农村，而且横向地扩展权力，尤其围绕着农村经济。"[①] 集体产权的确立，实现占有、使用、受益分配等的高度一体化，国家通过干部体系完全控制农村，形成了集权式的治理和权力主导下的秩序。

一 国家权力主导下的集体产权

与传统时期围垸垦荒创设出的私人产权不同，集体产权是国家权力的产物。湖村集体产权构造的过程与其他地区是一样的，先土地改革，再合作化，之后集体化，经过互助组、初级社、高级社直到人民公社几个阶段，最终实现了传统私有产权向集体产权的转变。

1949年8月，汉寿县和平解放。1950年11月，湖村土地改革开始。在土改工作队的领导下，没收三个地主的土地，按人口进行分配，人均分得3.63亩。通过土地改革，土地集中占有的状况被彻底改变，土地占有实现了平均化。土地的重新分配，改变了传统的产权占有关系及其之上的社会结构，这是湖村形成后最重要的一次变革。

经过土地改革，地主集中占有、插田户分散使用的分置产权形态不复存在，但是国家的目标不是至此就结束了。1951年春，汉寿县政府号召农民在自愿互利的原则下，组织生产互助。该年5月，第五区农民任贵芳组织10户贫雇农成立了汉寿县第一个互助组。1952年湖村土改及复查工作完全结束，1953年开始搞互助组，比第

---

① [美] 黄宗智：《长江三角洲的小农家庭与乡村发展》，法律出版社2013年版，第143页。

一个互助组晚了一年多的时间。湖村村民在合作化的道路上并不积极，很大程度上是被动地跟随政策变动。安家湖最早开始搞互助组。当时有两个互助组，组长分别是周先柏（当时担任副村长）和张克长。

1954年1月起，汉寿县大力发展初级农业生产合作社。湖村在1955年试办初级社。初级社规模比较小，不是以聚落或聚落联合为单位成立的，有的户数较多，有的户数较少，主要是在原来互助组的基础上成立。安家湖和范家湖组成的初级社，规模比较大，由原村长黄金权担任社长。互助组仅是一种生产经营组织形式，但初级社开始代替原来的村级机构，在某种程度上已经具备了"政社合一"的特点。作为生产典范，农会主席甘海斌与其他15户农户，加入了黄金权领导的初级社。黄金权本身就是湖村村长，由他担任社长，表明了合作社既有生产经营组织的性质，也有基层管理组织的性质，更体现了背后的国家推动。

1956年1月，汉寿县试办高级社。8月，为了加快高级社步伐，汉寿县委抽调1000多名干部组成397个建社工作组，匆忙帮助"并社升级"，经过短短一个多月时间，99%的农户入社。湖村就是在此过程中匆忙进入高级社。与初级社土地入股不同，土地收归集体，取消土地报酬，耕牛、生产工具等作价入社，根据生产需要划分生产队，实行统一经营。紧接着，1958年农业合作化高潮，向人民公社过渡。1958年9—10月，实现农村人民公社化，全县26个乡镇组建为11个人民公社，湖村属于沧港人民公社凤凰大队。凤凰大队有21个生产队，安家湖、范家湖、周家湖各自为一个生产队，与原来的产权单位聚落范围相一致，但村落范围被打破。此后，人民公社的管理体制不断调整。直到1962年，人民公社的基本核算单位调整为生产队，以生产队作为生产、经营和分配单位，并稳定下来。

以上我们分析了湖村集体产权的构造过程。就湖村历史来看，土地产权权利一直是分置的，地主占有土地、插田户使用土地。在这种产权形式基础上，形成了私有土地上的分户经营。在国家权力的主导下，高度集中的集体产权确立起来。在初级社阶段，农户先是交出土地的使用权，失去对土地的直接控制，但是保留了土地的占有权；到了高级社阶段，农户将保留的占有权交出，这样产权权利高度集中在集体手中。从互助组、初级社到高级社，农业的经营形式从私有土地上的互助经营、私土地上的合作经营到集体共有土地上的集中统一经营转变。① 在权利高度集中的集体产权基础上，形成了新的社会关系与权力结构。

通过农业的社会主义改造，农村的生产资料归集体所有，集体所有制建立起来。集体在占有土地的同时，相应地拥有了土地的使用权、收益分配权等产权权利，开启了二十多年的人民公社时期。作为"政社合一"的组织，人民公社以生产队为基本单位，进行集中统一经营，根据国家政策指令，在生产队的安排下，统一使用和分配。国家权力主导集体产权的运行，"一切听安排"是这一时期的主要特点。

生产队是人民公社中的基本核算单位，直接组织生产，组织收益的分配。生产队范围内的土地等生产资料，由生产队统一经营。农活由队长安排，社员根据指派，参加劳动，并记工分。以安家湖生产队为例，安家湖生产队有 250 亩左右水田，还有 30 亩左右旱土。水田种植水稻，旱土种植棉花、豌豆、芝麻等，种植哪些作物，生产队可以决定。生产队拥有经营决策权和生产指挥权，只在自留地和饲养家畜家禽等范围内保留家庭的生产职能。

安家湖生产队划分了生产小组，有棉花小组、车水小组等固定生产小组，还有不少的临时小组，社员以小组为单位参加劳动。小组有组长，组长安排各个成员的分工。按生产队的生产计算工分，社员劳动一天 10 个工分，一般的劳力一天 8—9 个工分，妇女一天 6—7 个工分。老人和小孩子干活也有工分，比如给生产队喂

---

① 陈锡文等：《中国农村制度变迁 60 年》，人民出版社 2009 年版，第 15 页。

牛、放牛等，一天5—6个工分。上工迟到的话，扣1—2分；请假的话，不扣工分，但是也不记工分，年终就比别人的工分少。有些劳动无法定额，比如生种谷、榨油或是拖柴火等，就由生产队讨论确定工分。

生产队是基本的分配单位，根据本生产队全年的生产情况，进行分配。就安家湖生产队而言，分配首先是粮食。生产队一年分两次粮食，三四月分一次，八九月分一次，年终总结一次。粮食分配由生产队干部主持，分为基本口粮和工分粮。基本口粮国家号召要保证每人每年不低于480斤。在分配时，生产队有现金结余，年终就向社员分钱，根据工分情况，折算每工分值多少现金。不过现金不足的时候，也分配粮食，称为工分粮，30个工分大概可以分得20斤粮食。除了分粮食外，也分配其他的产品，比如鱼、棉花、芝麻以及粗粮等。对于社员来说，一年分到的东西不多，全家人勉强糊口就已经很不错，难得会有剩余。

由于是以生产队为单位进行分配，生产队在土地数量、人口、经营状况等方面差异比较大，所以有的生产队可供分配的积累多，有的生产队可供分配的积累少，社员的收入差别比较明显。比如甘胜喜老人，他本身是安家队人，后来被调往大嘴队担任生产队长，担任11年之久，全家人也搬到大嘴居住，按照大嘴队的标准分配粮食和现金。在凤凰大队，安家队的生产经营搞得好，每年有700多个劳动日，而大嘴生产队每年只有300多个劳动日，相差了一倍。安家队一个劳动日值0.8元或1元，而大嘴队一个劳动日就抵不了同样的钱。社员统一劳动、统一分配，多劳多得，少劳少得，一切都是平均的，经济上的分化不明显。

这一时期，生产经营活动高度集中统一，且被纳入严格的计划之中。在生产上，社员根据安排进行劳动，依靠传统的经验开展生产，也开始越来越多地采用新的科学技术，比如农药、化肥等，同时经营活动受到国家政策的支配限制。生产队的集体经营不仅是生产队及社员自己经营，也是一种"缺乏自主性的""奉命式"经营①。在生产队体制下，虽然社员辛苦劳作，但是生产效率低下，加上分配上的平均主义，生产的积极性受挫。同时，通过一个接一个的政治运动以及持续性的意识形态教育，村民的集体主义观念不断强化。

二　一元化的权威控制及治理

与以往国家权力进入乡村社会不同，1949年成立的新政权目标十分明确，那就是通过产权关系的变革，重塑乡村社会的秩序和结构，实现国家对乡村社会的全面整合。土地改革是进入现代化的门槛。②通过土地改革，国家权力前所未有地深入乡村社会，创造了一种全新的社会结构和治理方式，原有的权威结构与治理彻底消解。在工作队发动下，早先在村落权力体系之外的村民被发动起来，成为村落新的权威人物。比如，甘海斌成为农会主席，黄金权成为湖村村长。一批原来在村落中处于最底层的村民，成为新的村庄领袖。

与1949年之前基于土地占有、使用和收益分配而形成的权威主体不同，新的村落领袖是具有国家权力背景的地方权威，他们的权力不是因产权关系形成的，而来源于国家，他们代表村落与国家交往，国家意志通过他们得以有效贯彻，"使上层和下层、中央和地方整合在一起"③。旧的地主、插田户和国家的三方关系，被农民与国家的双方关系取代，农民开始全面依赖国家权力。集体化时期，产权权利的高度集中，使得权力高度集聚，并由社队干部掌握，从而使得农民依附于集体，服从于干部一元化的权威控制。"共产党政

---

　　① 张乐天：《告别理想：人民公社制度研究》，上海人民出版社2012年版，第207页。
　　② 徐勇：《历史制度底色下世界土地改革进程与成效比较》，《社会科学研究》2016年第4期。
　　③ 杜润生：《杜润生自述：中国农村体制变革重大决策纪实》，人民出版社2005年版，第20页。

权在乡村和政府之间建立了新的纽带。每一个农民都明白其日常生活需要依赖国家的政治权力。"① 通过干部体系，国家权力渗透到乡村社会的各个角落，全方位支配农民。

人民公社是一种"政社合一"的管理体制。人民公社的各级组织不仅是生产资料的占有主体，即"三级所有，队为基础"，实行集中统一经营；还是基层政权组织，管理本层级内的行政事务，因此可以说是无所不管的全能型组织。人民公社体制建立了层级分明的管理和干部体系。就公社层面而言，沧港公社下辖11个生产大队，116个生产队。公社有公社党委和管理委员会，生产大队有党支部和大队管理委员会。公社干部属于国家干部，由上级任命，其工资待遇由国家负责；生产大队干部不属于国家干部，由公社任命，其工资待遇与普通社员一样。在工作中，这两类都是半脱产或脱产干部，更多代表的是国家权力。在社队管理体系中，与社员接触最为密切的是生产队干部。虽然规定生产队干部由选举产生，任期一年，但实际上，生产队长往往由生产大队任命。生产队长不一定在本生产队任职，服从大队的调配。生产队长比较难做，选择生产队长主要看出身、看能力。生产队有一套班子，其他的干部，比如棉花队长、妇女队长、会计、记工员等，由生产队长从本生产队选任。

集体化时期，干部和普通社员的生活没有太大差别，生活水平都不高。但是双方的地方差别比较明显。与1949年之前基于土地占有形成地位差别不同，干部和社员的地位差别体现在与权力的关系上，即是否拥有权力。传统时期，绅士父老因占有土地、办事公道成为村落权威；集体化时期，干部因为掌握权力而获得权威。社队的制度、规章极为严格，各级干部的权力很大，他们监管社员的生产生活，社员如同工厂里的工人一样，外出必须向干部请假，未经允许不能擅自外出，干部还有权惩罚社员。因此，群众普遍惧怕

---

① [美]巴林顿·摩尔：《专制与民主的社会起源——现代世界形成过程中的地主和农民》，王茁、顾洁译，上海译文出版社2012年版，第232页。

干部。

"政治集权使社区中的掌权者具有至上的权威和至高的社会地位。"① 就权力和地位而言，干部和社员的差别体现在很多方面。比如，干部虽然参加生产，但是各种他们平时会议很多，真正干活很少，但工分一点儿不比社员少；干部的子弟可以被推荐读高中、师专等，而一般社员则没有这样的机会，只能留在队里搞生产，招工、参军等也是如此。在婚丧嫁娶以及公共事务场合，干部是理所当然的主持者和中心角色，为社员们仰望。此外，虽然强调民主办队，且各种大会、小会非常之多，但是社员在社队事务上其实没有太多话语权。在凤凰大队，社员向干部们提过意见，但往往难以引起重视，用村民的话说"提不响"。

集体化时期，各种资源和生产生活资料都掌握在社队手中。除了干部主导下生产上的统一经营外，社员在生活上同样受到以生产队为载体的集体的全面影响，干部对社员具有极强的控制能力，个体依附于集体，体现为服从干部的领导和控制。"基层政权也从主要维持社会秩序及征收粮税的一般公共职能扩大到生产和生活各个方面，职责日益全能化。"② 村民由原来对地主和村落地缘关系的依赖变成了对集体的依赖，获得集体提供的福利。比如，社员家里粮食不够吃或是需要用钱的话，可以找生产队去借，而不用找其他村民。又如，对于孤寡老人、五保户、困难户等，他们的生活、养老由社队负责，丧葬也是集体负责。

由于实行社队体制，从公共食堂时期以生产队为单位集体吃饭，到1962年之后社队体制定型，湖村村民之间的交往逐渐被局限在本生产队之内，也就是原来的自然聚落。以生产队为单位，集体生产、分配，本生产队内村民的往来极为密切，村民之间彼此知根知底，

---

① 张乐天：《告别理想：人民公社制度研究》，上海人民出版社2012年版，第87页。

② 项继权：《集体经济背景下的乡村治理——南街、向高和方家泉村村治实证研究》，华中师范大学出版社2002年版，第133页。

而不同生产队村民之间的联系减弱，村民的核心交往圈被限定在生产队之中。由于不能外出做工或经商，也不能随意外出，社员在很大程度上被束缚在生产队的范围之内，难以从外部获得资源或社会关系的支持，这进一步强化了他们对生产队和干部的依赖。

在集体统一经营和干部的控制下，人民公社时期的村落的矛盾相比之前大为减少，但依然存在各种纠纷。这一时期，纠纷不再像传统时期那样由绅士父老、"扛抬人"等处理，而是由社队干部处理。社队干部作为一元化的权威主体，运用手中的权力，运用国家政策兼顾村落习惯，处理纠纷。当纠纷出现后，先由生产队长进行调解；如果调解不成，就由大队治保主任调解；治保主任也没有处理成功，就由支部书记或大队长处理，再不行就开支部会议讨论决定。支部会议的决定具有约束力，社员即使不认同，但不得不服从。这也表明，集体产权基础上国家权力的深度介入，是导致村落纠纷处理方式变迁的主要因素。

第二节　分置的集体产权与村落治理

集体统一经营的困境最终导致了家庭经营的再生。随着分田到户的改革，集体产权权利分置，集体保留了土地占有权，农户获得了土地使用权，开启了集体土地上家庭承包经营的新时期。伴随着土地产权制度改革，国家权力从村落撤出，权力高度集中的社队治理模式终结，村庄权威重新分化和整合，社会秩序得以重构，进入"乡政村治"的治理格局。

一　国家赋权与分田到户

马克思曾深刻指出："人们自己创造自己的历史，但是他们并不是随心所欲地创造，并不是在他们自己选定的条件下创造，而是在直接碰到的、既定的、从过去承继下来的条件下创造。"① "遗漏在中国农村社会中的各种传统要素，仍然具有强大的稳定性以及对新制度的制约力。与众多历史巨人及革命家们所推动的剧烈而急促的农村社会改革相比，传统要素会在长期的社会变迁过程中静静地显示其持续性影响，会在急风暴雨之后显现其强韧和执拗。"② 集体产权基础上高度集中的经营方式与长期以来家户独立使用土地产权的传统相背离。产权家户使用的底色与集体统一经营存在极大张力，干部与社员的权责不对等，"闹工分""瞒产量"等离心行为，导致生产效率低下，集体经营陷入困顿。

1949年之后，随着国家权力深入乡村社会，从土地改革到互助组，从初级社到高级社再到人民公社，围绕土地产权占有、使用和收益分配权利发生的一系列变革，都是国家权力规制下的产物。同样，在集体产权基础上，把土地承包给农户耕种，将土地占有权与使用权分置，形成新的产权权利结构，更是国家权力主导下的变迁过程。不过，这次变革契合了长期以来的家户底色，在政策松动与农民热情的合力下，分田到户几乎在一瞬间完成。

作为国家统一政策下的产物，汉寿县推行土地承包的步骤大体一致，分为两步走，先是"分组联产承包"，包产到组；之后才是"家庭联产承包"，包干到户。沧港公社属于较晚进行体制改革的公社之一。1980年，凤凰大队开始分田到组。在分田到组前，公社召集干部开会，宣布"分组联产承包"的政策，要求各个生产大队和生产队贯彻政策。当时，除了个别生产大队干部想不通、不赞成之外，其他干部，尤其生产队干部，都积极拥护分田，这是他们期盼已久的政策。分田到组，是按劳力、专业技术组成若干作业组，将生产资料和各项生产指标落实到组。生产队对组实行定工、定产、

---

① 《马克思恩格斯选集》第一卷，人民出版社2012年版，第669页。
② 张思：《近代华北村落共同体的变迁——农耕结合习惯的历史人类学考察》，商务印书馆2005年版，第2页。

定成本，规定奖赔办法。年终按各组的生产成果计算报酬，由生产队统一核算分配，初步克服生产队分配上的平均主义。

"社员其实都还是想分开搞，都想分到户，只是不敢公开讲。即使有这个想法，也不敢讲，不能讲的。也有的不想分，家里人多、没有劳力的，他不愿意分。他怕田分了，自己没得劳力，田整（耕种）不下来。实际上，分了之后都整下来了，整的比集体还好些。我们大队的书记，姓祁的书记，他赞成分，队长都拥护，就分了。我那个时候干生产队长，对这个也没得意见。从我个人角度，分了还是好的，我家的人多，我分到田，各是各的，都搞自己的，搞集体有贪污，都不出力，分不到多少粮食，田分了，我比集体时候搞得还好些。要是搞集体，我三个儿子读书，好大的事，那（社员）好大的意见呢。"①

包产、分田以生产队为单位进行，各生产队召开社员代表会议，讨论包产办法，根据本队的田亩与人口分配。作业小组自愿组合，一般是兄弟几个，或是关系好的、住得临近的农户，作为一个小组。有的五六户一个小组，有的八户、十户一个小组，规模和人数不等。犁耙、水车等大型农具以及耕牛等，按各小组的田土数量进行分配。这些耕牛、农具分给作业小组之后，作为小组的共同财产，共同管理和使用。比如，耕牛由小组内各户轮流饲养，根据田的亩数确定轮流天数，使用顺序也在成员之间协调。这种方式一直延续，分田到户后也是如此，农业机械普及后，耕牛被卖掉平分。有的生产队工作不到位，比如大碏生产队，刚开始分不拢来，社员之间有矛盾，就分了3个单干户、2个生产小组。而安家生产队以姓氏和居住地段为基准划分生产小组，分了4个小组，搭配比较合理，没有社员闹意见。

包产到组只是改革走了半步，满足不了农民的要求，还带来了一些新问题。于是，1981年下半年，开始分田到户。分田到户进行

---

① 来自邓云秋老人的访谈。

得更快,几乎在一夜之间完成。分田到户的政策下达后,生产大队召开干部会议,当时的凤凰大队支部书记比较赞成分田到户,提议各个生产队尽快落实。在生产大队的支持下,各个生产队迅速开会分田。分田时,生产大队干部下往各生产队指导分田,但决定权在生产队。同样以生产队为单位分田,按照人口平均分配,当时全村人均1.56亩田,土与田搭配,每家分到几分土。

以安家湖生产队为例,生产队长回到生产队后,就立即安排丈量全队田土。全队有33户,168口人,190多亩田,不足20亩土。丈量完后的当天晚上,就召开会议,各户派代表参加会议,每户派一个代表。社员们知道要分田,因此都是当家人前去开会。在会上,生产队长传达了上级和生产大队的分田政策,清点生产队的田土财物,然后与大家一起商量如何分,讨论分田方案。社员在会议上热烈讨论,会议一直持续到第二天天亮。在会议上,将全队的高田、低田、好田、差田、远田、近田,以及旱田清点了一遍,将田分为三个等级,三个等级搭配,做到平均化;然后采用"摸坨"方式,各户代表摸到哪个顺序,就第几个顺序丈量分田,不能反悔。经过一晚上的讨论,各方面都理清楚了。天亮之后,生产队干部带领大家丈量分田,按照顺序,一户接一户丈量。当时社员热情很高,终于分到了责任田,加上是平均分配,所以没有人有不同意见。这样,安家队的分田到户在一夜之间完成。

"第一次分的组,或者十户,或者五六户,我们这个队分了四个组。但是第二年就不行了,组也搞不好,就干脆到户了。分田很快,把田土一丈量,丈量完了就开会,晚上紧急开会,我们这个队分到天亮才分清白(清楚),天一亮就拖蔑。你不赶紧开会、拖蔑,让他们回去睡觉,他们(回去后盘算)各有各的想法,就搞不拢来了,就分不好了。那就是开一次会,一次会就分了。我们生产队能分的都分了,我们是全县最早分得最彻底的。当时怕政策不稳,怕又要合,所以就赶紧一分到底,怕上面又要求合起来。分的时候还担心再让合,急死了担心又搞集体,我是第一个分队屋,就是生产队的公屋，把队屋拆了，那个时期木材是最值钱的，檩子、柱子呀，折了价，谁愿意要谁买走。卖了钱，就装上电。"①

"合起来难，分就好分。"社员们分的脚步没有因为获得田土就停下来，他们不仅愿意分，而且担心分到的田土不久后又被重新收回去，于是干脆一分到底，以杜绝再度"合"的可能。国家政策允许分，生产大队也有指导思想，要求分得彻底，不拖泥带水，安家队就采用"一刀切"的方式，把能分的资产全都分了。安家队43亩的港、洞等水面，全部承包给农户。第二年，安家队在全县第一个把生产队的队屋分掉，之后把堤垸上生长的树木也分给各户，生产队只留了两条小船，成为唯一的资产。短短一年内，集体资产被分干净，生产队的集体经营成为空壳。

分田到户是对长期以来湖村家户产权底色的回归，村民对集体经营的失望、对家庭经营的留恋，是"一下子就分了"的主要原因。正如徐勇指出的："中国实行家庭经营，与家户单位传统相衔接。"②从产权角度讲，包产到户，是属于分权性质的改革。③ 通过分田到户，土地占有权与使用权分置，集体继续占有土地，农户分享土地使用权，将经营权从集体下放到农户，让农户获得生产经营自主权，这是促进农业发展的关键。与过去的私有土地产权分置不同，这次是集体土地产权分置，集体共有、家户私用，是一种新的分置方式。

二 家庭经营与治理转型

作为"政社合一"的人民公社体制，其维系与运行建立在集体统一经营的基础之上，集体经营的解体，必然带来人民公社体制的

---

① 来自邓云秋老人的访谈。

② 徐勇：《中国家户制传统与农村发展道路——以俄国、印度的村社传统为参照》，《中国社会科学》2013年第8期。

③ 杜润生：《杜润生自述：中国农村体制变革重大决策纪实》，人民出版社2005年版，第112页。

解体。故而，没有集体产权权利分置，没有以包产到户的方式将土地使用权赋予农户，让农户真正成为自主经营者，权力高度集中的社队治理模式就不可能终结。

与农业经营体制改革一样，基层治理体制的变迁也来自国家政策的推动。在包产到户的第三年，即1983年，中共中央、国务院下发了《关于实行政社分开建立乡政府的通知》，要求改革乡村管理体制。1984年6月，汉寿县实行政社分开，恢复乡建制，全县设立32个乡（镇）。沧港人民公社改名为沧港镇，延续将近26年的沧港人民公社不复存在。沧港镇建立镇人民政府，同时延续原来的基层党委体系。全镇下辖13个行政村、1个城镇社区。这一时期，国家体制权力上收，镇政府不再指导具体的农业生产活动，而是领导全镇的经济社会文化建设。

与公社层面的改革同步，凤凰生产大队改名为凤凰村。为了便于海外亲属寻根，第二年改名为乌珠湖村。实行村民自治，生产大队的建制被废除，设立村民委员会，设主任、副主任、妇女主任、民兵连长、委员等职务，这些干部由村民选举产生，加上村党支部干部，共同构成了村庄的治理主体。在生产小队层面，分田到户之后，生产小队不再承担生产经营的职责，只剩下生产队长一人，原来队委会的其他成员副队长、会计等被取消。生产队长由村干部提名或上一任生产队长推荐，管理生产队层面的事务，完成村庄下派工作。此后，随着村民自治制度的完善，生产队更名为村民小组，生产队长更名为村民小组长。

分田到户之后，在产权分置、政社分离的基础上，湖村与广大农村地区一样，逐步形成了"乡政村治"的治理格局。人民公社时期，干部是乡村社会唯一的权威主体，承担国家事务和社队自身事务。分田到户之后，干部不再拥有生产指挥权和劳动成果分配权，权力和责任同步减小，控制村民的经济基础和手段不复存在。由于村集体仍然是土地等集体产权的占有者，村委会作为法定代表，首先是一个集体经济组织；同时，村委会又是自我管理、自我服务的群众自治组织，这种政经合一的性质，决定了村委会及其干部依然是村庄的主要权威和秩序维护者，不过已经失去了集体化时期的主导和控制能力。

分田到户后的最初几年间，湖村的村干部仍有一定的权威。一方面，村民还没有从集体化时期被管理的状态中走出来；另一方面，村庄还比较封闭，村民没有外出的机会，受地缘关系的限制，村民在很多事情上需要依靠干部。当时村民还比较相信干部，遇事首先会找干部，不过独立性增强，不再害怕干部。同时，分田到户之后，村民迅速分化，也加速了干部权威的瓦解。这突出体现在分田后的集体生产活动上。分田后，村民生产热情高涨，对农业基础设施的要求更高。要搞好农业生产，必须完善水渠等灌溉体系。因此每年春节过后，生产队长就组织村民投入几天的时间修补水渠，根据水田面积，各户平均出力。那些中年以上的农民，被干部支配惯了，队长的话他们乐意听从，热情很高；但是年轻人就不行，他们不再理会队长，更不愿意服从队长的安排，水渠维护只搞了几年就进行不下去了。

此后不久，由于国家以税、费的形式参与土地产权的收益分配，县、乡、村三级从村民那里征收的提留越来越重，国家汲取过多，使得村民负担沉重，种田不赚钱，村民纷纷离开土地外出打工，大量土地抛荒。并且，村干部为了完成提留征收任务，越发采用强硬、激烈的方式，使得村干部与群众的关系迅速疏远，甚至恶化，干部的权威地位迅速流失。直到2006年，国家全面取消农业税后，这种状况才有所好转。

"当时分到户时候，没有提留，后来县、乡、村层层加提留，村民就承受不了了。分田后一亩水田，第一年，向上面交12块钱；第二年，向上面交15块钱；第三年，向上面交18块钱；第四年就不行了，一亩就交七八十块钱，后来交200多块钱，交得太多了，田就没人种了，我们队就荒了70多亩田。公粮、提留收多了，还要挑堤，挑堤自己出钱吃饭、买工具，吃亏（辛苦）得很，就不愿意种田了。政策一开放，就都出去打工去了。"①

农村税费改革之后，干部与村民的关系大为缓和。村干部虽然通过民主选举当选，但是只能行使干部权力，没有多少权威。干部通过民主选举获得了行使权力的合法性，获得了处理村庄公共事务的身份和资格，而不是靠个人的经济实力、能力、见识等，这与传统时期的村落权威不同。湖村没有多少集体经济，村干部对村庄事务和村民行为的调控能力较弱。随着收入水平的提高，村民的市场化、个体化程度进一步提高，他们对土地、对集体的依赖持续弱化；同时，村民通过市场化方式解决了大部分需求，加之村民的利益外在于村庄，各类矛盾大为减少，村庄又没有能力为村民提供一些公共服务，除了合作医疗、新农保等必须完成的国家事务外，干部与村民很少发生联系，村庄处于维持基本秩序的状态。

在村民看来，只有村支书和村民小组长在村里做了一些事，其他干部都没有管事。只有那些为村民做过一些事的干部，比如为村里争取来资金修了道路等，才拥有一定的威信，否则就不会有多大威信，村民也是不买账的。在村庄事务中，比如修路、装设路灯等，村干部需要与外出乡贤等合作，为村民谋取福利。由于缺乏权威，湖村出现了"干部怕群众"的奇怪现象。干部没有能力支配和调动村民，村庄或村民小组层面的集体行动极为困难。

第三节 小结

传统时期，在国家权力介入程度不深的情况下，基于产权关系而来的湖村村落，形成了绅士父老、"扛抬人"以及保甲长等权威主体，构成一种大体均衡的权威结构，调节村落社会关系，维系村落

---

① 来自邓云秋老人的访谈。

社会秩序。1949 年之后，伴随着现代国家建设的推进，国家权力全面进入乡村社会。国家的目标是改变村落社会既有的权威结构及其治理方式，从而将乡村纳入国家制度体系，实现国家对基层社会的控制。传统的权威结构及其治理是建立在特定产权关系基础上的，国家从产权关系改造入手，改变了村落社会的既有秩序，开始了国家建构村落秩序的进程。国家对传统社会、经济和政治关系的改造是村落秩序变革的本质。

在国家权力主导之下，湖村建立起村民从未接触过的集体产权。"概言之，集体公有制既不是'共有的、合作的私有产权'，也不是纯粹的国家所有权，它是由国家控制但由集体来承受其控制结果的一种农村社会制度安排。"[1] 在集体产权之上，产权的占有、使用和收益分配权利高度集中，由集体统一行使。"土地的私人所有能够降低集体决策费用和监督费用，土地的集体管理则可以利用规模经济及分散风险。但是，仅当利益相同并且（或者）存在一个明确的控制权威时，土地的集体所有在长期才是有效的"[2]。国家权力直接介入产权之中，参与产权的使用和收益分配，必须有特定主体进行调节，这一主体就是干部，其权力不来自产权关系，而是国家赋予。由于产权权利高度集中，形成了干部一元化权威控制。国家在分散的农业经营基础上，依靠干部权力整合农民，建立起超经济强制下的秩序。

产权家户使用的历史底色与集体统一经营的内在张力最终导致了集体经营解体。集体产权权利分置，集体保留土地的占有权，农户获得使用权，实行家庭联产承包责任制，赋予了农民经济上的自主权；实行村民自治，赋予了农民政治上的自主权，终结了集权式的社队治理模式。集体产权分置基础上的村民自治，在一定程度上

---

[1] 周其仁：《中国农村改革：国家和所有权关系的变化（上）——一个经济制度变迁史的回顾》，《管理世界》1995 年第 3 期。
[2] 刘守英、路乾：《产权安排与保护：现代秩序的基础》，《学术月刊》2017 年第 5 期。

也是一种产权型治理。与传统时期不同,这一时期的村落权威不是自发产生的,主要是通过程序化方式产生的制度性权威;这一时期的社会秩序也不简单是产权关系调节下的产物,而是国家调控下的村落秩序。

第七章

结论与讨论

本研究以洞庭湖区湖村为个案,全面展示了传统小农村落的产权分置关系及其治理形态,重点论述了产权分置与村落秩序、权威的关系,探讨了产权权利结构与权威结构及其治理方式之间的内在关联。通过前面各章的分析,我们获得了对产权与治理"社会事实"的基本把握,可以得出三个基本结论:第一,湖村传统的村落治理既不是地主士绅单一权威主导下的治理,也不是宗族权威单一主导下的治理,而是由产权关系生成的多权威复合治理。第二,多权威复合治理不是悬空的,其形成与存续取决于产权和国家两方面因素。第三,产权分置及其治理底色对强国家治理能力下的社会秩序有着"习惯性影响"。在本章中,笔者将讨论上述的基本主题,以期通过湖村的个案研究,深化对产权与治理关联性的认识。

第一节 产权分置与村落治理的逻辑

产权与治理是政治学研究的热点话题之一。对于产权与治理的关联性,学界进行了大量的研究。但是产权与治理之间不是线性的、简单的决定关系,而是有着复杂的内在机理。产权权利结构与权威(权力)结构之间的关系是怎样的,前者通过什么样的机制影响后者，需要我们在研究中拓展、深化，并通过对具体实践的分析获得全新认识。因此，笔者将研究视角投向一个传统的长江小农村落，通过对因产权关系形成村落的全方位描述，分析产权权利分置、权威结构及治理形态之间的内在联结，尝试沿着"产权权利结构—权威（权力）结构"的分析脉络，以帮助我们理解产权与治理之间的逻辑关联和内在机制。

一 由产权关系生成的"权利秩序"

自从人类进入政治社会以来，以地域和财产为基础的国家，成为社会秩序的主要提供者和维系者。国家在其领土空间中建构权威与秩序，履行统治和管理职能。故而米格代尔将国家能力界定为国家决定社会生活按何种秩序组织起来的能力[1]。能否在全社会范围内建构起权威与秩序，以何种方式建构权威与秩序，是衡量国家能力的重要标准。就此而言，传统国家的治理能力是较弱的。在传统国家之下，由于国家能力有限，除国家建构的权威与秩序之外，基层社会能够生成特定的权威与秩序，国家依靠基层社会的自我调节实现治理。在传统中国基层社会，地域之间差异巨大，不仅有血缘和地缘生成的村落，还存在大量因产权而形成的村落。在这样的村落中，权威与秩序由产权关系生成，与前两者的治理不同。

在马克思看来，人类社会本质上是社会关系的总和[2]。在社会生活中，人们的社会关系包括经济关系、政治关系、文化关系等等。在这些社会关系当中，经济关系是核心的和决定性的关系，其他各类社会关系由经济关系衍生而来，在经济关系基础上形成并受其制约。"以一定的方式进行生产活动的一定的个人，发生一定的社会关系和政治关系。经验的观察在任何情况下都应当根据经验来揭示社

---

[1] 张长东：《国家治理能力现代化研究——基于国家能力理论视角》，《法学评论》2014 年第 3 期。

[2] 《马克思恩格斯选集》第一卷，人民出版社 2012 年版，第 135 页。

会结构和政治结构同生产的联系。"① 在经济关系中，产权关系无疑是最为根本的，在基层社会的权威和秩序生成中处于基础和核心地位。

土地是农村社会秩序的基础。中国几千年农业社会的历史沉淀决定了农村土地不仅是"财富之母"，而且也是"秩序之母"。② 传统时期，湖村的土地由"围垸垦荒"获得，人们为了获得土地产权来到此地，来自不同地域、没有血缘联结的移民迁入开辟田土，生息繁衍逐渐形成村落。地主为了获得土地占有权，佃户为了获得土地使用权，双方围绕着土地产权发生联系，双方关系也随着产权关系的变动而变动。作为佃户的村民，彼此都是以产权使用者的身份出现在各自面前，进而展开生产、生活及社会交往，扩大相互的社会连带。村民通过产权关系构成了一个带有排他性的村落社区，并通过产权收益分配与国家权力建立联系。也就是说，湖村是由产权关系扩展而形成的村落，特定的产权安排使得村落秩序的达成成为可能。同时，由于产权创设、保护中的合作，产权具有"合作性"，佃户分享一定的权利，使得产权权利分置，这种产权底色奠定村落基本的秩序格局，并制约秩序的演变。

从一般意义上讲，产权是围绕产权权利形成的关系，反映人与人之间由于特定对象物的占有、使用、收益分配等所形成的经济关系。产权权利分置形成了不同的权利领域，权利的本质是相互关系，关系内生权力，在特定权利领域中，必然产生相应的权力，正如巴泽尔指出的："权利与权力是共生演化的"③。由于整个村落是以产权关系为基础形成的，"这种在私人当事人之间存在的互惠关系在当

---

① 《马克思恩格斯选集》第一卷，人民出版社 2012 年版，第 151 页。
② 杜鹏：《土地调整与村庄政治的演化逻辑》，《华南农业大学学报》（社会科学版）2017 年第 1 期。
③ [美]约拉姆·巴泽尔：《国家理论——经济权利、法律权利与国家范围》，钱勇、曾咏梅译，上海财经大学出版社 2006 年版。

时获得了公共性的特点"①，社会空间和经济空间具有同一性②，经济关系中的"权利领域"在很大程度上就是村落关系中的"权力领域"，与经济权利相关的事务自然成为村落公共事务，村落治理由此产生和发展起来。乡村治理围绕经济关系建立，并为理顺经济关系服务③。也就是说，产权"权利配置范围"与村落范围重合，由产权关系形成的权力就演变为村落公共权力，行使公共权力的就是村落权威。

就湖村而言，在村落治理中发挥主体作用的权威包括"绅士父老"、"扛抬人"和保甲长几类人。具体来看，由于对土地的主导性占有，绅士父老得以在村落中获得地位和声望，利用自身的权威地位，充当中人、操办土地会等，主持公共事务，担任村民日常产权纠纷的调解人。在生产中，围绕着土地使用权而发生的事务，由"扛抬人"出面，作为权威主体进行治理。保甲长代表国家在产权收益分配领域行使权力，并以国家权力为支撑，加强对村落社会的控制，同样是村落重要的治理主体。"权力的源泉寓于合法秩序。每个有权威的人都有一个明确的权力范围，超出这个范围，他就是一个平常的人，别人不再服从他。"④ 不同的权威主体通过不同的治理方式，进行相应的治理活动。权威主体的行为主要是个体性的、经济性的，但是他们发挥的功能却是公共性的、政治性的。

权威作为符合一定章法的角色系统，因而拥有合法性，能够获得其他人的服从。"绅士父老"、"扛抬人"和保甲长运用产权关系赋予的角色地位和权力，根据长期以来形成的产权习惯和规则，

---

① ［美］理查德·派普斯：《财产论》，蒋琳琦译，经济科学出版社2003年版，第127页。

② ［英］艾伦·麦克法兰：《英国个人主义的起源》，管可秾译，商务印书馆2008年版，第22页。

③ 陈锡文等：《中国农村制度变迁60年》，人民出版社2009年版，第337—367页。

④ ［法］莫里斯·迪韦尔热：《政治社会学——政治学要素》，杨祖功、王大东译，东方出版社2007年版，第109页。

为产权相关主体提供权利保护，管理村落公共事务，调解社会关系，维持村落秩序。土地产权权利本身就是村庄的权利规则，获得作为产权相关人的村民的遵守，成为治理规则；同时，各个主体又援引乡村的社会规范和关系网络为支持，进一步巩固其权威地位，获得普遍的认可。正如安东尼·奥罗姆指出的："服从权威的理由根植于权威得以确立的基础之中。"[1] 此外，因产权关系形成的村落是一个"互动作用体系"[2]，权威从这种互动作用体系中发展起来，并附属于整体社会的权力。产权关系生成的权威受制于国家权力，被视为国家权力的辅助或补充，其所维系的是国家控制下的社会秩序。

二 多权威复合治理：对"产权治理"的一种总结性思考

前面分析了由产权关系生成的权威与秩序，在这种总结分析基础上，本部分将重点分析产权分置与村落治理的运作机理，对治理实践进行理论上的思考和阐述。

由产权关系生成之权威主导下的治理，可以称之为产权治理。本书将这种产权治理模式概括为"多权威复合治理"。多权威复合治理是一个解释性概念，是指由于产权权利分置形成了多元权威，多元权威相互独立且自主运行，有着互不统属的清晰逻辑，没有单一的主导力量，也不能独立完成治理事务，通过权威的复合，共同促进有效治理。就多权威复合治理的静态结构而言，这种治理当中没有核心的权威主体。各个权威在各自的"权利领域"中产生，并在相应的"权力领域"中发挥作用，彼此是相互独立的。任何权力都有其特定的"关系领域"，并依照关系特性运行，由此会造成不同关

---

[1] ［美］安东尼·奥罗姆：《政治社会学导论（第4版）》，张华青、何俊志、孙嘉明等译，上海人民出版社2014年版，第48页。

[2] ［法］莫里斯·迪韦尔热：《政治社会学——政治学要素》，杨祖功、王大东译，东方出版社2007年版，第3页。

系领域的权力相关方的互动。① 就多权威治理的动态结构而言，不同权威在各自领域发挥作用，由于各个关系领域不是孤立的，而是相互交叉甚至叠加的，各个权威主体会进行互动。在对中国传统乡村社会秩序形态的研究中，乡村互动模式是其中一个重要的变量，即乡村主体之间如何进行资源、权力、信息的交流与交换。② 在多权威复合治理中，权力向度是多元的、相互的，而不是单一的和自上而下的。③（见图7—1）

多权威复合治理在长期互动和相互统一中形成，村落的秩序也在这种长期的互动之中生成。多权威复合治理具有一定的自主性，由此形成的社会秩序也是一种"自生秩序"，但是与国家权力具有内在的一致性。不过，随着国家权力下沉，既有权威结构逐渐失去平衡，保甲权威过度伸张，压抑了其他领域的权威。国家权力渗透和控制的加强，压缩了其他权威的运作空间，其他权威也被迫疏离公共事务，尽量不与国家发生过多的联系，复合治理的自主性受到抑制。正如王晓毅指出的："在这里，国家的观念与农民的观念产生了分歧。在国家看来，地方基层社会的权威是国家政权的辅助力量，国家为主，社会为辅。而在农民社会自身看来，国家是个不能不要，但尽量离得远一些的力量，社会为主，国家为辅。"④

一般而言，社会需要某种关系把它的成员联结为一个整体，这种关系也即通常所说的社会纽带。这种社会纽带是国家"无能、无为"情况下，乡村社会的一套自我管理与民间秩序自我维护的机制⑤。以产权关系纽带形成的多权威复合治理，与基于血缘关系纽带

---

① 徐勇：《"关系权"：关系与权力的双重视角——源于实证调查的政治社会学分析》，《探索与争鸣》2017年第7期。
② 吴雪梅：《生态、经济格局与乡村互动模式——对明清两湖移民社会的考察》，《中南民族大学学报》（人文社会科学版）2016年第6期。
③ 俞可平主编：《治理与善治》，社会科学文献出版社2000年版，第6页。
④ 王晓毅：《血缘与地缘》，浙江人民出版社1993年版，第8页。
⑤ 杨国安：《国家权力与民间秩序：多元视野下的明清两湖乡村社会史研究》，武汉大学出版社2012年版，第398页。

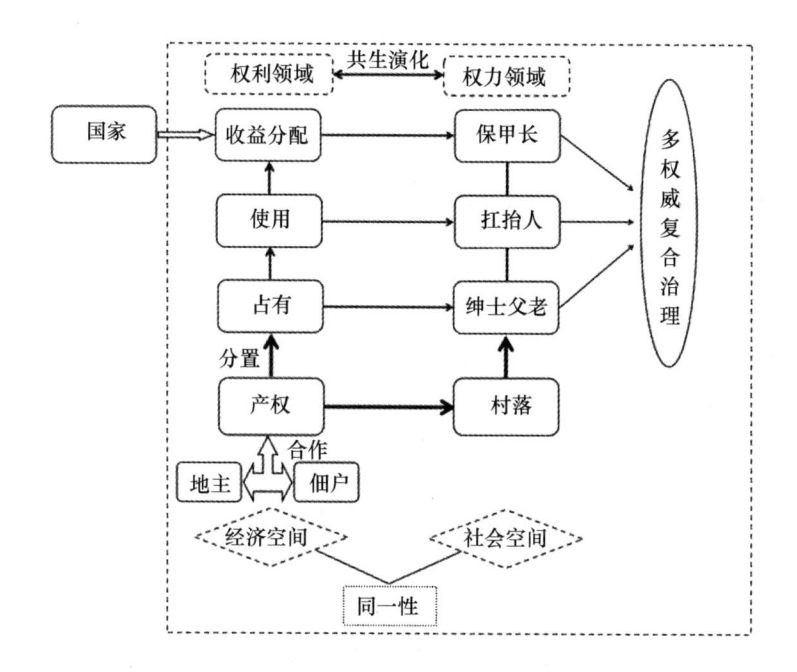

图 7—1　多权威复合治理的结构

的宗族治理和基于地缘关系纽带的地主士绅治理有着显著差异。血缘关系作为一种与生俱来的社会联系，会形成天然的秩序，并产生宗族长辈的权威，由宗族主导治理。在地缘关系社会中，国家控制力相对较强，国家政权把农民组织起来，在地缘互动中形成的权威，往往是与国家权力联系紧密的地主士绅。"乡绅代表的是地缘整合力量，而宗族长者则代表了血缘的整合力量"[1]，无论是血缘治理还是地缘治理，其治理主体都是单一的，权威也都是集中的，并由于血缘或地缘的强制力而带有一定的专断性，当然，是带有家长制色彩的有限专断。

相比之下，多权威复合治理更具有社会自我调节的特点。首先，产权权利分置下的权威是分散的，不存在主导治理的单一权威，分散的权威不是互相冲突，而是相互协调，在互动中促进治理。正如

---

[1]　王晓毅：《血缘与地缘》，浙江人民出版社 1993 年版，第 53 页。

卢梭指出的，权威之间"是互相协调还是彼此冲突，是一个国家治理得好或坏的主要标准。"① 其次，治理依据的原则是默认的产权习惯和规则以及村落社会的互动规范，是一种软性治理，除了国家权力支持的权威外，内生性的权威在治理当中不具有强制性，没有很强约束力。另外，治理是"在一个既定的范围内运用权威维持秩序，满足公众的需要"②，不能或只能最低限度满足公众需要的治理是消极治理。多权威复合治理无疑是一种消极治理，只是调节基本的社会关系，维持基本秩序，不具备更多的治理能力。

第二节 多权威复合治理形成的条件

前面我们分析了产权权利分置与村落治理的逻辑，作为一种产权治理类型的多权威复合治理，不同于华北地区以政权为中心的村落治理形态，也不同于华南地区以血缘为纽带的宗族治理形态。任何一种治理形式都不是凭空出现的，都有着特定的基础与前提。那么，多权威复合治理是怎么产生的，或者说产生条件是什么？通过研究我们发现，其主要依赖于三个条件：一是产权权利分置，二是产权依赖于合作，三是国家介入程度不深。

一 产权权利分置决定了多主体的权威结构

产权作为权利组合体，由一系列子权利构成。产权子权利的组合形式，构成了产权的权利结构。产权权利结构既可以是高度集中的，也可以是分散的；或者说统一的与分置的。产权对于治理有着基础性的决定作用，产权权利结构与权威结构及其治理方式之间的

---

① ［法］卢梭：《论人与人之间不平等的起因和基础》，李平沤译，商务印书馆2015年版，第117—118页。

② 俞可平主编：《治理与善治》，社会科学文献出版社2000年版，第5页。

关联是本书的主题。产权权利结构决定了权利的配置状况，进而决定了权力的配置。恰如项继权所说："不同的社会产权结构及其存在和运营形式在相当程度上还决定和制约着社区权力资源不同的配置和运用方式，进而形成不同的社区权力结构和治理方式。"①

作为一个社会最基础的制度安排之一，"产权制度不解决好，一个社会就难以构建有序的政治秩序，难以形成稳定的行为预期，难以营造有规则的社会环境"②。产权是社会秩序的基础，产权安排为社会秩序提供稳定的、可持续的规范，让社会有规则可循。就具体产权安排实践而言，"各种属性统统归同一人所有并不一定最有效率，有些属性被一方持有，有一些属性则被另一方持有，还有一些属性被置于公共领域，这种分布才是产权界定的实际状态"③。产权权利分置本身就意味着规则和秩序的发生，更是村庄政治生产实践的开始。产权分置造成权利和权力在不同主体之间配置，带来相应的权威结构。下面我们沿着"产权—权利—权威（权力）"的脉络展开分析。

治理作为一种公共行为，特别地关注在一个限定的领域内维持社会秩序所需要的权威的作用和对权力的运用④。运用权力的前提是配置权力，而产权拥有对权力的配置机制。"产权对权力的最大功能就是产权能够配置权力，就像市场配置资源一样。"⑤ 具体来说，每一项产权子权利均可被视作一种"权利关系"，产权就是各类权利关系的总和，而权利关系本质上是利益关系，产权权利主体就是同一

---

① 项继权：《集体经济背景下的乡村治理——南街、向高和方家泉村村治实证研究》，华中师范大学出版社 2002 年版，第 369 页。
② 刘守英、路乾：《产权安排与保护：现代秩序的基础》，《学术月刊》2017 年第 5 期。
③ 李中秋：《巴泽尔产权界定的逻辑思路》，《河北经贸大学学报》2015 年第 5 期。
④ 俞可平主编：《治理与善治》，社会科学文献出版社 2000 年版。
⑤ 邓大才：《产权与政治研究：进路与整合——建构产权政治学的新尝试》，《学术月刊》2011 年第 12 期。

利益关系中的利益主体。在产权权利合一时，权利主体就呈现为单一的利益主体；在产权权利分置时，权利主体就呈现为不同的利益主体。权力形成的基础在于利益关系，而利益关系在横向结构上体现为不同社会力量之间的力量对比[1]。权力就是以社会关系和社会力量的形式表现出来的，"凡是有社会关系和社会力量存在的地方，就有权力的存在和权力的作用"[2]。权力在此过程中产生，完成由权利到权力的演化，特定权利结构基础上形成特定的权力结构。同时，由于产权是一组权利，权利之间能够互相协调，故而"产权能够协调整合权力，产权的实施、变更和取消能够协调相关群体的关系，整合权力资源"[3]。当产权权利结构发生改变时，权力结构也会相应地变动。

"任何产权及其权能的作用空间都有一定的界区。"[4] 在产权权利分置的情况下，权利关系（领域）是分开的，权力领域自然也是分开的。也就是说，同一利益关系中存在不同的利益主体，不同的利益主体体现为不同的权力主体，不同的权力主体在治理中就表现为不同的权威。"当两个以上主体分别享有同一资产的不同属性即权利分割时，权利各方对资产的影响力很少是一样的"，[5] 不同权威的影响力自然也存在差异。正如邓大才指出的："村庄的权威结构由产权的集中程度与稳定程度决定的，产权的集中性决定权力，产权的稳定性决定权利。"[6] 在产权集中程度低、权利分置之下，权力是分

---

[1] 王浦劬等：《政治学基础（第二版）》，北京大学出版社 2006 年版，第 67 页。
[2] 崔浩：《布迪厄的权力场域理论及其对政治学研究的启示》，《杭州电子科技大学学报》（社会科学版）2006 年第 2 期。
[3] 邓大才：《产权与政治研究：进路与整合——建构产权政治学的新尝试》，《学术月刊》2011 年第 12 期。
[4] 董江爱：《煤矿产权制度改革与资源型乡村治理研究》，中国社会科学出版社 2016 年版，第 26 页。
[5] 李中秋：《巴泽尔产权界定的逻辑思路》，《河北经贸大学学报》2015 年第 5 期。
[6] 邓大才：《产权发展与乡村治理：决定因素与模式——以粤、湘、鄂、鲁四村为考察对象》，《中州学刊》2014 年第 1 期。

开的，因而权威是分散的。分置的产权形成多权威的治理主体，这些权威掌握的权力来自不同权利领域，在特定的范围内运作，在复合中实现治理目标。产权安排是社会秩序的基础，以产权权利分置为基础的社会秩序，是一种"权利秩序"，奠定基本的治理格局。

与产权分置相对的是产权集中，即产权子权利集中于某一主体的现象。产权权利高度集中，也可以称为产权权利合一。在这种情况下，"权利领域"重叠、合一，所有的权利归属单一主体。在产权的配置作用下，权力为单一主体所掌握，由此形成的权威必然是高度集权的。关于这一点，土地产权是一个很好的例证。在权利分置情况下，"土地占有权、使用权等权能与土地终极所有权分离，形成土地所有者、占有者、使用者等经济利益根本独立的多元产权主体格局。……各产权主体之间通过某种具体的形式联系起来"[1]。从占有权和使用权中产生出两个不同的权力主体，分别在占有领域和使用领域发挥权威作用。同时，"在同一块土地上有几种权利重叠，土地是财产的源泉，既是政治权力和威望的基础，也是义务和劳役的基础"，[2] 收益分配将以国家权力为支撑的权威带入，从而与前两种权威构成特定的权威结构。在土地权利高度集中的情况下，比如集体化时期，就会出现权力高度集中的集权式治理。而当集体产权权利分置，原来高度集中的权威结构就失去存在的基础。

故而，就产权权利结构与治理方式之间的关系而言，权利高度集聚的产权权利结构带来的是高度集中的权威结构和集权式治理；权利分置的产权权利结构带来的是多主体的权威结构和分权式治理。同时，以往研究认为，产权集中会带来权力集中，集体产权必然带来集体强制，但是通过产权权利结构与权威结构关联性的分析发现，集体产权不一定带来集权式治理，集体产权基础上的权利合一（权

---

[1] 洪名勇：《论马克思的土地产权理论》，《经济学家》1998年第1期。
[2] ［法］莫里斯·迪韦尔热：《政治社会学——政治学要素》，杨祖功、王大东译，东方出版社2007年版，第52页。

利高度统一于单一主体）可能带来集权式治理。

二 产权依赖于合作使得复合治理得以强化

产权作为一个社会基础性的制度安排，产权的属性决定了治理的基本格局。"如果把财产看作是一棵树，那么，社会制度就是从树干生发出来的枝条。"[1] 不同的产权属性会带来不同的治理形式，而依赖于合作的产权，即合作性产权，必然带来合作性质的治理。

在一般意义上，我们分析产权时，将产权作为既定的对象物，或者说视作静态意义上的产权。我们在无意识中默认产权是客观存在的，并且创设出来之后，无须太多的保护，占有主体即可完成产权的保护（当然不否定有国家、法律或其他主体的额外保护，但他们不是核心主体）。这种认知是片面的。首先，产权物不是从来就有的，需要人们创设出来。不同的产权创设方式，会带来不同的产权属性。通过合作方式创设的产权，必然形成合作的产权属性。其次，"产权尽管能得到国家和法律的支持，但任何一项权利的有效性也取决于个人自己为保护这项权利所作的努力"[2]。在实践中，有一些产权创设出来之后，并不是一劳永逸的，而是需要不断进行维护以确保其存在。一般情况下，私人产权由私人进行保护，产权保护属于私人实践，从而保证产权的独立性。但是，有一些产权单靠其占有主体无法进行有效保护，需要产权相关方的合作；比如湖村的田土，必须一年到头挑堤护垸才能保全。

"不断的产权保护，其实就是一个不断地界定产权的过程。"[3] 在产权持续不断的保护过程中，参与保护的主体因其投入，得以分享部分权利。产权占有主体的权利受到限制，我们可以将这类产权

---

[1] 转引自［美］理查德·派普斯《财产论》，蒋琳琦译，经济科学出版社2003年版，第52页。

[2] 谭秋成：《关于产权的几个基本问题》，《中国农村观察》1999年第1期。

[3] 姬会然、慕良泽：《产权过程论及其政治学研究》，《西北农林科技大学学报》（社会科学版）2013年第2期。

称为合作性产权。合作性产权不同于一般意义上的私人产权,不具有完整性和独立性,受到合作者的约束,无法获得完整产权所有人的支配性权利。合作性产权界定属于特定社会关系领域的产物,受其内生社会规范的制约,拥有"情理合法性"。从这个意义上讲,合作性产权属于徐勇教授提出的"自治性产权"。社会依靠长期历史形成的惯行调节产权,惯行将产权与治理联结起来,构成一种自治性产权。这种产权完全是当事人之间的行为,而无须外界的介入。①

合作性产权内含有平等的因子,产权相关方之间虽然说不上平等,但是也说不上带有强制性,彼此具有共生关系。"当商品或资产的不同属性分别由不同的人持有,产权分割,为了防止侵权行为发生,需要对权利的行使进行限制"②,而合作属性恰好提供了这种限制。合作性产权基础上形成的占有者的经济权力,也是一种有限的经济权力,无法像拥有完整产权的占有者那样无限扩张,无法扩展到其他领域。在产权维护过程中,相关方是平等的,任何一方都不具有支配性地位,需要协作才能达到目的,产权维护的过程即是实现有效治理的过程。由此形成的治理关系不是强制性的,而是合作性的。

同时,合作性的产权属性有助于巩固产权分置的状况,间接强化了复合治理。在多数情况下,参与产权创设、维护的都是产权相关方,尤其是产权占有者和使用者。参与创设、维护会提升使用者在产权关系中的地位,确保其能够持续地分享使用权。因此,"特定社会与政治力量的强弱和是否能够转化为政治权力并且维持其有效运行,不仅取决于生产资料的占有权,而且取决于其占有的生产资料的经营权和经营状况,取决于其在社会和经济过程中运行的实际效应,根据这些效应,产生相应的对于生产资料占有者的社会力量

---

① 董江爱:《煤矿产权制度改革与资源型乡村治理研究》,中国社会科学出版社2016年版,序2页。

② 李中秋:《巴泽尔产权界定的逻辑思路》,《河北经贸大学学报》2015年第5期。

和政治力量的不同效应"①。

综上所述，合作性的产权属性，造就相对平等的产权主体，决定不同主体间的合作性关系，进而在产权维护和关系自我调节中形塑合作性的治理关系，奠定了复合治理的基础；同时，合作性的产权属性有助于维系分置的产权权利结构，强化多权威的复合治理。

三 国家介入程度不深影响治理的形成与演进

国家与产权是相伴而生的。"私有的、家庭的财产和国家是共同出现的，是同一过程所促进的。"② 一方面，产权是国家治理的根基，产权决定了国家治理的形式、类型及其发展演进，由产权来理解国家的存在，"离开了产权便不能提出一种有用的国家分析"③；另一方面，"国家规定着和实施着产权"④，国家决定着产权的结构、存在形式等。就产权权利结构与国家的关系而言，产权权利结构深刻影响着国家权力的运行；同时，国家权力也对产权权利结构及其治理有着直接影响，国家权力与产权权利结构及其治理是互嵌的。对产权分置及其多权威复合治理的认识，离不开对国家权力的深入分析。

迈克尔·曼将国家权力分为两种，一种是专制性国家权力，即"针对市民社会的国家个别权力，它源自国家精英的一系列运作，而这些运作不需要与市民社会全体作例行公事式的协商"，以国家强制力为后盾，也可以称之为独裁性权力；另一种是基础性国家权力，

---

① 王浦劬等：《政治学基础（第二版）》，北京大学出版社2006年版，第68页。
② ［英］迈克尔·曼：《社会权力的来源》第一卷，刘北成、李少军译，上海人民出版社2015年版，第110页。
③ ［美］道格拉斯·诺斯：《经济史上的结构和变革》，厉以平译，商务印书馆1992年版，第26页。
④ 同上书，第12页。

即"一个中央集权国家的制度能力"①,国家以制度化的方式实现对社会的渗透,确保国家意志的执行,有学者认为这种基础性权力近乎国家能力②。根据这一分析框架,传统中国无疑属于专制性权力强而基础性权力弱的国家,一方面,国家的专制王权十分强大,另一方面,国家的实际渗透能力软弱,其结果是"皇权不下县",国家权力无法直接介入基层社会。

在国家治理能力弱时,国家对产权的影响主要体现在两个方面。首先是界定产权,并维系产权权利平衡。国家对社会创设出来的产权进行法律上的确认,明确其归属,维持社会秩序,"把法律作为私人产权的一个标准,这就揭示国家与私人产权之间的正常关系"③。其次,国家界定和维系产权的一个主要目的是参与产权收益分配,"国家当然不可能免费保护产权,它为保护产权所能花费的资源归根到底来自产权",④ 国家规定"一组旨在使社会产出最大化的、完全有效的产权","从而增加国家的税收",⑤ 从社会中提取资源是国家能力的重要体现。从表面上看,国家在产权实践中的角色较为单一,对基层治理没有直接的介入,但是在这一过程中,国家权力得以有效实现,同时,通过微观产权过程,源源不断地汲取合法性资源,维持政治体系的动态平衡。⑥ 并且,在这一过程中,国家承认了产权占有及社会习惯调节下的产权分置状态,认可了产权带来的"权利

---

① [英]迈克尔·曼:《社会权力的来源》第二卷,陈海宏等译,上海人民出版社2007年版,第68—69页。
② 张长东:《国家治理能力现代化研究——基于国家能力理论视角》,《法学评论》2014年第3期。
③ [英]迈克尔·曼:《社会权力的来源》第一卷,刘北成、李少军译,上海人民出版社2015年版,第493页。
④ 周其仁:《中国农村改革:国家和所有权关系的变化(上)——一个经济制度变迁史的回顾》,《管理世界》1995年第3期。
⑤ [美]道格拉斯·诺斯:《经济史上的结构和变革》,厉以平译,商务印书馆1992年版,第29页。
⑥ 姬会然、慕良泽:《产权过程论及其政治学研究》,《西北农林科技大学学报》(社会科学版)2013年第2期。

秩序"，这为产权权利结构及立于其上的权威结构与治理方式提供了外部保障。

同时，由于国家能力有限，国家对基层事务采取"无为而治"的方式，国家权力选择性介入乡村社会[①]。也就是说，国家权力是有边界的，这种边界在乡村社会之外。国家权力的边界性影响其对基层权力的态度。国家对基层社会介入程度不深，能力较弱，无法进行直接统治，从而为基层社会衍生出的权威留下了运作空间，以产权关系为基础的社会秩序得以自我维系。就区域特征看，两湖地区"处于权力半径的中间地带"[②]，国家权力的控制不及华北地区，同时又没有南方地区组织化的宗族权力，因而形成了产权分置基础上的多权威复合治理格局。因此，国家介入程度不深是多权威复合治理形成的基础和外部条件。当国家介入程度加强时，多权威复合治理也会发生变化。20 世纪上半叶，国家权力开始直接介入基层社会，但是其介入破坏了传统的权力文化网络，又在产权收益分配中过度汲取资源，权力下沉不均衡，造成国家政权建设"内卷化"[③]，权威之间失衡，多权威复合治理面临失调。

如果说，界定和维护产权权利平衡、参与产权收益分配，反映的是国家与社会之间的纵向关系，那么多权威复合治理反映的则是社会之间的横向关系。正如徐勇指出的，社会是由相互依存和相互竞争的不同的人和组织构成的，并根据相应的规则进行自我治理。[④] 多权威复合治理就是国家介入程度不深情况下，社会基于产权关系的自我调节。在纵向的国家整合保持农业文明延续的基础上，横向

---

① 杨国安：《国家权力与民间秩序：多元视野下的明清两湖乡村社会史研究》，武汉大学出版社 2012 年版，第 396 页。

② 吴雪梅：《生态、经济格局与乡村互动模式——对明清两湖移民社会的考察》，《中南民族大学学报》（人文社会科学版）2016 年第 6 期。

③ ［美］杜赞奇：《文化、权力与国家：1900—1942 年的华北农村》，王福明译，江苏人民出版社 2003 年版，第 1—5 页。

④ 来自徐勇教授"重新定义中国政治——基于新的分析框架"的学术讲座。

的多权威复合治理有助于激发社会活力。

概括起来，多权威复合治理的形成与存续取决于产权和国家两方面因素。其中，产权是决定因素，权威结构及治理方式是产权权利结构的函数。国家作为外在力量，构成了条件因素，治理能力弱的国家认可了产权与治理事实，依托产权实践来达致乡村的基本秩序。

第三节 关系、产权权利与治理秩序

从本质上讲，产权体现为人与物、人与人之间的双重关系。在人类的实践中，尤其是前现代社会，产权往往嵌入社会关系之中，受社会关系及其结构的影响。关系制约产权，影响产权权利及其结构。特定的产权权利安排，构成了基础的社会秩序，因此关系与产权权利的不同组合会形成不同的治理秩序。传统时期，主导社会运行的是基于身份的社会关系。产权受制于社会关系，独立性相对较弱，由产权关系生成的是关系支配下的秩序；进入现代社会以后，产权的独立性增强，其受关系的制约弱化，权利属性不断增强，由产权关系生成的是权利支配下的秩序。大体来看，关系与产权权利的组合能够形成四种治理秩序（见图7—2）。

第一种是纯粹的关系型秩序。在这种组合中，关系具有决定性作用，产权完全受制于关系，产权权利没有任何的独立性。关系主导着产权，产权从属于关系，无法形成现代意义上的产权，产权权利属于基于个体身份的、人格化的权利，产权权利没有得到应有的确认和保护，无法基于产权权利形成有约束力的规则，支配产权运行与秩序的是以身份关系为核心的等级关系。由于关系主导着秩序的生成和运作，维系这种秩序的是血缘关系或地缘关系的权威，形成的是血缘或地缘单一权威主导下的治理。

第二种是"关系—权利"型秩序。关系的影响相对较弱，而产

252　复合治理：产权分置与社会秩序的建构

```
关系 ▲
     │
     │    ● 关系型秩序
     │
     │         ● "关系—权利"型秩序
     │
     │              ● "权利—关系"型秩序
     │
     │                   ● 权利型秩序
     │
     └─────────────────────────────▶ 产权权利
```

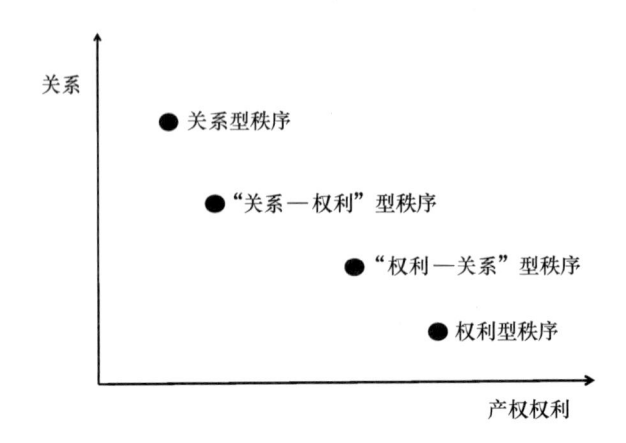

图7—2　关系、产权权利与治理秩序的关系

权权利相对清晰，就会形成"关系—权利"型秩序。在这一组合中，关系依然居于主导地位，产权权利具有一定的独立性，在关系的制约之下，会形成约定俗成的产权规则。产权相关方依据产权规则，行使自己的权力。由于受制于关系，产权的属性在一定程度上是"关系产权"。合作性产权就属于这一类型。由于产权创设、维护中的合作，形成了合作性产权，进而带来产权权利分置，分置的权利形成了多元权威，权威在各自的权利领域运行，依照产权规则和村落关系，形成多权威复合治理。

　　第三种是"权利—关系"型秩序。随着经济社会的进步，权利逐步摆脱关系的束缚，关系的影响弱化，但是依然对治理产生影响。这是一种以权利为主导的治理秩序，权利规则支撑起基本的秩序，但是关系会影响产权相关方的行为。分田到户后，集体产权权利分置，村民作为集体经济组织成员，获得了有保障的使用权，这为产权权利结构的稳定和产权使用权利的行使提供了制度性保障。"权利的发展，意味着社会结合方式的改进。"[1] 在国家制度的支持下，产权强度大为增强，分置的产权权利就能形成特定的社会力量，成为

---

　　[1]　夏勇主编：《走向权利的时代——中国公民权利发展研究》，中国政法大学出版社1995年版，第12页。

特定的权力主体，不同的权力主体共同存在，促进了现代民主制度框架下的自主治理。

第四种是纯粹的权利型秩序。随着产权权利保护力度的加大，产权权利不再受制于各种关系，而是得到普遍而平等的保护，产权完全独立，产权权利成为主导基层秩序的力量，这样就能形成稳定的社会秩序，进而形成"权利型"秩序。这是一种理想秩序类型，需要国家和各方对产权的有力保护。就此而言，从关系型秩序到权利型秩序，是人类社会治理秩序的发展进步和演变方向。"发达国家在过去几百年能实现稳定持续的经济发展，其关键是社会秩序从权利限制秩序演化到权利开放秩序。"[①] 在有保障的产权权利基础上，从权利出发产生稳定的基础秩序；产权权利进一步细化，权利在更多的主体中配置，多元主体都会参与到治理中来，会形成多主体参与治理的格局。

需要指出的是，前面我们讨论的关系与产权权利组合的四种经典秩序类型，还要受到国家的影响。国家的介入会对由产权关系生成的治理秩序产生影响。在政治社会中，国家必然要介入产权与基层治理。尤其在现代社会，国家是产权创设和保护的主体，离开国家，产权得不到有效的保护。当国家介入产权时，上述的四种秩序类型会发生变化。然而国家的角色并非恒定的，国家既可以是产权的保护者，也可以是产权的破坏者。国家权力不同的介入方式，会带来不同的影响。如果国家的介入是尊重产权，则有可能形成权利型秩序。国家权力的介入没有破坏既有的权利结构及其权威结构，其所维系的是国家控制下的社会秩序。如果国家介入是干预产权，则既有秩序会异化为强制型秩序。国家依靠强制性权力改变了既有的权利结构及权威结构，原有的秩序被重塑。这种秩序既不同于关系型秩序，也不同于权利型秩序，而是一种异化。人民公社时期，

---

① 刘守英、路乾：《产权安排与保护：现代秩序的基础》，《学术月刊》2017年第5期。

国家权力前所未有地深入产权，构造了产权权利高度合一的集体产权，形成了干部的一元化权威控制，基层治理就演变为权力主导下的集权式治理。

从上述四种组合来看，产权权利能否摆脱关系束缚、获得支持和保护，是区别不同治理秩序的关键。在现代国家下，国家是产权的主要保护者，国家提供有效的产权保护，可以改变既有的秩序类型，实现治理秩序的转变。如果国家提供无差别的产权保护，产权权利能够得到切实可靠的保障，将会推动关系型秩序走向权利型秩序，或者强制性秩序走向权利型秩序。可以预见的是，随着国家对产权保护的加强，基层治理逐渐迈向权利型秩序。

第四节　产权与治理：对当下基层治理的启示与思考

本书通过对湖村的产权分置关系及治理形态的研究，论述了产权分置与村落秩序、权威的关系，探讨了产权权利结构与权威结构及其治理方式之间的内在关联，获得了产权与治理一般性关系的新认识。这对于分析和研究当下的基层治理具有重要启示。

治理不是凭空产生的，而是特定社会基础的产物。当社会基础发生改变时，治理必然发生改变。1949年之后，国家权力全面介入乡村社会，国家开始主导基层社会的变迁。在这一背景之下，决定多权威复合治理的产权与国家因素共同发生了变化。国家从调整产权占有入手介入乡村。在国家权力主导下，原有的治理条件发生改变。首先，国家权力对产权占有进行重新分配，分配的依据是国家政策，国家不再承认产权的初始获得方式，所有成员统一由国家分配产权，这就改变了既有的产权属性。其次，国家通过集体化改造，构造了集体产权。在集体化时期，国家深入产权，集体产权是"由国家控制但由集体来承受其控制结果的一种农村社会制度安排"①，产权"纵向不独立"②，国家直接支配和控制产权，产权权利高度合一，集体既是产权占有主体，又是产权使用和收益分配主体。国家权力全面介入、直接渗透日常生产生活，多权威复合治理的产权基础彻底消解。

不过，农业文明具有很强的延续性而非断裂性。"从历史延续性的角度看，人类文明是长期历史积累的。在长期积累中形成一个国家成长变化的基础。这一基础构成社会变迁的起点和底色。"③ "国家的根基是拥有财产的家庭。"④ 几千年来，个体家户始终是产权使用的主体。集体产权权利变迁的核心是国家、集体与农民之间在财产权利结构中的分权。⑤ 在"两权"分置之下，国家权力不再直接支配产权的使用，农民获得了经济上的自主权，随之带来政治上的自主权。"国家的体制性权力上收至乡镇，在乡镇以下便产生了一个相对独立的社会空间"⑥，作为草根民主的村民自治应运而生。"村民自治是建构在个人利益和个体平等的公民权基础上的，它与历史上的乡村自治、地方自治、公社体制都有着本质的不同，同时又是历史的逻辑延伸。"⑦

从形式上看，集体产权分置带来的村民自治与多权威复合治理具有一定的相似性，但是前者不是后者的简单再生，而是"更高级

---

① 周其仁：《中国农村改革：国家和所有权关系的变化——一个经济制度变迁史的回顾》（上），《管理世界》1995 年第 3 期。

② 邓大才：《通向权利的阶梯：产权过程与国家治理——中西方比较视角下的中国经验》，《中国社会科学》2018 年第 4 期。

③ 来自徐勇教授"历史延续性视角下中国农村调查回眸与走向"的学术讲座。

④ ［美］理查德·派普斯：《财产论》，蒋琳琦译，经济科学出版社 2003 年版，第 32 页。

⑤ 刘金海：《产权与政治——国家、集体与农民关系视角下的村庄经验》，中国社会科学出版社 2006 年版，第 288 页。

⑥ 徐勇：《乡村治理与中国政治》，中国社会科学出版社 2003 年版，第 47 页。

⑦ 徐勇：《田野与政治——徐勇学术杂论集》，中国社会科学出版社 2009 年版，第 7 页。

形式上的复活"①。首先，产权属性不同，作为治理基础的是前所未有的集体产权，而不再是原来的私有产权。产权占有主体与使用主体的利益在根本上是一致的，这决定了不同主体间不是对立关系，可以通过合作方式彼此协调。其次，由社会习惯约束的产权分置到国家权利保障下的产权分置。集体产权分置是国家政策的产物，分置的权利得到了国家的确认和保护，是一种真正的产权权利。再次，基于产权关系的权威拥有更多合法性基础。村民自治是国家赋权的行为。集体产权分置基础上的权威，其权力既有内生性，又带有国家建构性，获得了制度性支持。因此，村民自治不是简单复归传统，而是汲取多权威复合治理的有益经验，在现代民主制度框架下的自我治理。

故而，作为社会自我治理的一种方式，在国家整合和产权权利进一步细化的新时代，需要重视产权治理的独特价值。一方面，国家治理能力有限，需要社会自我治理。从人类历史来看，除了国家治理之外，大量的社会事务靠的是社会自我管理，构建起一套自治秩序。即使在国家空前强大的情况下，国家治理也不能完全取代社会自我治理。国家可以在特定阶段内实现对社会的全面控制，将"社会国家化"，但终究不可持续，当国家放松外部控制，基层社会同样需要自我治理。随着经济社会的发展，公共治理的范围和难度加大，治理变得日益复杂，尤其需要社会的自我治理。社会自我治理是国家治理的基础和重要组成部分，社会治理符合国家与社会关系的演变规律，能够使国家和社会的关系出现新局面②。

另一方面，产权是基层社会结构及其治理的决定性因素，无论是多权威复合治理还是此后的治理实践，本质上都属于产权治理。其共同特点是，基层社会的权威结构及其治理方式是由产权权利结

---

① [美]路易斯·亨利·摩尔根：《古代社会》，杨东莼、马雍、马巨译，江苏教育出版社2005年版，第445页。

② 张小劲、于晓虹编著：《推进国家治理体系和治理能力现代化六讲》，人民出版社2014年版，第83页。

构生成，需要与之相一致。产权权利结构与权威结构及治理方式是共同演进的。"从总体上来说，有一种什么样的产权结构，就有一种什么样的政治结构。"① 我国基层社区治理中的土地产权与自治权的统一结构具有较强的历史传统。② 分置的私有产权结构使得权利领域分开，权威在不同的权利领域中生成，形成多权威复合治理，它本质上是产权分置基础上社会的自我调节。而分置的集体产权同样带来分开的权利主体，在权利的互动和协调中产生权力主体、建构社会秩序，这种形式的社会自我治理自然属于产权关系生成的"权利秩序"。产权权利结构的变迁不仅意味着利益结构的调整，更意味着权力结构的变化。当下，集体产权分置的稳定和进一步细化，必然产生自我调节的需要和能力，这要求以新的方式治理乡村，而产权治理被视作破解当下农村基层治理困境的钥匙③。

"三权分置"是国家从政策法律层面对产权权利结构的重大调整，其目的在于形成层次分明、结构合理、边界清晰、平等保护的权利束，进而构建一个赋予农民财产关系和民主权益的治理结构④。三权分置意味着产权权利细分为更多的权利领域，权利在更大的范围内配置。产权权利主体的多元化、分置化要求治理结构作出相应的改革，国家、村级组织、乡村精英、普通农户、乡贤以及下乡企业等都会参与到治理中来，形成多元主体共同参与治理的局面。同时，产权权利之间具有层层派生关系，又能够相对独立地运行，通过合作方式协调利益关系，厘清和区分不同主体的定位、职能和作用机制，弥合制度与行动之间的张力，促进治理的有效性。三权分

---

① 唐贤兴：《产权、国家与民主》，复旦大学出版社2002年版，第311页。
② 桂华：《农村土地制度与村民自治的关联分析——兼论村级治理的经济基础》，《政治学研究》2017年第1期。
③ 邓大才：《产权治理：破解农村基层困境的一把钥匙》，《农民日报》2018年1月27日第03版。
④ 来自张红宇在"清华三农论坛2017"分论坛——"农村集体产权制度改革"上的发言。

置的产权权利结构必然带来多元的权威结构及其治理方式,这是产权权利结构与权威结构及其治理演进的自然结果。

由于条件的变化,当下的产权治理还需要充分发挥国家的整合作用。传统时期,在分置的产权关系基础上,乡村社会具有内生权威和秩序的能力,形成多权威复合治理,这是弱国家治理能力下的产物,国家对产权的介入程度不深。然而,在国家权力构造产权和基层被纳入国家治理体系的背景下,产权关系的权威与秩序生成能力不仅取决于自身,还离不开国家的整合。"但当乡村社会被纳入国家组织与治理框架之后,这种天生的能力就不再直接取决于乡村社会本身了,它还必须取决于国家。"[①] 现代化和市场化冲击了产权关系内生权威与秩序的能力,国家需要从外部为基层社会提供基本制度与秩序,为其提供自我调节的运作空间和支持力量。"由资源汲取向资源输入的转型意味着国家权力以一种全新的方式切入乡村社会,意味着乡村治理革命的到来。"[②] 国家需要在尊重产权分置带来的多元治理的基础上进行整合,使得基层社会内生的权威与秩序和国家在更大空间中建构的权威与秩序形成有机衔接。

总而言之,在现代国家体制之下,依托有效的产权制度和明晰的产权权利结构,建立新型的国家与农民关系,厘清国家与基层社会的权力边界,将产权治理转换为实现国家对基层社会整合和再组织的一种民主化治理方式,不断健全自治、法治、德治相结合的乡村治理体系,使基层治理在与国家治理的有机衔接中提升能力,从而实现"治理有效"。

[①] 林尚立:《国家的责任:现代化过程中的乡村建设》,《中共浙江省委党校学报》2009 年第 6 期。

[②] 景跃进:《中国农村基层治理的逻辑转换——国家与乡村社会关系的再思考》,《治理研究》2018 年第 1 期。

第五节 研究的局限和不足

本书通过湖南省汉寿县乌珠湖村的个案研究，全面展示了传统小农村落的产权分置关系及其治理形态，探讨了产权权利结构与权威结构及其治理方式之间的内在关联，尝试推进产权与治理的关系研究。作为一种初步的理论探索，本书也存在一些明显的不足。

其一，研究方法的不足。本书采用个案的田野调查方法，主要依靠口述访谈等方式获取相关信息。由于年代久远，加上受访者记忆的局限，所获得的信息难免会有遗漏，这对全面、完整地了解个案造成了一定不便。受调查对象和调查难度的限制，所获得的信息和事实缺乏具体生动的细节，这在一定程度上影响了分析的深入。同时，本书的研究主题是国家治理之下产权与治理的关系问题，其目的在于获得一般性的认识。本书所基于的个案，虽然能够代表一定的产权类型，尤其是湖区的产权实践，但相对来说仍然属于特定区域的社会形态，在一定程度上影响其代表性，进而也制约了基于个案而产生理论的普遍适用性。

其二，研究视角存在一定的限度。"凡是社会考察都要把某些社会生活方面推到舞台中心，而把其他方面置于舞台的侧翼。"[1] 本书的研究主要是从产权与治理的关系角度进行分析，尽管产权关系在村落中是决定性的，但是乡村社会有其复杂性。作为地缘单元，村落权威与秩序受到诸多因素的共同作用，而研究中对其他影响治理的因素关注不够。因此研究只是初步的尝试，其解释力如何，需要理论和事实的检验，也需要进一步的完善。

---

[1] ［英］迈克尔·曼：《社会权力的来源》第一卷，刘北成、李少军译，上海人民出版社2015年版，第635页。

参考文献

马列著作类

《马克思恩格斯选集》第一卷,人民出版社2012年版。
《马克思恩格斯选集》第二卷,人民出版社2012年版。
《马克思恩格斯选集》第三卷,人民出版社2012年版。
《马克思恩格斯选集》第四卷,人民出版社2012年版。
《马克思恩格斯全集》第1卷,人民出版社1975年版。
《马克思恩格斯全集》第4卷,人民出版社1958年版。
《马克思恩科斯全集》第25卷,人民出版社1998年版。
《马克思恩格斯全集》第46卷(上),人民出版社1979年版。
《资本论》第3卷,人民出版社2004年版。
《毛泽东选集》第三卷,人民出版社1991年版。

专著类

曹锦清、张乐天、陈中亚:《当代浙北乡村的社会文化变迁》,上海人民出版社2014年版。
陈锡文等:《中国农村制度变迁60年》,人民出版社2009年版。
从翰香编:《近代冀鲁豫乡村》,中国社会科学出版社1995年版。
邓大才:《湖村经济:中国洞庭湖区农民的经济生活》,中国社会科学出版社2006年版。
邓大才:《土地政治:地主、佃农与国家》,中国社会科学出版社2010年版。

狄金华:《被困的治理:河镇的复合治理与农户策略》,生活·读书·新知三联书店 2015 年版。

董江爱:《煤矿产权制度改革与资源型乡村治理研究》,中国社会科学出版社 2016 年版。

杜润生:《杜润生自述:中国农村体制变革重大决策纪实》,人民出版社 2005 年版。

费孝通:《费孝通选集》,天津人民出版社 1988 年版。

费孝通:《乡土中国 生育制度》,北京大学出版社 1998 年版。

费孝通:《江村经济》,上海人民出版社 2007 年版。

高王凌:《人民公社时期中国农民"反行为"调查》,中共党史出版社 2006 年版。

胡英泽:《流动的土地:明清以来黄河小北干流区域社会研究》,北京大学出版社 2012 年版。

李培林:《村落的终结——羊城村的故事》,商务印书馆 2004 年版。

梁漱溟:《梁漱溟选集》,吉林人民出版社 2005 年版。

梁治平:《清代习惯法》,广西师范大学出版社 2015 年版。

鲁西奇:《长江中游的人地关系与地域社会》,厦门大学出版社 2016 年版。

鲁西奇:《中国历史的空间结构》,广西师范大学出版社 2014 年版。

刘金海:《产权与政治——国家、集体与农民关系视角下的村庄经验》,中国社会科学出版社 2006 年版。

经济学消息报社编:《追踪诺贝尔——诺贝尔经济学奖得主专访录》,中国计划出版社 1998 年版。

秦晖、金雁:《田园诗与狂想曲:关中模式与前近代社会的再认识》,语文出版社 2010 年版。

瞿同祖:《清代地方政府》,范忠信、何鹏、晏锋译,法律出版社 2011 年版。

孙中山:《三民主义》,九州出版社 2011 年版。

唐贤兴:《产权、国家与民主》,复旦大学出版社 2002 年版。

唐清利、何真：《财产权与宪法的演进》，法律出版社 2010 年版。

王浦劬等：《政治学基础（第二版）》，北京大学出版社 2006 年版。

王晓毅：《血缘与地缘》，浙江人民出版社 1993 年版。

夏勇主编：《走向权利的时代——中国公民权利发展研究》，中国政法大学出版社 1995 年版。

项继权：《集体经济背景下的乡村治理——南街、向高和方家泉村村治实证研究》，华中师范大学出版社 2002 年版。

萧公权：《中国乡村——论 19 世纪的帝国控制》，张皓、张升译，台北：联经出版事业股份公司 2014 年版。

徐勇：《非均衡的中国政治——城市与乡村比较》，中国广播电视出版社 1992 年版。

徐勇：《乡村治理与中国政治》，中国社会科学出版社 2003 年版。

徐勇等：《中国农村与农民问题前沿研究》，经济科学出版社 2009 年版。

徐勇：《田野与政治——徐勇学术杂论集》，中国社会科学出版社 2009 年版。

徐勇、赵永茂主编：《土地流转与乡村治理——两岸的研究》，社会科学文献出版社 2010 年版。

杨国安：《明清两湖地区乡村社会史论》，商务印书馆 2016 年版。

杨国安：《国家权力与民间秩序：多元视野下的明清两湖乡村社会史研究》，武汉大学出版社 2012 年版。

杨懋春：《一个中国村庄：山东台头》，张雄、沈炜、秦美珠译，江苏人民出版社 2001 年版。

杨国桢：《明清土地契约文书研究》，人民出版社 1988 年版。

俞可平主编：《治理与善治》，社会科学文献出版社 2000 年版。

张建民：《明清长江中游农村社会经济研究》，商务印书馆 2010 年版。

张乐天：《告别理想：人民公社制度研究》，上海人民出版社 2012 年版。

张佩国：《近代江南乡村地权的历史人类学研究》，上海人民出版社2002年版。

张佩国：《地权分配·农家经济·村落社区：1900—1945年的山东农村》，齐鲁书社2000年版。

张思：《近代华北村落共同体的变迁——农耕结合习惯的历史人类学考察》，商务印书馆2005年版。

张小劲、于晓虹编著：《推进国家治理体系和治理能力现代化六讲》，人民出版社2014年版。

赵文洪：《私人财产权利体系的发展：西方市场经济和资本主义起源问题研究》，中国社会科学出版社1998年版。

赵阳：《共有与私用：中国农地产权制度的经济学分析》，生活·读书·新知三联书店2007年版。

周雪光：《中国国家治理的制度逻辑：一个组织学研究》，生活·读书·新知三联书店2017年版。

［美］埃里克森：《无需法律的秩序：邻人如何解决纠纷》，苏力译，中国政法大学出版社2003年版。

［法］弗雷德里克·巴斯夏：《财产、法律与政府》，姚中秋译，商务印书馆2012年版。

［美］约拉姆·巴泽尔：《国家理论：经济权利、法律权利与国家》，钱勇、曾咏梅译，上海财经大学出版社2006年版。

［美］白凯：《长江下游地区的地租、赋税与农民的反抗斗争：1840—1950》，林枫译，上海书店出版社2005年版。

［古希腊］柏拉图：《理想国》，郭斌和、张竹明译，商务印书馆1986年版。

［英］卡尔·波兰尼：《大转型：我们时代的政治与经济起源》，冯钢、刘阳译，浙江人民出版社2007年版。

［法］阿·德芒戎：《人文地理学问题》，葛以德译，商务印书馆1993年版。

［法］莫里斯·迪韦尔热：《政治社会学——政治学要素》，杨祖功、

王大东译，东方出版社 2007 年版。

［美］杜赞奇：《文化、权力与国家：1900—1942 年的华北农村》，王福明译，江苏人民出版社 2010 年版。

［美］费正清：《美国与中国》，张理京译，世界知识出版社 1999 年版。

［美］莫里斯·弗里德曼：《中国东南的宗族组织》，刘晓春译，上海人民出版社 2000 年版。

［法］福柯：《权力的眼睛——福柯访谈录》，严锋译，上海人民出版社 1997 年版。

［英］彼得·甘西：《反思财产：从古代到革命时代》，陈高华译，北京大学出版社 2011 年版。

［美］W. 古德：《家庭》，魏章玲译，社会科学文献出版社 1986 年版。

［英］詹姆士·哈灵顿：《大洋国》，何新译，商务印书馆 1963 年版。

［英］弗里德里希·冯·哈耶克：《自由秩序原理》，邓正来译，生活·读书·新知三联书店 1997 年版。

［美］贺萧：《记忆的性别：农村妇女和中国集体化历史》，张赟译，人民出版社 2017 年版。

［德］黑格尔：《法哲学原理》，范扬、张企泰译，商务印书馆 1961 年版。

［美］塞缪尔·亨廷顿：《变化社会中的政治秩序》，王冠华、刘为等译，上海人民出版社 2008 年版。

［美］黄宗智：《长江三角洲的小农家庭与乡村发展》，法律出版社 2013 年版。

［美］黄宗智：《华北的小农经济与社会变迁》，法律出版社 2013 年版。

［英］霍布斯：《利维坦》，黎思复、黎廷弼译，商务印书馆 1985 年版。

［英］安东尼·吉登斯：《民族——国家与暴力》，胡宗泽、赵刀涛译，生活·读书·新知三联书店1998年版。

［英］安东尼·吉登斯：《社会学：批判的导论》，郭忠华译，上海译文出版社2013年版。

［日］加藤雅信：《"所有权"的诞生》，郑芙蓉译，法律出版社2012年版。

［法］劳格文、科大卫：《中国乡村与墟镇神圣空间的建构》，社会科学文献出版社2014年版。

［美］科塞：《社会冲突的功能》，孙立平等译，华夏出版社1989年版。

［美］罗纳德·科斯等：《财产权利与制度变迁——产权学派与新制度学派译文集》，刘守英等译，格致出版社、上海人民出版社2014年版。

［法］拉法格：《财产及其起源》，王子野译，生活·读书·新知三联书店1962年版。

［美］李怀印：《华北村治——晚清和民国时期的国家与乡村》，岁有生、王士皓译，中华书局2008年版。

［英］安德罗·林克雷特：《世界土地所有制变迁史》，启蒙编译所译，上海社会科学院出版社2015年版。

［法］卢梭：《论人与人之间不平等的起因和基础》，李平沤译，商务印书馆2015年版。

［法］卢梭：《论政治经济学》，王运成译，商务印书馆1962年版。

［美］格尔哈斯·伦斯基：《权力与特权：社会分层的理论》，关信平、陈宗显、谢晋宇译，浙江人民出版社1988年版。

［英］洛克：《政府论》，叶启芳、瞿菊农译，商务印书馆1964年版。

［美］罗兹曼主编：《中国的现代化》，国家社会科学基金"比较现代化"课题组译，江苏人民出版社2003年版。

［美］马若孟：《中国农民经济：河北和山东的农民发展，1890—

1949》，史建云译，江苏人民出版社 2013 年版。

［英］艾伦·麦克法兰：《英国个人主义的起源》，管可秾译，商务印书馆 2008 年版。

［英］迈克尔·曼：《社会权力的来源（第一卷）》，刘北成、李少军译，上海人民出版社 2015 年版。

［美］斯蒂芬·芒泽：《财产理论》，彭诚信译，北京大学出版社 2006 年版。

［美］米格代尔：《农民、政治与革命——第三世界政治与社会变革的压力》，李玉琪、袁宁译，中央编译出版社 1996 年版。

［英］戴维·米勒、韦农·波格丹诺编：《布莱克威尔政治学百科全书》，邓正来等译，中国政法大学出版社 1992 年版。

［美］巴林顿·摩尔：《专制与民主的社会起源——现代世界形成过程中的地主和农民》，王茁、顾洁译，上海译文出版社 2012 年版。

［美］路易斯·亨利·摩尔根：《古代社会》，杨东莼、马雍、马巨译，江苏教育出版社 2005 年版。

［美］道格拉斯·诺斯：《经济史上的结构和变革》，厉以平译，商务印书馆 1992 年版。

［美］道格拉斯·诺斯、罗伯特·托马斯：《西方世界的兴起》，厉以平、蔡磊译，华夏出版社 2009 年版。

［美］安东尼·奥罗姆：《政治社会学导论（第 4 版）》，张华青、何俊志、孙嘉明等译，上海人民出版社 2014 年版。

［美］埃莉诺·奥斯特罗姆：《公共事务的治理之道：集体行动制度的演进》，余逊达、陈旭东译，上海译文出版社 2012 年版。

［美］理查德·派普斯：《财产论》，蒋琳琦译，经济科学出版社 2003 年版。

［南］S. 佩乔维奇：《马克思产权学派和社会演变过程》，中国社会科学出版社 1990 年版。

［法］蒲鲁东：《什么是所有权》，孙署冰译，商务印书馆 1963 年版。

［美］乔治·萨拜因：《政治学说史：下卷》，世纪出版集团 2008 年版。

［美］施坚雅：《中国农村的市场与社会结构》，史建云、徐秀丽译，中国社会科学出版社 1998 年版。

［德］埃克哈特·施里特：《习俗与经济》，秦海、杨煜东、张晓译，长春出版社 2005 年版。

［美］詹姆斯·斯科特：《农民的道义经济学：东南亚的反叛与生存》，程立显、刘建译，译林出版社 2013 年版。

［德］斐迪南·滕尼斯：《共同体与社会》，林荣远译，商务印书馆 1999 年版。

［英］理查德·H. 托尼：《中国的土地和劳动》，安佳译，商务印书馆 2014 年版。

［德］马克斯·韦伯：《经济与社会（上卷）》，林荣远译，商务印书馆 1997 年版。

［德］马克斯·韦伯：《经济与社会（第一卷）》，阎克文译，上海人民出版社 2010 年版。

［德］马克斯·韦伯：《儒教与道教》，洪天富译，江苏人民出版社 1993 年版。

［德］马克斯·韦伯：《儒教与道教》，富强译，安徽人民出版社 2012 年版。

［美］卡尔·魏特夫：《东方专制主义》，徐式谷、奚瑞森、邹如山等译，中国社会科学出版社 1989 年版。

［英］沃尔夫：《乡民社会》，张恭启译，台北：巨流图书公司 1983 年版。

［古希腊］亚里士多德：《政治学》，吴寿彭译，商务印书馆 1965 年版。

［日］滋贺秀三：《中国家族法原理》，张建国、李力译，商务印书馆 2013 年版。

文章类

陈胜强：《论清代土地绝卖契约中的中人现象》，载谢晖、陈金钊主编：《民间法》，济南出版社 2011 年版。

崔浩：《布迪厄的权力场域理论及其对政治学研究的启示》，《杭州电子科技大学学报》（社会科学版）2006 年第 2 期。

党国英：《农村产权改革：认知冲突与操作难题》，《学术月刊》2014 年第 8 期。

邓大才：《产权与政治研究：进路与整合——建构产权政治学的新尝试》，《学术月刊》2011 年第 12 期。

邓大才：《土地政治：两种观点和两个视角》，《社会科学》2012 年第 6 期。

邓大才：《产权发展与乡村治理：决定因素与模式——以粤、湘、鄂、鲁四村为考察对象》，《中州学刊》2014 年第 1 期。

邓大才：《产权的政治逻辑：产权怎样、如何影响政治——从产权政治的功能视角考察》，《学习与探索》2014 年第 9 期。

邓大才：《产权单位与治理单位的关联性研究——基于中国农村治理的逻辑》，《中国社会科学》2015 年第 7 期。

邓大才：《中国农村产权变迁与经验——来自国家治理视角下的启示》，《中国社会科学》2017 年第 1 期。

邓大才：《复合政治：自然单元与行政单元的治理逻辑——基于"深度中国调查"材料的认识》，《东南学术》2017 年第 6 期。

杜鹏：《土地调整与村庄政治的演化逻辑》，《华南农业大学学报》（社会科学版）2017 年第 1 期。

方钦：《传统中国社会财产权利的性质——以清代闽北土地买卖文书为例》，《南方经济》2016 年第 12 期。

高全喜：《休谟的正义规则论》，《世界哲学》2003 年第 6 期。

桂华、林辉煌：《农民祖业观与乡土社会的产权基础》，香港：《二十一世纪》2012 年第 4 期。

桂华:《农村土地制度与村民自治的关联分析——兼论村级治理的经济基础》,《政治学研究》2017年第1期。

郭金云:《乡村治理转型的微观基础与制度创新——以成都市农村土地产权制度改革为个案的研究》,《中国行政管理》2015年第5期。

洪名勇:《论马克思的土地产权理论》,《经济学家》1998年第1期。

胡荣明:《地权与税制:抗日根据地农业税的结构性分析》,《中国经济史研究》2017年第1期。

黄鹏进:《产权秩序转型:农村集体土地纠纷的一个宏观解释》,《南京农业大学学报》(社会科学版)2018年第1期。

黄韬、王双喜:《产权视角下乡村治理主体有效性的困境和出路》,《马克思主义与现实》2013年第2期。

黄增付:《土地经营权流转与乡村秩序整合》,《南京农业大学学报》(社会科学版)2018年第1期。

李桃、陈胜强:《中人在清代私契中功能之基因分析》,《河南社会科学》2008年第5期。

李中秋:《巴泽尔产权界定的逻辑思路》,《河北经贸大学学报》2015年第5期。

林尚立:《国家的责任:现代化过程中的乡村建设》,《中共浙江省委党校学报》2009年第6期。

刘守英:《分析土地问题的角度》,《学海》2017年第3期。

刘守英、路乾:《产权安排与保护:现代秩序的基础》,《学术月刊》2017年第5期。

姬会然、慕良泽:《产权过程论及其政治学研究》,《西北农林科技大学学报》(社会科学版)2013年第2期。

蒋红军、肖滨:《重构乡村治理创新的经济基础——广东农村产权改革的一个理论解释》,《四川大学学报》(哲学社会科学版)2017年第4期。

蒋永甫:《乡村治理视阈中的农民土地财产权——一种私权力取向的

研究路径》，《华中师范大学学报》（人文社会科学版）2009 年第 2 期。

景跃进：《中国农村基层治理的逻辑转换——国家与乡村社会关系的再思考》，《治理研究》2018 年第 1 期。

剧宇宏：《农村土地产权变革与乡村振兴》，《河南社会科学》2018 年第 2 期。

潘建雷、李海荣、王晓娜：《权威的构成：乡村治理秩序的古与今》，《社会建设》2015 年第 4 期。

申静、王汉生：《集体产权在中国乡村生活中的实践逻辑——社会学视角下的产权建构过程》，《社会学研究》2005 年第 1 期。

史亚峰：《自主性治水：基层多单元水利治理的内在机制研究——基于洞庭湖区湖村的深度调查》，《学习与探索》2017 年第 11 期。

孙立平：《"过程—事件分析"与当代中国国家—农民关系的实践形态》，载清华大学社会学系主编《清华社会学评论特辑》，鹭江出版社 2000 年版。

谭秋成：《关于产权的几个基本问题》，《中国农村观察》1999 年第 1 期。

唐贤兴：《西方社会私人财产权的起源、发展及其政治后果》，《政治学研究》2000 年第 2 期。

王昉：《传统中国社会农村地权关系及制度思想在近代的转型》，《学术论坛》2007 年第 3 期。

王景新、麻勇爱、詹静：《江南村落土地的产权分化与制度安排——基于诸葛古村落土地契约文书的研究》，载张曙光《中国制度变迁的案例研究（土地卷）》第八集，中国财政经济出版社 2010 年版。

王亚新、梁治平：《明清时期的民事审判与民间契约》，法律出版社 1998 年版。

吴雪梅：《生态、经济格局与乡村互动模式——对明清两湖移民社会的考察》，《中南民族大学学报》（人文社会科学版）2016 年第 6 期。

吴晓燕：《农村土地产权制度变革与基层社会治理转型》，《华中师范大学学报》（人文社会科学版）2013 年第 5 期。

吴易风：《马克思的产权理论与国有企业产权改革》，《中国社会科学》1995 年第 1 期。

吴易风：《产权理论：马克思和科斯的比较》，《中国社会科学》2007 年第 2 期。

肖卫东、梁春梅：《农村土地"三权分置"的内涵、基本要义及权利关系》，《中国农村经济》2016 年第 11 期。

熊万胜、毕菲荣：《论地权的基本内涵与地权模式的时空差异》，《南京农业大学学报》（社会科学版）2018 年第 1 期。

徐勇：《Governance：治理的阐释》，《政治学研究》1997 年第 1 期。

徐勇、项继权：《土地产权——国家与农民关系的核心》，《华中师范大学学报》（人文社会科学版）2005 年第 6 期。

徐勇：《中国家户制传统与农村发展道路——以俄国、印度的村社传统为参照》，《中国社会科学》2013 年第 8 期。

徐勇、吕楠：《热话题与冷思考——关于国家治理体系和治理能力现代化的对话》，《当代世界与社会主义》2014 年第 1 期。

徐勇：《历史制度底色下世界土地改革进程与成效比较》，《社会科学研究》2016 年第 4 期。

徐勇、张茜：《公平与效率：中国农村组织变迁的内在机理》，《探索与争鸣》2016 年第 6 期。

徐勇：《历史延续性视角下的中国道路》，《中国社会科学》2016 年第 7 期。

徐勇：《"分"与"合"：质性研究视角下农村区域性村庄分类》，《山东社会科学》2016 年第 7 期。

徐勇：《历史延续性与中国农村社会形态再认识——论站在新的历史高点上研究中国农村》，《南国学术》2017 年第 4 期。

徐勇：《"关系权"：关系与权力的双重视角——源于实证调查的政治社会学分析》，《探索与争鸣》2017 年第 7 期。

严枝：《马克思的产权理论及其现实意义》，《真理的追求》1997年第2期。

杨国安：《控制与自治之间：国家与社会互动视野下的明清乡村秩序》，《光明日报》2012年12月29日第11版。

叶祥松：《论马克思的产权理论》，《社会科学家》2000年第4期。

袁同凯、房静静：《土地的社会空间隐喻》，《河北学刊》2016年第4期。

臧得顺：《臧村"关系地权"的实践逻辑——一个地权研究分析框架的构建》，《社会学研究》2012年第1期。

张长东：《国家治理能力现代化研究——基于国家能力理论视角》，《法学评论》2014年第3期。

张建民：《清代江汉——洞庭湖区堤垸农田的发展及其综合考察》，《中国农史》1987年第2期。

张佩国：《近代江南的村籍与地权》，《文史哲》2002年第3期。

张佩国：《从社区福利到国家事业——清末以来乡村学校的公产及经费来源》，《学术月刊》2015年第10期。

张小军：《复合产权：一个实质论和资本体系的视角——山西介休洪山泉的历史水权个案研究》，《社会学研究》2007年第4期。

折晓叶、陈婴婴：《产权怎样界定——一份集体产权私化的社会文本》，《社会学研究》2005年第4期。

周其仁：《中国农村改革：国家和所有权关系的变化（上）——一个经济制度变迁史的回顾》，《管理世界》1995年第3期。

周雪光：《"关系产权"：产权制度的一个社会学解释》，《社会学研究》2005年第2期。

[美] 安·奥思本：《产权、税收和国家对权利的保护》，载 [美] 曾小萍、[美] 欧中坦、[美] 加德拉编：《早期近代中国的契约与产权》，李超等译，浙江大学出版社2011年版。

[英] 科大卫：《国家与礼仪：宋至清中叶珠江三角洲地方社会的国家认同》，《中山大学学报》（社会科学版）1999年第5期。

［美］欧中坦：《遗落的隐喻——西方法律学术视野中的中国近代早期契约与产权问题研究》，杨力译，《交大法学》2013年第2期。

学位论文类

白雪娇：《血缘与地缘：以家、房、族、保为单元的宗族社会治理——以粤北福岭村陈氏宗族为个案》，华中师范大学，博士学位论文，2017年。

陈向科：《南京国民政府时期洞庭湖区农村经济研究》，湖南师范大学，博士学位论文，2013年。

林翠：《产权单元与治理单元的关联与张力——基于粤西钱新村的个案研究》，华中师范大学，硕士学位论文，2015年。

刘小红：《产权结构、产权关系与制度创新对农村集体内农地产权关系的考察》，南京农业大学，博士学位论文，2011年。

于建嵘：《转型期中国乡村政治结构的变迁——以岳村为表述对象的实证研究》，华中师范大学，博士学位论文，2001年。

张利明：《公与私：产权分化过程中的调和型治理——以粤北司前村吴氏宗族为个案》，华中师范大学，博士学位论文，2017年。

张淼淼：《乡村治理困境：基于产权单元与治理单元的对应关系研究——以皖南巧峰村为个案》，华中师范大学，硕士学位论文，2015年。

方志类

常德地区志民俗志编纂领导小组：《常德地区志·民俗志》，中国社会科学出版社1994年版。

汉寿县志编纂委员会：《汉寿县志》，人民出版社1993年版。

汉寿县志编纂委员会：《龙阳县志》，汉寿县印刷厂，1986年。

汉寿县计划生育委员会编：《汉寿县人口志》，汉寿县美术印刷厂，1991年。

汉寿县水利志编写组：《汉寿县水利志》，汉寿县水利电力局印刷厂，

1981年。

湖南省浏阳县财政局税务局合编:《浏阳县财税志(1874—1985)》,内部印行,1988年。

湖南省水利志编纂办公室:《湖南省水利志》,湖南省水电厅机关印刷厂,1985年。

覃道统、铁光辉、周德纯编:《石门县粮食志》,黄山书社1992年版。

王燡编:《安乡县志》,台北:成文出版社1975年版。

沅江县水利志编纂领导小组:《沅江县水利志》,内部发行,1986年。

袁志主编:《常德地区志·财政志》,中国科学技术出版社1991年版。

曾继辉:《洞庭湖保安湖田志》,岳麓书社2008年版。

《中国地方志集成·湖南府县志辑:光绪龙阳县志》,江苏古籍出版社2013年版。

索　引

治理　1-4，8，11-14，16-21，23-28，31，34-37，40-45，47，48，80，91，94，95，97，98，101，109，122，126，132，133，142，143，150，165，169，173，176，178，192，217，218，222，225，229，230，233-236，238-259

国家治理　1，2，4，7-13，16，19，23，35，36，38，40，41，43，122，214，215，235，236，242，249，255，256，258

产权　1

产权权利结构　1，3，34，44，45，94，226，235，236，242-245，248，250-252，254，256-259

产权权利分置　2，3，31，34，40，41，44，45，48，150，164，169，176，188，192，203，225，230，233，236，237，239，241-245，252

产权权利集中　34

产权占有　3，9，16，17，27，34，41，48，69，93，94，96，97，108-110，112，117，118，121，122，131，133，135，154，164，174，179，188，201，203，217，218，226，246，247，249，254-256

产权使用　34，41，93，134，135，138，142，143，146，153，169，173，176，188，190，214，237，252，255

产权收益分配　34，42，43，48，179，188，192，196，200，203，215，216，237，238，249，250

权力　1，2，4，6，8，11，

13-16，22，24，25，37-39，41，45，97，101，102，105-110，114，117，126，130-132，135，138，139，142-147，150，153，164，176-179，185，186，188-192，200，206，208，212，214-218，220，222-225，230，232，233，235-240，243-245，250，252，253，255-258

权威　1-3，13，16，19，24，37-43，45，48，83，97，108，109，114，118，122，130-133，135，142，151，161，173，176，179，180，188，190-192，196，216，217，222-225，230-232，234-243，245，248，250-252，254-259

权利　6，11，15，21，22，24，25，28，29，31-34，43，45，48，70，73，76，78-80，94-96，101，110，122，124，126，128，131，133-135，138，147，149-151，153，155，157，162，164，165，175，177，179，188，220，226，233，237，239，242-247，251-253，257

秩序　1，5，39-41，131，139，146，150，157，161，175，192，218，222，224，225，231-234，236

权威结构　3，28，45，94，131，180，216，218，222，232，233，235，236，240，242-245，250，251，253，254，256-259

传统时期　2，14，16，17，20-23，27，28，33-37，40，41，44，45，48，56，58，70，85，89，90，102，103，114，117，119，122，126，128，134，137，148，170，171，174，175，179，188，192，193，203，215-218，223，225，232，234，237，251，258

乡村治理　14，16，20，21，25，26，28

小农村落　3，31，34，48，235，236，258

土地　2，3，6，8-10，13-19，22，24-26，32，33，41，43，44，48，54，55，58，64-66，73，75，78，

索　引

80，81，85，88，89，91，92，94，96－104，106－113，115，118，122，123，125－127，132－135，138，139，142，144，146－148，156，157，161，164，165，173－177，179，184，188，191－193，196，203，204，218－223，225，226，229，231－233，237－239，245

湖区　44，49，53，54，59－61，63，64，74，90，94，166，195，205，208，259

移民垦荒　3，41，48

产权创设　41，58，77，79，165，237，246，247，252，253

产权界定　7，20，30，73，75－78，94，95，164，179，243，247

产权保护　9，80，246，254

产权属性　19－21，58，79，80，94，110，113，136－138，146，175，177，178，246－248，254，256

合作性产权　76，77，79，95，157，178，246，247，252

产权关系　3，22，27，28，39，41，48，58，68，69，94，95，97，101，109，112，122，126，131－133，143，174，176，183，216，218，222，232－240，247，250，251，253，256－259

社会关系　4，17，19，20，23，30，31，35，38－41，46－48，80，94，95，98，100，101，107，109，112，113，118，130－136，138，143，145，146，177，184，188，191，192，216，220，225，232，236，239，242，244，247，251，256

村落社会　3，17，36，40，41，43，47，68，94，97，102－104，109，113，116－118，122，125，130，132，133，138，146，147，154，164，176，179，180，184，188，191，204，216，232，233，238，242

租佃　16，41，66，70，76，79，80，95，100，101，103，105，106，109，113，115，133，135，137，139，140，142－144，147，150－153，163，165，167，170，172－177，189－192，200－203

"绅士父老" 96，105，107，216，238
社会自我调节 40，241
利益关系 24，110，133，243，244，257
"扛抬人" 41，134，135，139－143，150－153，155－157，161，164，168，169，172，173，175，176，179，188，190，191，196，201，216，225，232，238
经营秩序 41，146
博弈 48，150，151，153
保甲 3，42，43，49，51，66，167，180－191，195－197，199，200，202，204－209，211－213，216，232，238，240
国家权力 9，43，49，109，180，181，191，196，200，201，203，204，214－218，220，222，223，225，226，232，233，237－242，245，248－250，253－255，258
国家介入 200，216，242，248，250，253
分配关系 200
赋税征收 180，183，191，193，196，197，200，205，215
村落控制 203
产权变迁 12，24，43，217
集体产权 20，24，25，43，217－220，225，226，230，233，245，254－257
关系 1，2，11，12，14，18，20，28，30，31，48，69，80，83，85，88，93，94，102，103，105，109，112，117，118，126，130，135－139，141－143，145－147，150，151，153，154，157，159，160，168，169，173，176，178，184，188，189，191，192，201，214，227，231，232，235，240，250－252
权利秩序 192，236，245，249，257
权利领域 147，177，237－239，245，252，257
权力领域 196，238，239，244
经济空间 109，237
社会空间 22，101，109，113，114，237
社会秩序 38，40，234－237，239，240，243，245，249－251，253，257

多权威复合治理　235，239，
　240，242，248，250
产权治理　239，242

三权分置　2，257
现代国家　181，204，233，
　254，258

后　　记

　　本书是在我的博士论文基础上修改完成的。七年前，我非常幸运地来到华中师范大学，进入中国农村研究院学习，之后又在研究院破格攻读博士。转眼之间，七年的时光已经过去，参加工作已经一年有余，曾经二十几岁的年轻人，如今已步入而立之年。由于学习和工作生活的紧张忙碌，自己淡忘了许多往昔的场景，之前的很多人和事也在逐渐远去。不过，一切又如同发生在昨天，初入华师和中农院的兴奋、期待和紧张，时刻浮现在我的脑海中。

　　衷心感谢研究院的平台。在学习的六年里，研究院给我提供了各种学习锻炼机会。正是依靠研究院的平台，我这样一个资质平平的农村孩子，得以改变自己的命运。平台给我们提供了独一无二的学习机会和资源，使我们接受了全新的培养方式。在研究院的精心规划和安排下，我研读了社会科学的经典理论，学习了农村研究的方法技巧，聆听了名师大家的前沿讲座，了解了地方干部的草根经验，参与了百村平台的管理运作，开展了深入扎实的田野调查。对于我来说，浑身上下、从内到外深深刻上了中农人的印记。中农人的特质，将伴随我的一生。无论做人还是做研究，研究院提供的教育和培养，都使自己终身受益。

　　能够顺利完成学业，需要真诚地感谢老师们的付出。徐勇老师的大师风范，让人高山仰止。自从入学以来，有幸聆听徐老师的教诲，并多次获得徐老师的专门点拨，终身受益。攻读博士期间，无论是日常工作学习，还是博士论文的开题写作，徐老师都进行了耐心细致的指导，指导我一步步走下去。邓大才老师是我的博士论文指导老师，进入中农院以来，我就在邓老师的直接指导下学习。邓老师对我格外关怀、照顾和信任，给了我各种学习机会。在博士论文开题写作期间，邓老师多次指导论文选题、思路，还具体指导提纲框架。论文初稿完成后，邓老师多次指导修改，付出了很大心血。没有两位老师的指导帮助，我不敢想象能够顺利毕业。老师之恩，永远铭记！郝亚光老师从本科阶段就是我的老师。当年，正是从郝老师那里，我第一次听说华师中农院，并跟随郝老师踏上了农村调查和研究之路。没有郝老师在人生选择关键处的点拨和帮助，就不会有今天的我。

中农院是一个学术大家庭。在这个大家庭里，每一位老师都是学生的导师，学生可以从不同老师那里获得教诲。在此，感谢石挺老师、刘筱红教授、刘金海教授、陈军亚教授、刘义强教授、熊彩云副教授、李海金副教授、黄振华老师、张晶晶老师、杨嬛老师、肖盼晴老师、任路老师等给予我的无私指导和帮助。他们在不同阶段、不同方面，给了我很多启迪和教益，衷心感谢他们。徐剑老师、王静老师、朱敏杰老师以及她们带领的行政服务团队，以专业而高效的工作为我们的学习生活提供了诸多便利，感谢她们的辛勤付出。感谢答辩委员会杨海蛟老师、丁文老师以及其他各位老师，感谢他们的辛劳和宝贵指导。

六年学习期间，很多师兄师姐给予自己指导和帮助，因为他们，我的博士之路才没有走得太过艰难。感谢白雪娇、胡平江、张利明、胡雅琼、侯江华、沈乾飞、吴记峰、张茜、万磊、鲁小亚等师兄师姐。感谢从硕士阶段就一起学习的李晓群、傅熠华、徐玉栋等同学。同时，感谢李华胤、晏俊杰、李鹏飞、侣传振、刘思、黄雪丽、郑永君、付振奇、李松有以及2013级的陈于、陈燕芽等同学，大家一起度过了四年岁月。在村调报告和博士论文撰写过程中，与任路老师、李华胤、晏俊杰等几人一起交流，一起散步，舒缓心中的压力，也时常向他们请教。正是在他们的帮助下，博士论文得以顺利写作下去，度过了那段艰难而难忘的时光。还有许多师弟师妹提供了很多帮助，在此一并表示感谢，他们永记我心。感谢我的室友曾过生，我们四年间相处十分融洽，为彼此提供了良好的学习生活环境，并时常互相鼓励。

2015 年，研究院启动了"新版中国农村调查"，其中七大区域村庄调查是核心。我很有幸参与其中，并先后进行了华南宗族、长江区域和黄河区域三个村庄的调查。作为一种全新的调查形式，村庄深度调查不仅考验调查研究能力，更考验人际交往能力。很幸运，所到之处得到了众多好心人的帮助。感谢那些曾经为我提供帮助的众多朋友，感谢他们的热情友好；感谢老人们的慷慨大方，他们无私地接纳陌生的我，在恶劣的天气下，不厌其烦地接受我一次次的访谈。除去调查方面的丰富发现，村庄深度调查最大的收获是感恩和感动。祝福他们！在临近毕业的最后一年，我非常荣幸地获得了 2017 年度"清华农村研究博士论文奖学金"，使得自己能够在博士论文写作阶段不必为各类开支而分心，衷心感谢清华大学中国农村研究院以及提供热心周到帮助的各位老师。2019 年论文又幸运地被批准为国家社科基金后期资助优秀博士论文出版项目，使得本书得以很快面世，衷心感谢全国哲学社会科学规划办公室及规划办各位老师的指导和帮助；衷心感谢三位匿名评审专家的修改意见，使得本书得以进一步完善。2018 年下半年我来到山西大学政治与公共管理学院工作，感谢学校和学院提供的良好工作环境，感谢各位同事们的关心和帮助。此外，还要感谢中国社会科学出版社耐心细致的出版工作，感谢他们的辛劳和付出。

当然，最需要感谢的是我的亲人。父母亲人们的关心和对家庭责任感，是这么多年来支撑我走下来的动力。自从外出读书以来，家里的事我从没有操心过，是父母亲人们的支持、宽容和大度，让我逃避了本该承担的家庭责任。感谢我的女友张嘉凌，感谢她在本书修改中的陪伴、支持和包容。父母亲人们始终给予我无私的鼓励、支持和陪伴，让我知道无论多么沮丧和失落，都有一个地方给我无限的爱与诚,让我更有勇气面对生活的艰辛和责难。

  山高水长,步履不停。本书的出版只是完成人生一个小阶段,未来的路还很长。我当振奋精神,奋力开启新的行程。希望未来之路,我能够走得从容、淡定。愿一切安好!

2019.12.28
于山西大学